UP
Collection

新装版

ニヒリズム

内面性の現象学

渡辺二郎

東京大学出版会

UP Collection

Nihilismus:

Phänomenologie der Innerlichkeit

Jiro WATANABE

University of Tokyo Press, 2013

ISBN978-4-13-006513-9

ニヒリズム——目次

三　自己への生成とその全体

ニヒリズム

内面性の現象学

以下の分析のうちに出てくる表現のぎこちなさと「まずさ」とに関しては、次の注記を付け加えることが許されよう。すなわち、存在者について物語りながら報告をするのと、存在者をその存在において捉えて言い表わすのとは、違ったことなのである、と。後者のような課題のためには、多くの場合、語彙が足りないだけではなく、何よりもまず、「文法」が欠けているのである。

——ハイデッガー

一　哲学の根本問題

第一講　問題提起

……私は……全く新たに土台から始めなければならなかった……

――デカルト

一　問題の発端

この講義は、「哲学の根本問題」と題する。このような題目は、少し大仰なもののように感ぜられる人があるかもしれない。けれども、私はここで、なにか特別大袈裟な事柄を語ろうというわけではない。この題目を掲げたとき、私の念頭にあったものは、次のことである。

ここ何年かずっと、私は、主として、近代から現代にかけての、種々の西洋哲学について、いくらかの考察をし続けてきている。しかし、そうした研究生活の途次、時折、私に襲いかかってくる疑問がある。それは、そうした哲学史的研究の中で、――むろん、それは、それなりの根拠をもった、哲学研究の一つの重要な領域であることを、私は否定しはしないが――、私自身がどこかに見失われて行くような気がすることがある、ということである。それは、近代から現代にかけての諸哲学が、私に異質であるという意味ではない。そうした諸哲学の中に様々な多くの学ぶべきもの、教示されるべきものがあることは、否定できない。しかし、私には、それらの種々の哲学の研究の中で、その中には汲み尽せずに洩れ遺って行くものが、どうしても残存するような気がすることも、これまた何としても否認できない事柄なのである。それは、結局、こうした哲学史的研究の中に包み切れない、私自身が、残る、という事実である。なぜなら、哲学史的研究は、それなりの客観的な問題所与に適切に即しながら問題設定を行なうということを、その意味では、或る範囲内における主観の排除を、要求するからである。もちろん、哲学史的研究においても、最後には、主観もまた、大きく生き返るではあろうが、それは、やはりあくまでも、客観的な問題所与の限定をくぐり抜け、それを介しながらであるという制約を免れるものではない。私そのものの、私としてのかぎりにおける、表現は、哲学史的研究の中に包み切れずに、残る、と言わなければならない。しかし、この事態は、そう簡単に看過されてよいことではないように思われる。なぜなら、哲学とは、究極的には、哲学史的研究、すなわち、既存の諸哲学についての考察に、とどまるものではなくて、みずから哲学することにその固有の本質をもつものであることは、言うまでもないからである。哲学が、このような、みずから哲学することへの要請を、必然的に含むものであるとすれば、右に述べたあの残された私自身は、むしろ、そのまま捨て去られるべきものではなくて、擁護されてもよいものなのではないであろうか。

このような気持から、一学期間だけ、哲学史に素材を仰いだ厳密な研究報告ではなしに、私自身のわがままな哲学的思いを、少し小さな声で、呟いてみたくなったのである。

しかし、それならば、それは、単なる主観的感懐の吐露にすぎず、哲学にも学問にもならないではないか、という声が、すぐ私のうちから響いてくる。たしかに、そうなのかもしれない。ましてや、それを、「哲学の根本問題」という、大仰な、人を惑わす題目の下で語ろうというのは、いささか厚顔な、恥知らずの暴挙ではないか。そう思われもする。そしてたしかに、その通りなのかもしれない。しかし、それでは、哲学において、おのれを打明けるということは、許されないことなのであろうか。哲学には、哲学する当の人の、それなりの固有な問題構成は、許容されないのであろうか。

そうではないはずであろう。

哲学には、一般に、歴史的研究と体系的研究の分野がある、と言われる。前者は、伝承されてきた諸々の哲学について、それの成り立つ方法的態度や問題意識やそれの解決の努力を跡づけ、それの今日における意義を評定する、という仕事である。後者は、自分自身の哲学的な問題意識を自分自身の方法的態度において展開する、という作業のことである。後者の場合、体系というのは、なにも図式化されて、精巧な機械のように整然と仕上っている、ということを必ずしも意味しはしない。体系的研究が、一見没体系的とも思われる諸断片の集積やアフォリズムから成り立つ場合さえ、十分あり得る。ニーチェのアフォリズムの書が、一見体系的組織化を欠いているように思われるからといって、彼が、彼独自の、強烈な、事象の見方をもっていたことを、否定する人はいないであろう。ニーチェには一つの体系があった、とは、或るニーチェ通の語った言葉である(1)。体系的研究とは、当の哲学する人みずからの、事象に対する、生きた、それなりの内容的纏まりを具えた、——いわゆる体系は、単なる外的形式的な纏まりにすぎない——、一つの全体的な見方のことにほかならない。どんな哲学も、それが真正の哲学であるかぎりは、必ず、この独自な、生きた生命を宿している。そのような生命をもたぬ哲学は、哲学の名に値しないであろう。単なる哲学史的研究にとどまるものは、歴史家ではあっても、哲学者ではないであろう。だがしかし、このことは、だからといって、哲学史的研究を軽視してよいということを、意味しはしない。生命ある哲学の道が、一見没哲学とも思える歴史的研究の中に、目立たない仕方で、しかし紛れもなく、おのれ以外のものにおのれを仮託した姿で、さりげなく、ときには見事に結晶して現われる場合も、またある。これに対し、体系的哲学への努力が、空疎な図式や機械仕掛けの操作に堕落して、全く何の取柄もない壮大な形式的体系となって現われることも、これまた稀れではないのである。生命ある体系的哲学への試図の現われ方は、様々なのであって、一概に言うことはできない。しかし、少なくとも、真正の哲学が、この試図への努力を含むものであることだけは、疑いを容れないように思う。そして、この独自の、生きた、全体的纏まりを具えた、その人固有の思索への努力があるところにのみ、また、真の歴史的研究も可能なのである。なぜなら、歴史的研究は、過去を掘り起こす作業である。しかし、過去が生きいきとした過去として、蘇ってくるのは、当の歴史的研究者が、そこに見事な仕方で生命を吹き込むからにほかならない。吹き込まれる生命は、当の歴史家自身の生命からくる。もしくは、所与の事実と生きた仕方で出会った歴史家にとって、そのとき生きた事態が創造されてくるのである。「哲学史は、諸体系との対決であり、交わりである」(2)。歴史家自身が生きいきとしていないとき、過去もまた、生きいきとは蘇ってこないであろう。クローチェは、だから、歴史は現在から書かれる、と言った(3)。ハイデッガーは、かつて現存在した現存在をその既在した本来的可能性において了解しようとする取返しが成立するのは、当の歴史家自身の、将来への決意によってである、と言った。「歴史学的開示は、到来(将来、未来)から時熟する」(4)のである。それゆえ、ハイデッガーの思索の試みにあっては、常に、問題の事象そのもの、思索の事象そのものの、彼独自の仕方による展開と並んで、その存在問題という事象に関する思索の歴史が、彼独自の観点からして、破壊され、取返され、わがものとされている。彼は、おのれ固有の思索を遂行すると同時に、たえず、その試図を、哲学史の伝統と対決させ、こうしてその試図にもとづきながら、伝統を再発掘し、わがものとなし、みずからの歴史的位境をも、見定めている。ハイデッガーの場合は、類い稀れな見事な体系的思索が、同じくこれまた稀有の卓越した歴史的洞察と結び合った、幸福な場合であろう。いずれにしても、哲学においては、歴史的研究と体系的研究の二つがあり、幸福な場合には、それらは統合されるが、しかし何よりも肝心なのは、当の哲学する人みずからの、前述の如き意味での、体系的思索への試行であり、これこそが、歴史的研究をも支えるものである、と言うべきであろう。

そうだとすれば、哲学においては、哲学する当の人の、固有な問題構成や、独自な問題の切り拓き方は、許容されねばならない。いな、許容されるどころか、それは、要請されねばならない。

それでは、私自身を語ることは、許されるのであろうか。しかし、それが許され、いな、要請されるとしても、それが、単なる恣意や思い付き、もしくは単なる一個の主観的感懐にすぎぬのではないという保証は、どこにあるのであろうか。主観的感懐や想念は、日記や手記、さらには手の込んだ仕方で、文学的創作の形をとって、表出されることがある。こうした表現形態は、公に承認されている。しかし、それは学問ではないという断案が、この際決定的となる。逆に言えば、哲学は学問であるべきであるとすれば、そうした主観的想念は、日記手記等の類いとして表出されることは許容されようが、それを、哲学に盛り込むのは誤りであり、それは斥けられねばならない、という断案が、ある。哲学は、学問であり、主観的ではなく、真理を目指すべきである、というわけである。しかし、哲学は果して学問か、という根本的疑問もまた可能ではないであろうか。少なくとも、科学と同じ意味での客観性を具えるべき学問であるかどうかは、疑問ではあるまいか。しかし、だからといってむろん、単なる個人的主観的感懐を語ってよいというわけでもない。哲学が学問であるとすれば、それは、単なる、科学と同じ意味での、客観性をもった学問の意味においてではなく、少なくとも、主体性を具えた、主体性に裏づけられた、主体性に支えられた、別種の学問の意味においてである。主体性は、単なる主観性や個人的感懐と同じではない。それは、決断と責任に支えられ、体験の只中で耐え抜かれて吟味された、諸問題の裁断である。それは、一時的な気紛れや主観的恣意ではない。このような主体性が存在することは、否定できない。体系的哲学とは、この主体性に支えられて獲られた洞察を、改めて、みずからもう一度、確認し、吟味し直し、検討し、展開する、という努力にほかならない。

このような意味での、哲学することそのものは、許されねばならない。いな、それは、哲学そのものからして必然である。哲学とは、このような試図への努力、いな、——努力という言葉に、無理な緊張や不自然な強要の語感が伴うとすれば――、そうした試図への、おのずからなる、衝動である。衝動、これが哲学するものだ、とは、ニーチェの言葉であった(5)。哲学は、無理に作られるのではない。おのずから熟してきて、それは、それみずからの再確認と吟味と表現へと赴くべく、おのずから促されるところに、生じてくる。哲学において、こうした衝動は、許されねばならない。

だが一体、それでは私は、何を語ろうというのか。

二　哲学の根本にあるものの問題化

もう一度、初めに戻ろう。私は次のように言った。私自身のここ何年かに亙る哲学史的研究の途上で、なにか私自身が包み切れないような形で取残されるのを感じてきたのだが、翻って考えてみれば、哲学の根本は、――だから、「哲学の根本問題」となるのだが――、単なる哲学史的研究にあるのではなく、真の意味での体系的研究、すなわち、その哲学する当の人自身の、その人固有の問題意識と、それによる諸問題の生きいきとした裁断つまりは真に主体的な裁断、にあるのであってみれば、この取残された私自身を取返し、私自身を語り明かそうとすることは、許されねばならない、と。その恐らくは許されるであろう小さな試図を、ここで企ててみようというのである、と。

だがしかし、私自身を語るといっても、私の個人的経歴や来歴を語ろうというわけではない。問題は、哲学にある。哲学に関して、私自身を語ろうというわけである。私自身が、哲学の問題として、最も根本的と思うことを語ろうというわけである。私の、哲学にかかわる根本的な截り込み方を、語ろうというわけである。語る、と言ったが、すでに明確になっているものを、棒読みするように、語る、というわけではない。また、そのようなことは不可能である。語る、とは、私自身の、哲学へ向かう根本態度を、私自身に対して、再確認し、吟味しながら、解きほぐしてみようということである。私自身に、それを納得させてみようというにすぎない。それは、ほかの人々には興味のないものとなり得るかもしれない。しかしそうなったとしても、それは、やむを得ないことである。私は、さきにも言ったように、単なる個人的感懐や主観的想念を語ろうというわけではないが、しかし、私にとってそうとしか見えてこない、私の主体に抜き差しならぬ仕方でかかわってくるものを、たとえそれがいかに恥多くまたときに奇異に思われようとも、それを見つめることをおいて、私自身というものはなく、そして、哲学において、生きた固有な仕方での問題の凝視ということが根本であるとすれば、このような私自身は、捨て去られることはできない、というにすぎない。そうした意味で、たとえそれがどのような惨憺たる結果に終わろうとも、また全く他者の興味を呼び起こし得ないものとなろうとも、それは仕方のないことであり、私には、私としてはこうである以外にはないというように、私にとってはぎりぎりの、これだけは譲り渡すことのできない、私のものである、私自身の哲学へのかかわりを、私自身にみずから納得せしめ、それがたとえいかに貧しくまた惨憺たるものとなろうとも、それを引受けてゆく以外には、私自身はないように、思われるのである。それをおいて、どこにも、哲学などはないように思われるのである。

私は、今つい、ほとんど、うっかりと、いな、今まで述べてきた事柄に引摺られて、「それをおいて、どこにも、哲学などはないように思われる」と、言ってしまった。それ、とは、私固有のものである哲学へのかかわり、のことである。私は、それを私自身に引受けてゆく以外に、どこにも哲学はない、と言ったのである。しかし、私は、ここで、ほとんど、恐ろしいまでに、或る一つの結論を予感している。恐ろしいというのは、それは、恐らくは、哲学というものの形を、打ち毀してしまうものだからである。それは、ほとんど、哲学というものの形態を破壊することに繋がるからである。なぜか。

私の今まで述べてきたことは、一見すると、なるほど或る意味では、しごく尤もなことだと、人々に受取られるではあろう。哲学において肝要なのは、単なる客観的な諸学説の理解や吸収や跡づけといった哲学史的研究にあるのではない。重要なのは、みずから哲学することである。主体的にみずから問題を切り拓くことである。哲学において大事なのは、科学と違って、主体性に裏づけられた、固有な仕方での問題の截断である。キルケゴールに倣って言えば、哲学することにおいても、重要なのは、主体的(6)となることである。フッサールを藉りて言えば、おのれにありありと与えられてくる事象の原的所与に立ち還って、そこから問題を樹て直すことである(7)、というわけである。このようなことは、或る意味では、どの哲学概論の書物にも書かれてあり、誰でもがよく知っている事柄である。格別目新しいことではないであろう。

だがしかし、果して、この主体的となるという事柄は、以上のような、単なる方法論的原則にとどまるのであろうか。言ってみれば、哲学というものが、またその問題というものが、どこか別にあって、その既に与えられているものに、自分なりに、主体的に接近する、ということなのであろうか。

けれども、よく考えてみれば、そのような意味での、主体的になるということは、実は、哲学にかぎって行なわれるものではなく、どんな科学でも、文学でも、芸術でも、或いは社会的政治的行動の場合でも、ひとたび問題場面が真剣な際立った対決を要求するようなものとなるときには、誰しもがみな、主体的に接近し態度を採っているのである。主体的になれ、ということが、哲学固有の特権だと考えるのは、滑稽であろう。優れた科学者や卓越した芸術家、つまり衆に擢んでた個性ある道を切り拓いた学者、芸術家、実業家、政治家等々はみな、主体的な固有な態度決定を生き抜いたはずであろう。

してみれば、哲学において、主体的となれ、という原則は、取り立てて言うべきほどの原則でもないのではあるまいか。それとも、それは、特別の意味をもったものなのであろうか。

もう一度よく考え直してみよう。哲学には、まず、哲学史的研究がある。しかし、「哲学の根本」は、そうした所与の諸学説の追跡にあるのではなく、実は、そうした歴史的研究さえもが、それをもとにして初めて可能となってくるような、当の哲学する人自身の、主体的な問題の切り拓きにある。それが、真の体系的研究であり、その人自身に根ざした、一つの生きた視界の切り拓きの試みである。これが、「哲学の根本」にある。そして、この、私固有の切り拓き方、私固有の哲学へのかかわりを、いかにそれが貧しくとも、みずから自分に引受けて行く以外には、哲学はどこにもない。こう、私は言った。しかし、よく注意しよう。私固有の哲学へのかかわりを、みずから自分に引受ける、とは、何のことか。哲学の根本が、主体的な問題設定にあるとすれば、そうした主体的な問題設定である哲学への主体的なかかわりを、みずから自分に引受けるとは、何のことか。それは、端的に、こういうことである。「哲学の根本」において「問題」化されるべきことは、主体的であることを、みずから、主体的に、引受ける、ということである。主体となるということを、みずから、その主体であることへの洞察を形成しつつ、意識的に引受けて実践するということにある、ということである。あえて言えば、「哲学の根本問題」は、優れた意味で、自己となる、ということにある、自己として生きる、ということにある、ということである。自己が主体的となることへの洞察を育みつつ、その自己となることをみずから引受けてそれを生き抜くということにある、ということである。哲学は、これをおいてほかにどこにもないのである。哲学とは、どこか、自分を離れたほかのところに、対象として、ころがっているものではない。根本的に言って、哲学は、自己として生きるということと、同じことなのである。自己として生きるということ、すなわち、様々な経験や体験を経めぐって、その中に飛散しながら、しかしそれらをおのれへと取り集めて、自己として統合しながら、その自己への還帰がふたたび様々な事象への没頭や従事に向かって拡散し、さらにまたそれが自己へと取り集められて、自己へと立ち還ってくるというありさまで、生きるということ、このような主体として生きるということそのことが、根本的に言って、哲学そのものなのである。哲学は、主体的に生きることを、他の何物にも勝って、とりわけ優れて自分みずからに引受けながら、その洞察を育てつつ、それへと主体的にかかわって、それとして生きるということ、そのことなのである。哲学は、自己と別のところにあるのではない。自己として生きるということの練習が、すなわち、根本的に言って、哲学そのものなのである。根本的に、徹底的に、したがって、過激な言い方をすれば、哲学という学問形態がどこかにあって、それを学べば哲学者になれる、というようなものではないのである。根本的には、哲学は、どこにもない。主体的であろうとすることをみずから主体として自分に引受けることそのことが、哲学なのである。生き抜くことの知を養い育てつつ生き抜くことが、そのままに、哲学なのである。

しかし、私がこのように言うと、変であると、思う人があるであろう。どこかで問題が摩《す》り違えられていると、人は思うであろう。

問題を整理しよう。

今日、学問として哲学が営まれる形式は、一般に、二つある。一つは、哲学史的研究である。これは、個性的な優れた過去や同時代の哲学者の仕事を跡づけ追究することである。この場合、哲学という学問領域の素材は、さし当り、主として、外にある。自分の外部にある。それを、自分へと同化し、内面的に追体験しつつ、過去を再発掘し、それを現在と結びつけ、遺産を継承しながら、未来を切り拓き、哲学的問題への見方を豊かにし、また、われわれの哲学上の歴史的位境を明らかにすることを、それは、狙う。

二つは、哲学の体系的研究の中の、哲学の基礎問題の研究である。これは、過去の哲学の研究を通じて明らかになるところの、哲学に繰返し現われてくる諸々の基礎的諸問題それ自身の考究である。真理、存在、価値、人間、認識、歴史、自然、社会、自由、因果等々、こうした基礎問題は、数多く存在する。こうした普遍の問題を、自分なりに、過去の哲学者の諸説と対決しながら、追尋し、新たに自分なりの見方を纏める努力をするのが、これである。

以上の二つでは、しかし、問題の素材は、さし当り主として、外からくる。そして、これらの諸問題に対して、むろん、哲学的研究であるからには、いずれにおいても、主体的な問題設定が要求されることは、言うまでもない。そして、このかぎりでは、研究の一般的態度において、哲学は、学問的研究として、ほかの諸学問と、さして異ならないはずである、と私は考える。既に与えられている素材や課題に、自分なりの一貫した学問的考究を行なうからである。

しかし、これらは、いずれも、「哲学の根本問題」ではないのである。なぜか。哲学において重要なのは、既述の通り、種々の問題や課題に対して、主体的な切り拓き方をするところにあると言われるとき、その主体的な切り拓き方や主体的であることそのものを、自分みずからに引受けて、それそのものとなるという出来事自身のもつ意味を、みずから問うことが、あってよいはずであり、またそうでなければならない。科学や種々の学問的研究、さらには、様々な人間の営為は、この主体から発して、外部の様々な問題に向かうが、それらは、この主体そのものの生それ自身を問うことをしないからである。哲学以外の様々な人間の営為においても、主体的なかかわりは、哲学においてと等しく、重要なものとして要請される。しかし、それらの諸々の営為においても、また、哲学の中の、哲学史的研究や基礎問題の研究やにおいても、この主体的なかかわりそれ自身が、主体的にかかわられて、みずから洞察をもって引受けられて問題化され、その意味を問われ、そして生き抜かれる、という決定的行為が行なわれないのである。それらは、この主体そのものの生それ自身を問題化しないのである。けれども、それらすべての人間的営為は、根本において、この主体そのものの生それ自身に支えられて初めて可能になるのである。それゆえ、「哲学の根本問題」とは、ほかの人間的営為においてと同じく、いなそれ以上に、哲学の通常の研究においてもその「根本」にあるものとして要請される、あの、主体的なかかわりと主体的なあり方そのものを、まさにその「根本」から「問題」化することにある。そのことによって、それは、まさしく「哲学の根本問題」となるのである。それは、主体が、自己として、みずから主体的に、様々な問題にかかわって生きている事態そのものを、それ自身に納得せしめながら、それ自身その生を生き抜いている、その生そのものへの洞察と、その洞察にもとづいたその生の生き抜きという根本的出来事それ自身の、明察にほかならない。この明察が、洞察を支え、生の生き抜きという実践を成就させるのであってみれば、「哲学の根本問題」は、単に哲学のそれであるにとどまらず、人間の根本問題であり、生の根本問題であり、人間と世界の存在に喰い入る根本問題である。

哲学の根本問題は、こうして、自己を離れてどこか別のところに、どこか外部に、横たわっているのではない。私が、みずから主体として生きているというその生を、それ自身に引受けながら、その生自体の洞察をみずから洞察しつつ、生き抜いているということ全体の明察が、哲学の根本問題なのである。哲学的思索を根本的に遂行することは、この意味で、明察に裏づけられつつ自己として生きるという出来事そのものと同じことになるのである。

（1）K. Löwith, Nietzsches Philosophie der ewigen Wiederkehr des Gleichen, 1956, S. 15 ff.
（2）M. Merleau-Ponty, L'union de l'âme et du corps chez Malebranche, Biran et Bergson, p. 12. なお，Signes, 1960. p. 201 seq. も参照。
（3）B. Croce, Zur Theorie und Geschichte der Historio-graphie, übersetzt von E. Pizzo, 1915.
（4）M. Heidegger, Sein und Zeit, 7. Aufl., 1953, S. 395.
（5）M. Heidegger, Die Kategorien- und Bedeutungslehre des Duns Scotus, 1916, S. 4.
（6）S. Kierkegaard, Abschließende unwissenschaftliche Nachschrift zu den Philosophischen Brocken, übersetzt von H. M. Junghans, E. Diederich, 1957–58, I, S. 118–243, II, S. 1–64.
（7）E. Husserl, Ideen I, Husserliana, Bd. III, 1950, S. 52.

第二講　内面性の現象学

外に行こうと欲せずに、汝のうちに帰れ。内面的人間のうちに真理は宿っている。
——アウグスティヌス

一　哲学の根本にあるものの問題化の再確認

この前述べたことをもう一度確認しながら、よく考え直してみたい。「哲学の根本問題」という題目を掲げた際に、それの動機として私の念頭にあったものは、一つの個人的体験であった。哲学史的研究を行なう場合に、そこからどうしても洩れ遺る私自身があるという実感が、それである。これは、しかし、恐らくは、私自身だけに起こる感懐ではなく、必ずや、哲学に携わる多くの人々に、一般的経験として、属することではないかと思う。

この洩れ遺った私自身を取戻して、私自身を語ってみたいというところから、この題目が掲げられた。すなわち、私自身の哲学的思索を語ってみたい、ないしは、少なくともその私自身の哲学的方向を、私自身に明確にしてみたい、その「根本」の方向だけでも摑み、表現してみたい、そう思ったわけである。

むろん、そうした私自身の考え方を述べるということは、一見、主観性を免れ難いようにも思われる。けれども、哲学は、科学と同じような種類の客観的学問ではなく、むしろ、主体に裏打ちされ、主体の中で耐え抜かれ吟味された思索を語り明かす学問であるのだから、そのことは、許容されるし、いなそれどころか、要請されねばならない。

それというのも、哲学の研究には、外部に素材を仰いだ哲学史的研究や、さらにはそれから触発される基礎問題の考究という、もちろんそれなりに重要な部門もありはするが、しかし、何よりも肝要なのは、真の意味での、体系的研究の部分であり、この、みずから哲学する、ということのうちにこそ、「哲学の根本」はあるからである。そして、このことがあってのみ初めて、前二者も、本当に可能になってくるからである。それゆえに、私は、主体的に、私自身を語ってよい、ということになる。

だがしかし、それでは、私自身は、何を語ろうとするのか。私自身の主体的な哲学の方向を、つまり、私自身が「哲学の根本問題」と考えるものを、どのように語ろうというのか。もしくは、一体それは、どこにあるのであろうか。

今、ここで突然、「哲学の根本問題」はこれこれのことであると、最初から断定的に言い述べることを、私は、すべきではないと考える。なぜなら、もしもそうすれば、直ちに、どうしてそれが「哲学の根本問題」であると言えるのか、という反論が予想されてくるが、このことに答えるのは、容易ではないからである。既に多くの人々が、みずから「哲学の根本問題」と考えたものが、種々、哲学史上には残されている。たとえばそのどれか気に入った一つを取上げて、それこそが「哲学の根本問題」であると言ってみたところで、それは、偶然的である。むろん、こうした問題場面において、すべてが完全に理由づけられ得るかどうかは、根本的に疑問である。けれども、当面、少なくとも、私自身に関して言えば、むしろ、「哲学の根本問題」が何であるかは、上述の事柄のうちに、すなわち、そうした問題を考えずにはいられなくなったこの私自身の実感のうちに、既に与えられているのではないか。

私は言った。哲学史的研究や基礎問題の研究(外部から素材を与えられるところの)から洩れ落ちる私自身を取戻したい、そして、その私自身に立ち還って主体的にみずから哲学してみたい、しかもそうした事柄は、哲学において、許容されるどころか要請される、と。なぜなら、「哲学の根本」は、主体的にみずから哲学することにあり、それ以外には、哲学はないからである、と。してみれば、哲学において、「根本」的に「問題」であるのは、主体的にみずから哲学することを、みずからに引受けて、その明察を形成しながら、みずから主体的となること、そのことにあるのではないのか。

このことは、単に、一つの方法論的態度であるのではない。単に主体的であれ、といったことなら、哲学以外でも、科学、芸術、道徳、政治、行為等の諸々の場面においても、問題への真剣な接近の仕方として、現に行なわれていることだからである。では、単に方法論的ではないのだとすれば、一体それは、どんな意味において、言われているのであろうか。

よく考えてみよう。

「哲学の根本」は、主体的にみずから哲学することであり、これ以外には哲学はない、と言った。みずから哲学する場合、何に関して、哲学するのであろうか。問題は何か。それは、むろん、場合によって、いろいろであり得よう。哲学史的問題であることもあれば、基礎問題であることもあろう。これらの場合に、それらのそのつどの諸問題に対して、主体的に接近がなされるわけであろう。しかし、それならば、それは、単に方法論的意味しかもたぬであろう。そうではなしに、もしも「哲学の根本」が主体的にみずから哲学することにあるのだとすれば、その、「哲学の根本」において出来事として常に起こるべき、主体的であることとそのこと、その主体性みずからを、自分みずからに引受けるということとそのこと、この主体性自身へとみずから主体的にかかわるということとそのこと、それこそが、「哲学の根本」「問題」でなければなるまい。「哲学の根本」にある、主体的であるということとそれ自体を「問題」化したものこそが、「哲学の根本問題」なのではないか。「哲学の根本」にあるものが、主体的に存在し、主体的に生き、主体的に考える、ということとそのことであるとすれば、「哲学の根本問題」は、哲学の外にある「問題」に主体的に接近することにあるのではなく――それならば、主体的な接近は、単に方法論的なものであるにすぎない――、そうではなしに、「哲学の根本」そのもののうちにある、すなわち、「哲学の根本」に既にあり、起こっている、もしくは哲学があるかぎりあるべきものとしてあるはずのもの、すなわち、哲学そのもの、哲学することそのもの、主体的に生き、考え、態度を採るということとそのことを「問題」化し、この「哲学の根本」に潜む、主体的に態度を採り、かかわって行くことそのことが、それみずからにかかわって、おのれを「問題」化することこそが、「哲学の根本問題」なのではあるまいか。

「哲学の根本問題」は、主体的に態度を採り、生き、かかわり、考えるということが、それみずからへと、主体的にかかわるということ、そのことのうちにある。すなわち、優れた意味で、二重の意味で、主体的であることにある。つまり、端的に言って、勝義においておのれみずからを問題化することにある。そして、それ以外には、どこにもない。哲学の問題は、根本的には、——だから、「哲学の根本問題」は——、どこか哲学の外部に、与えられて存在するのではなく、主体的に態度を採って生き考えて行くということ、そのこと自身のうちにあり、当のそのこと自身を主体的に引受け、そこへとかかわり、それを考え抜き、こうして優れた意味で自覚的に生きるということのうちにある。「哲学の根本問題」は、哲学の外にはどこにもなく、そのでき上がって伝承されてきた諸成果の受容やそれの吟味などのうちにあるのではなく、端的に、主体的に態度を採って生きることそのことを主体的に引受けて考え抜き、それの明察を育てつつ、その明察にもとづいて、遂には、洞察をもって主体的に生き抜くことを成就することにある。これこそが、「根本」的に、「哲学」において「問題」化されるべきことであって、これ以外に、根本的には、哲学など、どこにも存在しないのである。

二　いくつかの重要な注意

一、しかし、このように語ると、どうも変だ、と、人は言うであろう。たとえば、認識の問題について考えることが、哲学なのではないか、カントについて研究することが、哲学なのではないか。人間生活における実践的な価値を論ずることが、哲学なのではないか、プラトンを原語で読む訓練をすることが、哲学なのではないか。例えば、そのように、或いは、そのほか任意の別様の仕方で、人は、疑義を口にのぼせるであろう。或る意味では、たしかに、その通りなのである。これらの疑義は、正当さを具えているのである。というのも、哲学史や基礎問題の研究として、考察され遂行されるものは、まさに、こうしたものだからである。私は、このような哲学研究を、少しも否定しはしない。それどころか、それらはきわめて重要な哲学研究の基盤であるとさえ、私は考えている。けれども――、哲学の「根本問題」は、そこにはないのである。哲学の「根本」にあるものは、主体的に態度を採り、生き、考え、かかわるという事柄であり、その当の事態にみずからかかわってこれを考え抜き、それを「問題」化するものこそが、ひとり、哲学の「根本問題」であり得るからである。

二、しかし、これは、また、単に、「哲学の根本問題」であるだけではなく、一切の問題中の根本問題なのでもある。一切の人間の営みは、――そして、それを介してわれわれに開かれてくる世界の諸相は――、そのことごとくが、その営みや開示をなす当の人間の主体としてのあり方との相関関係のうちにおかれ、ないしはそれに基礎づけられ、そのうちで展開してくるからである。その意味で、一切の事態の開示は、それにかかわる人間的主体のあり方のうちに、ないしはそれとの相関関係のうちに、根拠づけられている。したがって、人間が主体的に生きて存在するということは、人間にとって、一切のものが現われ開示し得る根拠をなすものだからである。

三、主体として態度を採り、生きているものは、誰か。さし当り、個人である。各人各人である。

各人の主体以外に、みずから主体として生きているものは、存在しない。哲学は、各自自身の主体的に生きる生そのもののうちに根ざし、いな、その生の只中で主体そのものが当のおのれの主体性へと鋭くかかわってこれを優れた意味で引受けつつおのれを全うするところに、成立する。哲学は、その根本において、個体性を色濃くつき纏わせるものである。このことはしかし、主体的におのれを優れた意味で全うしようとするところに成立する哲学にとって、そのとき、おのれを超え出るものの次元が、現われてこないということを意味しはしない。しかし、そうしたものが現われ出るときにも、それへとかかわる生きいきとした問題出現の根は、当の個体としての、主体的に生きている各自自身である以外にはない、ということを、このことは意味している。

四、しかし、哲学の根本が、主体的に態度を採るという出来事のうちにあり、哲学の根本問題が、そうした出来事にそれ自身かかわって行って、主体としてあることを全うすることにあるとしても、これらのことは、すなわち、主体的に態度を採るとか、それへとみずから主体的にかかわってこれを引受けるとかは、一体、何のことなのか。また、そのことのうちに、哲学の根本問題があるということは、どのように解釈されるべきなのであろうか。

五、哲学の根本が、主体的であるということにあり、哲学の根本問題が、この主体的であることそれ自身へと優れた意味においてかかわることにある、という、このことは、主体的であれという命法を下すことではない。命法を下すのは、倫理家の仕事であり、道徳の課題である。そのような命法が、かりに成立するとしても、それが可能ならしめられるのは、その根底に、主体的であるという事柄自体が、その可能的構造において、存在するからにほかならない。この可能的構造において既に先行的に伏在する、主体的であることとそれ自身へと、まさに主体的にかかわって、それを自覚化することが、哲学の根本問題である。それは、命法や道徳的要請などとは、根本的に次元の異なった問題圏域を構成する。

六、けれども、主体的であるということが、個人的な各自性を具えたものであるとすれば――右の三で現にそう言った――、主体的であるということの事実的内容は、千差万別であるはずであろう。そうだとすれば、哲学は、そうした具体的個別的な事実内容にかかわるものなのか、と、反駁する人があるであろう。しかし、そうではないのである。哲学の「根本」が、主体的に態度を採り、生き、考える、そうした各自的主体性のうちにもとづけられ、またそれが、事実的具体的には、個別的内実において現われるとしても、そうした各自的主体性へとまさに主体的にかかわってこれをその「根本」から「問題」化するということは、つまり「哲学の根本問題」として問題設定されたその事態の摑み方と捉え方においては、それは、主体的に生きるという事態のうちに含まれる、主体的であることそのことの明察の獲得ということになるのである。その主体的あり方自体の本質事態の明察を意図するものとなるのである。いわば、具体的事実的な各自の主体性の内実――そこには、むろん、それなりの、各自的な、その当の各自性への意識が、すなわち洞察が、含まれているが、そうした内実――が、存在的な性格をもったものだとかりに言うとすれば、哲学の根本問題として狙われるものは、そうした洞察のうちに秘められ、そのうちに既に姿を現わしてい、そうした各自的主体性を支える本質的構造として、それを可能ならしめている、主体的であることそのものの本質事態の明察という、いわば存在論的次元の問題である。

七、しかし、だからといって、それはまた、単なる存在論的構造といったものであるにすぎぬものなのでもない。つまり、人間である以上、誰にでも具わっている、単に一般的普遍的な構造を、しかも、単に理論的客観的に、もしくは抽象的に、剔出する、というようなことなのではない。なぜなら、本質事態としての主体的存在構造は、当の各自的な主体性のうちに、既に姿を現わしており、当の各自的主体性を可能ならしめているものだからである。当の各自的主体がもつ洞察のうちに、それは、既に見え隠れしているのであり、こうしたものの明察を獲得しようとすることは、当のおのれの主体性をも現に真に主体たらしめているものへの明察を形成して、まさにそれにもとづいて、おのれとして主体的に生きることを全うしようがためにほかならない。哲学の根本問題が、哲学の根本にある、主体的であることへと、優れた意味で、主体的にかかわることにあるとされた、その優れた意味での主体性への「主体的」かかわりとは、この意味にほかならない。すなわちそれは、(一)当の主体がおのれの主体性へと立ち還って問い直すという二重化を含むのみならず、(二)当の主体の各自的事実的な内実を突き抜けて、人間的主体性の本質事態に迫ろうとするとともに、(三)また単なるその一般的かつ客観的な普遍の事態の把握にとどまるのではなく、それを超えて、まさにその本質事態の明察にもとづいておのれがその各自的主体性においておのれとして全うさせられ、全きものとして主体的に生き抜くことを可能ならしめられるよう、その主体的な生への関心において設定された問題である、という意味において、それは、とりわけ優れて、主体性への「主体的」かかわりなのである。

八、このことは、さらに重要な論点へと、われわれを導く。すなわち、主体性に関しては、単なる一般的かつ客観的な普遍的構造ということは語り得ないのである。主体性は、私を離れた一般的なものではなく、また客観的に確認されるものではなく、まさに私として主体的にあるものである。私が、私として私を生き抜くことにおいて、あるものなのである。ということは、主体が、絶えざる生成のうちにある、ということを意味する。主体は、動的存在であり、生成する存在である。それは、様々な諸契機を経めぐりつつ、おのれを全うしようとし、おのれへと生成して行くものである。おのれへと、おのれを取り集め、おのれの経めぐった諸契機を取り集めて行くものである。このおのれへと取り集め、おのれへと成って行くという生成の運動と、右の明察は、一つになっていなければならない。主体性への明察は、静止し固定した構造や枠組の剔出ではなく、おのれへと生成し、主体的態度という生成において熟しつつ動き行くもの、そのものを、まさに本質的に可能ならしめるような、生成のうちに潜む本質事態への明察でなければならない。その本質事態への明察にもとづいて、まさに当の主体が、生成する主体として、その生成と存在において、全うされ成就されるような、明察でなければならない。様々なものを取り集め、おのれへと生成することは、一つのロゴスにおいて成立する。取り集めて、一つの統合された全体を可能ならしめるということが、ロゴスにほかならないからである。この取り集めるロゴスの、おのずからなる語り、それのそれみずからの露呈、それが(1)、ここで言う明察である。それは、単なる客観的考察ではなく、主体として生成する根源に潜むロゴスへの省察にほかならない。哲学とは、優れた意味における、おのれであることへの省察の遂行である。おのれであることへの明察の試みである。おのれへと生成すること自体に対する内省の企てである。おのれへと生成することにおいて出会われ看取される本質事態への思索の冒険である。

九、この意味において、「汝自身を知れ」という言葉は、永遠の言葉である。哲学の根本問題は、おのれを知ることにある。おのれとは何であり、すなわち、おのれへと生成し、おのれとして主体的に態度を採る、このおのれの生そのもの、そこにおいて一切のものがその姿を呈示してくるこのおのれの生の生成そのもの、それが何であるかを見、このものの中に立ち現われてくるロゴスを見ることこそが、そして、それにもとづいておのれであることを全うすることが、哲学の根本の課題である。土地や樹々ではない(2)、この、おのれ自身が、哲学の宿る場である。

十、おのれとして生きるとき、必ず立ち現われてくる様々なものがある。そこには、様々な現象がある。それは、キルケゴールの言葉を模して言えば(3)、「内面性」の諸現象である。哲学とは、根本的に言って、「内面性の現象学」にほかならない。外部にあるあれこれのものではなく、外部とかかわりつつ、おのれへと還り、おのれへと生成するこのおのれの、内なる場に現われてくる諸現象、それの現象学的な省察の遂行が、哲学の根本問題にほかならないのである。その諸現象は、哲学する当の主体が、根本的に、おのれの主体性へとかかわって、主体たることを引受けつつ、そのおのれの主体性のロゴスへと省察の眼を向けるとき、内面から、立ち昇り、立ち現われてくるものである。それは、主体性の内面へと、抜き差しならぬ形で、押し迫り、悩ませ、謎を課し、問いを誘発するものである。

それを省察すること、そしてそれを取り集めつつ語り、明察し、それにもとづいて覚悟を決めて生き抜くこと、これが哲学するということにほかならない。そして、それが真に主体的であるということにほかならない。

十一、してみれば、このように内へと屈折し、内側からの洞察を介して明察される、おのれへと生成する場面に現われてくる諸問題に対しては、ただひたすら、そのものを見る、そのものに耳を傾け、それを取り集め、それに聴き従う、ということしか、あり得ない。――そのものを見るという、このことが、現象学的省察ということにほかならない(4)。世界への埋没から身を翻して、その世界の中にあるおのれの姿の本質を、曇りない眼で、ありのままに見つめ直すということが、フッサールから発した、それぞれ個性的な特色を具えた現象学的諸哲学を、その根底において支えこれを可能ならしめた、現象学的還元の精神であり、またそれにもとづいて稔り豊かな結実をもたらした現象学的考察という哲学態度を根本において貫くものにほかならない(5)。全世界を捨てておのれへと還ることが、全世界を獲得するゆえんである、と、かつてフッサールは語った(6)。それは、単に外部世界を断念し、小さなおのれ一個の内部に閉じ籠るといった、意味のものでは決してない。それは、世界への没頭と埋没、いわばそうした世界への頽落からおのれを翻して、高い意味で、おのれを取戻し、世界内存在の真相を照らし出そうとする、高次の、世界への志向でさえある。この優れた現象学的還元の精神を生かしてのみ初めて、真の現象学的省察も可能となってくるのである。――しかし、さらにまた、あの前述の諸問題に対しては、単にこれを見るだけではなく、それに耳を傾け聴従することが、必要である。いな、そうせざるを得ないのである。あのものは、おのれへと生成する根源に潜むものとして明察されるロゴスであり、何人もこれを免れ難いのであり、誰もがみなこれに聴き従うほかはないのである。真の哲学は、運命を、定めを、受取る覚悟にある。——しかし、さらにまた、哲学は、そうしたものを、まさに、おのれへと取り集め、明察する働きであり、それは、ハイデッガーの言うように、根源的意味において、語ること、ザーゲンすること、ザーゲということ、取り集めること、なのである(7)。そこに、言葉が成就する。それは、おのれへと生成することのうちに潜むロゴスを、静かに、おのれへと悟らしめることなのである。それが、真の語ることであり、真の言葉である。「言葉」とは、「静寂の響き」である(8)。そう、ハイデッガーは言う。その真の言葉は、饒舌に、おのれを語り、他者へと語りかけることとは無縁である。真の語りは、沈黙の中で生起する(9)。それは、語られざる言葉、語られざる哲学でさえあるのである。——哲学とは、そこへと埋没した外なる世界から、おのれへと立ち還って、おのれを取り集めつつ、おのれへと生成する只中で、おのれのうちから聞えくるものに聴き従い、それを見つめ、定めを引受け、それを明察しつつ、言葉なき沈黙のうちでそれをおのれへと悟らしめ、おのれへと引受け、受取る、静かなる覚悟にほかならない。それは、眼には見えない仕方で、おのれの内側を貫いて、静かに、ひろがり、生起する。しかしそれは、疑いようもなく見え、聞えてくるのである。そのとき、おのれと世界が、静かに、しかも充実した、こうあるよりほかにはない必然の定めを帯びて、それが贈り届ける自由な解放の中で、見定められ、聴従され、受け容れられ、引受けられるのである(10)。それは、静かな時間である。時間を超えた時間、時間がそこから始まり流れ出る時間である。それは、キルケゴールとともに言えば、「時間の充実」であり、「瞬間」である(11)。ハイデッガーを模して言えば、「到来」と「既在」のうちに「瞬間」が「保持され」ている「根源的かつ本来的な時間性」の時熟である(12)。ニーチェに仮託すれば、「瞬間」の「門道」において永遠回帰が直視され、耐え抜かれ、運命的に引受けられる瞬間である(13)。哲学とは、この、時を超えた時の始まる、永遠の現在化への、修練にほかならない。

十二、右のような事情であるかぎりは、このような哲学の試図にあっては、一切の科学知は、何の助けにもならない。外部の事実にかかわるどんな無限の量の知識も、寸毫だに、この「内面性の現象学」には寄与することができない。主体性においてある人間を、その単なる自然的制約や歴史的社会的制約においてある諸様相からいくら分析しても、今述べた事態は、素通りされるだけである。主体性は、まさにそうした諸制約さえもが諸制約として出現し得る条件をなすものだからである。他方、人間はいかに生きるべきか、また何が善なのか、という価値内容の問題も、この際、当面問題外におかれる。何をなすべきかが問題なのでなく、何かをなすべく主体的に生きるべき定めを負わされている人間の存在そのものが、今や謎なのである。そうしたあり方においておのれへと生成する人間の根底に潜む、言い難い謎が、人を注視せしめるのである。何人にも通用する普遍的価値をいかに打ち樹てるかといった、一般的な話をしているのではない。「一般的人間」といったものは、「気の散った人間」のことだと、キルケゴールは、痛烈な一句を吐いた(14)。私自身が、各人自身が、問題なのであり、その私自身が、日々、あれこれ気遣いつつ、主体的に生き抜いている、そのこと自体の本質が、謎なのである。この問題に対しては、人間は、その謎を見つめ、聴き従い、それをおのれに引受けて、生きるよりほかにないのである。これこそが、哲学の根本に潜む、主体的となること、それ自身へとかかわって、それを捉えるという、哲学の根本にあるものの問題化であり、それは、人間の定めへと覚悟を決めた、静かな沈黙の中で、見られ、聞き取られるものへの、現象学的省察の遂行であり、その明察にもとづいたおのれの成就であり、そして、これこそが、一切の問題の根底に潜み、一切の知を超えた哲学知において根本的に問題化されるべき、哲学の根本問題にほかならない。

十三、哲学とは、この意味で、極論すれば、人間であること、人間として根本的に生きること、そのことの完遂にほかならない。人間であることそのことの、根本的省察と、その根本的な貫徹にほかならない。

（1）ここでの「ロゴス」やその「語り」については、ハイデッガーの意見を参照。拙著『ハイデッガーの存在思想』（勁草書房、昭和三十七年）、一三五、三〇五—三一〇、三一五以下、三九七以下のページ参照。

（2）Platon, Phaidr. 230, d. 4–5.

（3）S. Kierkegaard, Abschließende unwissenschaftliche Nachschrift zu den Philosophischen Brocken, übersetzt von H. M. Junghans, E. Diederich, 1957–58.

（4）E. Husserl, Ideen I, Husserliana, Bd. III, 1950, S, 52.

（5）この問題を詳しく述べることは、ここでは差し控える。簡略には、拙稿「現象学的還元について」（哲学会編『現象学』有斐閣、昭和四十五年所収）、同じく拙稿「本質・還元・現象——フッサール、ハイデガー、メルロ＝ポンティ——」（『現代思想』青土社、昭和四十九年八、九月号所収）参照。

（6）E. Husserl, Cartesianische Meditationen, Husserliana, Bd. I, 2. Aufl., 1963, S. 183; Erste Philosophie II, Husserliana, Bd. VIII, 1959, S. 157,

166.

（7）　前注（1）参照。

（8）　M. Heidegger, Unterwegs zur Sprache, 1959, S. 30.

（9）　この点については、M. Heidegger, Sein und Zeit, 1953. 拙著『ハイデッガーの実存思想第二版』（勁草書房、昭和四十九年）、五一九ページ以下、五五九ページ以下参照。また、M. Merleau-Ponty, Phénoménologie de la perception, 1945, p. 462 参照。

（10）　なお、拙稿「シンポジウム〝近代的自然観をめぐって〟——提題に関連する二、三の単に暫定的かつ断片的な覚え書き」（日本哲学会編『哲学』法政大学出版局、昭和四十七年所収）参照。

（11）　S. Kierkegaard, Philosophische Brocken, übersetzt von E. Hirsch, E. Diederich, 1960, S. 16.

（12）　M. Heidegger, op. cit., S. 323-31. なお、前掲拙著『ハイデッガーの実存思想第二版』六〇二ページ以下参照。

（13）　F. Nietzsche, Also sprach Zarathustra, III Teil, Vom Gesicht und Rätsel.

（14）　S. Kierkegaard, Abschließende unwissenschaftliche Nachschrift, I, übersetzt von H. M. Junghans, E. Diederich, 1957, S. 157.

第三講　根本的に問題であるもの

けだし、思惟の最高の逆説は、思惟自身ではに思惟できないものを発見しようとするところにある。

——キルケゴール

一　内面性の現象学再考

この前私は言った。

哲学することの根本にあるのは、主体的に態度を採り、主体的な視界を拓き、主体的となることである(これこそが、他の様々な哲学の諸問題の考察をも、真に可能ならしめるものにほかならない)。それゆえ、哲学の根本問題は、そのような主体的なあり方を、みずから主体的に引受け、主体的であることそのことをみずから主体的に問題化することにほかならない、と。これこそがまた、主体である当の人間を介して、世界がその諸相を展開してくるゆえんの根源的なものを見ることにほかならない、と。ところで、主体的であるものは、各自自身である。哲学の根本問題は、各自自身の根源に潜んでいる、各自自身が主体的に生きるということそのことへと、問いを向けることにある。哲学の根本は、個体にかかわる。しかしそれは、主体的であれという命法を下すことではない。それは、各自自身の主体的あり方のうちで根本的に起こっている、主体的であるということ、そのことへの、本質的な明察を獲得することにほかならない。それは、主体的に生きているおのれの生の本質事態を問うことと同じである。しかし、そのおのれの生の本質事態は、人間の本質構造を単に一般的に問うというような、おのれと無関係に人間の本質を問う仕方の中で、問題化されることはできない。なぜなら、おのれである主体的生は、絶えず、おのれへと生成しているものだからである。問題は、このおのれへと生成しつつある、このおのれの生の生成を可能ならしめ、遂には、おのれの生を全うすることを可能ならしめるような、おのれの主体的生成と一つになった、或いは、それを支えるロゴスを、おのれのうちに省察することにほかならない。つまり、おのれが主体として生きるとき、様々な体験を貫いて、抜き差しならぬ形で、おのれのうちに謎を課し、かかわってくるもの、そうした、主体の生の根底に潜む諸問題とそのロゴスを明察するという、内面性の現象学の試みを遂行すること、これが、哲学の根本問題にほかならない。それは、おのれの内面のうちに立ち現われる必然のあり方を、見、聴き従い、それを静かにおのれへと知らしめる、という試みにほかならない。それは、おのれであることを引受け全うしようとする覚悟でもあるのである。このような態度の中で問題化されるところの、おのれであることのうちに潜むロゴスの追尋が、哲学の根本問題でなければならない。それは、いわば、おのれが人間として生を営んでいるということ、そのこと自身への、その謎そのものへの、問いにほかならない。ないしは、その謎を抱いて、おのれであることを明察をもって全うしようとすること、そのことにほかならない。ここでは、事実に関する一切の知も、また価値に関する判断も、役に立たない。そうしたものに先立って、おのれが生を生きているということそれ自体が、謎なのである。この、おのれが主体として生を営んでいるということ、おのれへと生成しつつ生きているということ、このことが、根源的な謎なのである。哲学の根本問題は、この謎に眼を向けることにある。この謎に眼を向け、その謎において生きることにある。それは、そのように生きているおのれ自身への省察を行なうことにほかならない。哲学は、人間であることの省察である。

しかし、私がこのように言うとき、人は直ちに反問するであろう。第一には、そのような哲学は、狭すぎる、と。哲学は、そのようにおのれへと沈潜することにあるのではなく、むしろ、世界へと広く眼を拡げ、多くの諸問題を考察することにある、と。認識の問題、自然の問題、歴史の問題、社会の問題、等々、と。私は、このことを否定しない。繰返して言うが、私は、それらが哲学の基礎問題であることを、否定しない。別の機会に譲らなければならないが、哲学の体系は、私の考えでは、非常に包括的な問題群を含むべきはずのものである。けれども、私の言いたいのは、それらは、哲学の根本問題ではないということである。哲学の根本問題は、そうした広汎な諸問題に対しても全体的な視野を失わずに考察をしたり立論をしたりする、その当のおのれのうちに、抜き差しならぬ形でかかわってくる、或る根本的な問いと謎に、眼を向けるところにある。そしてこの問いと謎は、人が真に主体として生を生き抜いているおのれへと還るとき、必ずや立ち現われてくるものである。この根本の問いと謎に向かわなくては、哲学は、いかにそれが包括的全体的であろうとも、画龍点睛を欠くのである。肝心要めの中心が欠如してしまうのである。私がここで強調したいのは、このおのれの生に立ち還って、主体として生成するおのれの生の秘密に耳を傾けるということが、哲学の根本問題である、というまさにその点である。

それゆえに、これと結びついて第二に、私は言っておかねばならないが、この哲学の根本問題は、内面性の現象学なのであるが、その内面性とは、単に、外部に対する内部ということではないのである。たしかに、それは、おのれの内に立ち現われてくる問題を扱う。しかしそれは、単に、おのれ一個の内を、ちょうど小さな箱の中に閉じこめられたその狭い内部を見る、といったことを意味するのではない。キルケゴールにおけるように、「内面性」とは「主体性」ということである(1)。「主体性」とは、「実存する」ということである。「実存する」ということは、現象学における「志向性」という概念との関係を含む(2)。志向性とは、さし当っては、おのれならざる他の或るものについての意識であるが、しかしまた、そうしたおのれの意識についての意識でもあり得るものである。「実存する」とは、例えば、ハイデッガーにおけるように、「おのれの存在においてその存在へとかかわり行くこと」であるが、その際おのれならざる存在者にもかかわり行くものであり、「世界内存在」である(3)。サルトルの言葉を藉りれば、それは、世界に向かって「炸裂する」(4)。メルロ＝ポンティとともに言えば、人間は世界のもとに存在し、私が私自身へと立ち還ったときに見出されるものは、「内面的真理の住処」ではなく、「世界へと身を捧げた主体」(5)である。様々なかかわりの主体であるこのおのれを介して世界が拓けるとすれば、そのような主体は、内部に閉じこもるものではなく、世界へと身を開いたものだとさえ言わなくてはならない。いな、世界がどこか別に即目的に存在していて、それへと身を開くのではない。主体的に実存するとき、世界が、そこで初めて世界として、それと同時に、等根源的に、成立してくるのである。ハイデッガーの語るように、そこで、「世界《ヴェルト》」が、「世界となって開けてくる《ヴェルテン》」、のである(6)。主体的ということも、何か「物在する《フォアハンデン》」確固不動の「自我」や「主体」や「実体」が存在するという意味をもつものではなく、この、おのれへと先んじておのれへとかかわり、またおのれを引受けつつ、おのれならざる様々な他なる存在者とかかわりつつ、実存するという、あの、実存論的意味において、その「存在」が「気遣い《ゾルゲ》」として、またその「存在意味」が「時間性」として明らかにされた、現存在の存在という、あのハイデッガーの詳説した事態に関連している(7)。ともかく、こうした主体性によって、世界が、そこで初めて、一つの生きた全体として、おのれにとっての世界として、成立してくるのである。内面性は、単に、外部から区切られた一つの内側の領域ではない。そのような領域ならば、もともと、それは、外部の一つであろう。観点を一歩ずらせば、それは、それ自身がまた一つの外部となってしまうであろう。内面性は、そうした外部的なものとは、成立の次元を全く異にする。あえて言うとすれば、この世界はすべて、外部性で充満している。しかしその外部的世界の中に、それ自身はいかなる外部性でも無い一つの「無」であるような場が、その裂け目を開いている。いわば、「即自」で充満した世界の只中に、ただ一つ「対自」であるようなものが、無の裂け目を開いている。それは、それ自体はどこにも即目的に存在しない一つの鏡であり、その鏡に照らされて、外部的世界の全体が映し出され、その生きた鏡に焦点を合わせて、世界が、すなわち宇宙が、一つの生々たる纏まりにおいて形を整えてくる。それは、「宇宙の生きた鏡」である。そこで、世界が世界となるのである。その鏡の凹凸によって、その内面性のいかんに応じて、世界はその事実的姿を変える。内面性は、事実的世界そのものでさえある。むろん、事実的世界の全広袤が、その奥行きと重みにおいて、全部一挙に照らし出されてしまうのではない。「対自」は「即自」と全く次元を異にするのでなく、それと繋がりつつ、それを照らし、生動化するのである。その生動化の中心点が内面性である。そして、それが、そのように世界を世界たらしめる当のものであるにもかかわらず、ここであえて内面性と呼ばれるのは、その鏡が、あの対自が、かの無が、あの受肉したおのれが、あの様々なものとのかかわりのうちにふだんは自分を忘れて没頭埋没しているがために、まさにそうしたおのれとして、おのれに見えてくるのは、その没入からおのれへと立ち還り、内へと屈折した、つまり二重化した、おのれの主体的かかわりへの、主体的かかわり、においてであるからである。この、おのれ自身の内へと還帰した、屈折した、おのれへと反《かえ》って省みることのうちでのみ見えてくるその事態のゆえに、それは、ここではあえて内面性と呼ばれたのである。

しかし第三に、人は反問するであろう。このように外部の事象から眼を内へと屈折させ、そのようにしてのみ見えてくる諸現象を凝視して立論をするという場合に、その言語の身分は何であり、またその真理性の証しはどこに求められるのか、と。すべての何らかの語られた命題は、何らかの形で経験的に検証吟味されなければ無意味であり、知識にはならない。さもなければそれは、単なる空語か戯れ言にすぎない、と。ところが、経験的に確証され得るのは、ひとえにただ、外部の事象のみであり、そうした外部の事象とは成立の次元を異にした、内へと屈折してのみ見られ得る事態とは、実は、外部的には見えないものである以上、まさに検証も確証もされ得ないもの、無意味な命題を導くにすぎないものではないのか。そう、人は言うかもしれない。けれども、ここでわれわれを助けてくれるのは、フッサールである。フッサールの所論のうちから若干のものを、ここでわれわれなりの問題設定に変容させながら、引証すれば、こうなるであろう(8)。経験に還れという主張は、たしかに正しい。けれども、それは、単に、直ちに、眼に見え手で触れうる感覚経験に戻る、ということを意味しはしない。感性的な意味での眼には見えず、また感官としての手には触れえない、本質事態もまたあるのである。ごく手短に言えば、例えば、「すべての妥当性をもつ思考は唯一の与える直観である経験にもとづくものである」と説く経験主義の原則的な命題自身が、「直接的経験」ではあり得ない。なぜなら、「直接的経験」は「個別的なもの」をしか与えてくれず「普遍的なもの」を示しはしないはずなのに、右の命題は、「すべて」にわたった事例に関して立言している。しかしこの「すべて」という「普遍性」「一般性」は、直接的に経験されるものではないからである。にもかかわらず経験主義がこの原則を樹てるのなら、「帰納」やら、「間接的推論様式の全体」など、「普遍的命題」を樹て得るゆえんのもの、つまりは、「経験的一般化」を超え出たものを利用しているからである(9)。こう、フッサールは言う。たしかに、その通りであろう。つまり、右の一事実でもって、「直接的経験」すなわち感覚経験に帰着しなければすべての知識は無意味だとする主張そのものが、崩れるのである。なぜなら、その主張そのものが、経験的なものではないからである。ということは、もっと一般化した言い方に直せば、それが、感覚経験を超えた、一つの立場、一つの見方の提起であり、感覚経験されない一つの本質事態の立言であり、したがってその本質事態の存立を逆証するものだということである。

本質事態には、むろん、種々のものがある(10)。けれども、当面の問題との連関で言えば、外部の諸事象に関する感性的諸事実を取り集めて、それを意味をもった一つの命題的形式に綜合統一させる当のものは、少なくとも、その感性的諸事実から由来するのではなく、それとは別種のものからくる。そしてそれは、中期フッサールの見解を一般化して言えば、感覚的な「ヒュレー」を「生気づけ《ベゼーレン》」「把《アウフ》捉し《ファッセン》」て、これに「意味付与《ジンゲーベン》をする」「ノエシス」の「綜合《ジュンテシス》」の働きに由来し、これによって「ノエマ」が成立し、しかもその「完全なノエマ」は、そのノエマの「核」を中心とした「意味」の「諸規定性」の「統一」において、同時に「定立的」な「存在諸性格」を伴いながら、構成されてくるのである(11)。そしてこの、「連続《コンティヌイーリッヒ》的綜合」——これは「受動的」である——や、「非連続《ディスクレート(デグリーデルト)》的綜合」——これは「能動的」である——を行なう(12)「ノエシス」の側の中心に、やがて、初期には否認されていた「純粋自我」(13)が立てられ、さらには、これが、晩年にはその「純粋自我」の「体験流」を生き抜く「習慣性」や「モナド」性を獲得して(14)、「超越論的主観性」の名において、「世界」を志向的に孕み、それとかかわり、それを構成する深い広い意味を帯びて、この「超越論的主観性」と「世界」との関係が、現象学的に探究されるべき究極主題となっていったのであった(15)。むろんその際に、『イデーンII』第三篇あたりから見え始める、本当の「自然的態度」の世界、つまり「自然主義的態度」によるのではない、「人格主義的態度」による「日常的世界」「精神的世界」が、最も根源的な「態度」とその「世界」と見なされ始め、これが晩年の「生世界」に連なっていったこと、言うまでもない(16)。それとともに多くの問題や視座が、根本的一貫性を保ちながら、変容を蒙り、深化されていったわけである。ともかく、フッサールにおいては、こうした「主観性」と「世界」との関連という超越論的な本質事態(17)が、終生あくことなく問い尋ねられていったのである。

また、カントに関係して言えば、知識を成立させるものは、単に、感性的直観の多様なのではなく、超越論的な「統覚」を中心とした、その多様の「綜合統一」であり、その統覚の根源には、「われ考え《イヒ・デン》る《ケ》」、というあの、決して単なる経験の一事実ではない、むしろ経験を初めて可能ならしめる制約であるところの、超越論的事態が、潜んでいたのである(18)。それこそは、経験的世界がそれに準拠して可能となり成立するゆえんの、超越論的なわれという主観性の場であった。『純粋理性批判』の試図は、このわれに立ち還った、「理性」の「自己認識の仕事」(19)の遂行であり、そこからする、理性の限界設定の試図であった。だから、フィヒテが、カント自身は「直観」といえば「感性的直観」しか認めなかったが、しかし本当は、「自我」の「絶対的な自己活動性」の「直観」をもっていたという意味で——さもなければ、カントは、「超越論的演繹論」の章など書けなかったはずであろうから、その意味で——、「知的直観」を所有していたし、承認していたはずだというのも、尤もである(20)。ともかく、そうした「理性の自己認識の仕事」という本質事態の場面に立ち戻って、カントは批判の試図を敢行したわけである。或る意味では、このような、われに立ち還って問う内面性の本質事態を認めなければ、およそ哲学の試みは崩れ去ってしまうのであり、したがってこの本質事態を承認しない哲学とは、形容矛盾であるとさえ言っても過言ではないであろう。

もちろん、その本質事態を見る眼とそれに映じたその諸相は、各哲学者によって異なっている。だからといって、そこには何の真理性の保証もないのだと速断するのは、誤りである。本質事態は、それを見るものに、ありありと見えてくるのである。フッサールが言ったように、「真理」とは、このありありと見えてくる「原的所与性」に「動機づけられ」ながら、「理性定立」をすること、つまり、「理性定立と、それを本質的に動機づけるものとの、統一」にある(21)。もちろん、或るときありありと見えた所与性がほかのときにはそうでなくなるという場合があり、そのときには、理性定立は修正を蒙らざるを得ない。しかし修正はふたたび、本質事態の新たな原的所与性に依拠する以外にはないのである。しかも、哲学においては、単に、真理は、こうした理性定立とそれを動機づけるものとの統一にとどまるだけではない。哲学にあっては、真理とは、当の事柄の本質事態の把握にもとづいて、すなわち絶えずその広さと深さとにおいて吟味検討されてゆく本質事態の真理の把握にもとづいて、当のおのれが、知的自己責任と首尾一貫した覚悟において、おのれの生を生き抜き得るか、生き抜き得たか、また生き抜き得るであろうか、という点にかかっている。或る意味で、本質事態の真理の完全な把握は、一つの理想にとどまるであろう。だからそれは、屢々、人類の知的営為を通じて達成されるべき目的論的理念だと考えられた。にもかかわらず、一哲学者が、その個体性において、一つの本質事態の彼なりの把握を達成しようとすれば、それは、もともと人間が、その個体性において、同時に、一つの本質事態の全体的把握のうちでのみ、すなわち、人間と世界の全体にわたるその原理的全体の把握のうちでのみ、真に人間として深く生き得るからである。そして遂には、彼が人間として広く深く首尾一貫して生き抜き得たという事実そのものが、彼がそのうちで生き抜いた人間と世界の原理的全体の哲学的把握の真理性さえをも、逆証するのである。哲学的知識の真理性とは、このようなものである。それは、人間と世界の原理的全体という本質事態を、その原的所与性に裏づけられつつ、絶えず広く深く捉えるというその吟味にかかるとともに、その把握にもとづいて当の哲学する者が、おのれの生を知的自己責任と覚悟において、どれほど首尾一貫して生き抜き得、また生き抜き得たかという、その生そのものからする証しにかかったことなのである。そして、まさにこのような意味において、その真理を目指して、今や「内面性の現象学」が語られ、探究されてよいのであり、またそうでなければならないのである。

二　根本問題の内実

さて、それでは、「内面性の現象学」は、どこから始まるべきであろうか。それは、突如、何らかの問題を、偶然的にもち出すことによって始められ得るであろうか。いな、である。それは、内面性、主体性そのものに立ち還ることから出発しなければならない。しかし、単にそこへと立ち還ってそこに眼を向け、そこに映じてくる諸相を、ただあれこれ、偶発的に取上げるだけであってもならない。内面性に立ち還って、おのれがおのれとして生成しつつあるそのおのれの存在のロゴスに耳を傾け、それを凝視するとき、そこに抜き差しならぬ形で、喰いこみ、問いを課し、謎を課してくるもの、そうした不可避的なものをこそ、見なければならない。何よりもまずそうしたものを見ることによってのみ、「内面性の現象学」は始まり得るのである。

一般に、問いを発するとき、問うことが、問われるものを生み出すのではない。逆である。問うことは、問われるものが既にそこにあるから、起こるのである。問われるものが、むしろ、われわれに問いを課してくるのである。謎を課してくるのである。問う者は、あえてことさら、必要もないのに、わざと、もってまわった仕方で、どうしても問題を作り出さなければならないから、問題を立て、問いを立てるのではない。そうした問いは、本当の問いではない。問う者は、問わずにいられないから、問うのである。なぜなら、問いを誘うものが、既にそこにあるからである。謎を課してくるものが、もうそこにあるからである。そうした謎に眼を向けてこそ、本当の問い、つまり根本問題が成り立つのである。根本問題とは、その当の人が、その問いの方から絡まれ、どうしてもそれを問わずにはいられなくなるような問いのことである。問いの方が、謎として、襲ってくるのであり、それ自身のうちからおのずと首をもたげてくる謎そのものにかかわることが、本当の問いである。単にあれこれの現象を、ことさらわざとらしく、本当は何の疑問も感じていないのに、問題らしく装いに作り上げ、それをあれこれ結びつけ縺れさせ、巧みに捌くことが哲学的才能だと自惚れたり、またこうしたパズル解きの遊戯を、知性の証しだとか頭の良いことだとか専門家的哲学者の仕事だとか考えることは、哲学することの根本の根を失った、浮草のような、頽廃であり、そこに巣喰うものは、倦怠と病的刺載に蝕まれたデカダンスである。歴史的知識の過剰を断ち切って、「非歴史的」に、いな「超歴史的」に、健康な「忘却」のうちで、「永遠で渝らないもの」に眼を向け(22)、おのれ自身へと立ち還り、そこで、謎を課してくるもの、問いを課してくるものが、おのれへと押し迫ってくる体験を、われわれは、端的に、真直ぐ体験し直さねばならない。さて、当面の問題に立ち還るならば、問いとして押し迫り、謎を課してくるものは、主体としてのおのれが生きている、という、その事柄そのものである。このものが、内面性の現象学として、今、問題化されているのである。だがしかし、一体、それのどこが、謎なのであろうか。これが、肝心要めの点である。

ここで、人は、次のように誤解するかもしれない。すなわち、今ここで問題になっているのは、人間がその存在において何であるかということ、つまり人間存在――その存在において問われた人間――が何であるかということ、である。ゆえに、この人間存在のあり方をその本質において暴露し呈示することが、哲学の課題になっているのである、と。ではそれはどのようなものかと問えば、そのような人間存在とは、理性的動物、ゾーオン・ロゴン・エコン、アニマル・ラチオナーレ、心身二元的なものの統一、等々と、その他任意の定義を、博識な人ならば、いくらでも哲学史の中から拾い上げ、並べ立て、陳列してみせるであろう。しかし、繰返して言うが、ここが肝心なところである。われわれは、着手点を誤ってはならない。主体として生きるおのれが謎であり、問いを課し、抜き差しならぬ形でおのれにかかわってくるとは、このような定義の解釈や理解にかかわったことなのであろうか。かりに、そのような定義が正しいとして、そうしたものの理解や解釈が問題なのだとしても、そのような理解や解釈は、その導きの糸を、一体どこから汲み取ってくるのであろうか。それは、当の主体として生きるおのれのうちからである以外にはないであろう。してみれば、客観的な定義よりも、当のおのれの主体として生きるありさまを省みる態度の方が、より根源的なものとして、先行することは、明らかであろう。しかしそればかりではない。このように、おのれへと生成しおのれへとかかわって生きる当のおのれのうちに立ち還ってみたときに、こうした、例えば理性的動物といった客観的な人間の定義に拠りかかって接近することを適切なものとして許容するようなどんなものが、果してあるであろうか。そのとき、そうした定義の正しさは証示され得るであろうか。このような定義が、既に人間を物在《フォアハンデン》するものと捉える前提と偏見に惑わされており、およそ物在するのではなく実存するものである人間を初めから視界の外に追いやってしまい、実存という事態を捉え損う結末にいたることを、ハイデッガーが鋭く批判していたことを人は思い起すべきである(23)。問題は、そのとき、このような客観的見方に立って、人間を動物と比較したりして獲られるでもあろうような、一般的な人間定義いかんにあるのではない。問題は、おのれがおのれとして主体的におのれへと生成して生きているという内面的事態そのものを、真直ぐに、内面的に見つめることにある。ここでは、客体性の言語や観点や定義は、すべて斥けられねばならない。内面性が、内面性そのものにおいて、おのれへと立ち還り、反り向いて省みる態度の中で凝視されなければならない。それに、右のような、様々に陳述されまた陳述され得るでもあろうような人間存在の客観的一般的な定義は、もともと、既に、謎ではない。それらは、とうにそのように言い述べられ陳述され、半ば答えられた命題である。またそれは、外から与えられた、すなわち伝承された命題である。もとより私は、このような、外部にその素材が仰がれた哲学の様々な基礎問題を、もう一度検討し直す作業を、否定するものでないことは、既に述べた。しかしそれは、哲学の根本問題ではないのであり、そして当面問題なのは、この、主体的に生きるおのれの存在を、まさに内から、それそのものとして、主体的に問い明らめるという、哲学の根本問題であることは、もはや繰返し言うまでもないことであろう。問題は、客観的な見方において問われまた答えられる、人間の「存在の仕方」にあるのではないのである。問題は、おのれ自身に立ち還り、おのれとして生き主体的に生成しつつあるこのおのれ自身を見つめることにある。そのとき、おのれの、客観的な「存在の仕方」は、問題ではなく、謎を課してはこないのである。謎を課し、問いを要求し、最も根本的に問い尋ねられるべきものは、そうしたものには決してないのである。

例えば、私の客観的な「存在の仕方」の「事実的」なもの、つまり私の客観的存在の事実的仕方は、少しも謎ではない。私は、何年何月にどこそこで生まれ、これこれの学校に通い、職業は何であり、身長体重はどれほどであり、収入がいくらであり、どこに住まい、等々、と、この点については、観点の採り方に応じて、恐らくいくらでも明確な陳述をなすことができる。また、私の客観的な「存在の仕方」の「価値的」なもの、つまり、私の客観的存在の価値的仕方も、私にとっては、少しも謎ではない。私は、例えば、才能が乏しく、つまらぬ魅力のない人間であり、反道徳的であるとか、等々である。もちろん、価値の規準をどこに採るか(善いとか、悪いとか、美しいとか、醜いとかといったことの規準の設定)は、困難ではあろう。しかしその困難は価値論そのものの困難であって、私の存在の価値的仕方の困難ではない。何らかの規準において定立された価値の諸々の観点に従って、私の客観的な存在の仕方の価値的なものは、恐らく、当の私にとっては、既に何ほどか、たとえそれを顕在的に確知してはいないとしても、判明に意識されているように思われる。さらに、私の客観的な「存在の仕方」の「本質的」なもの、つまり私の客観的存在の本質的仕方も、取り立てて疑問を提示しはしない。私は、言葉を喋り、多少なりとものを考える理性を具えた動物であり、社会的政治的動物であり、心身の二元的統一においてであり、ホモ・サピエンスであり、ホモ・ファーベルであり、ホモ・ルーデンスであり、等々というわけである。要するに、私の、ないしは、人間の、客観的な「存在の仕方」は、たとえその細部や、観点の採り方などに若干の問題を残すとしても、原理的には、解明可能であり、陳述可能であり、一義的解答を原則的に提出できるもの、つまり、根本的に謎を課すものではないものである。

それでは、私自身が生きていることの、何が、謎を課し、謎を含んだものと見えてくるのであろうか。

謎の意識が一般に登場するのは、或る何らかの事柄が、それを包摂する何らかの定式のうちへと、旨く帰属せしめ得ない場合、もしくは、端的に当の事柄を包摂すべき何らの定式も発見できない場合である。

突然、庭の樹が枯れたとしよう。ほかの樹々は威勢がよいのに、一本だけ枯れたのである。どうも変であり、不思議である。つまり謎である。謎が現われてくれば、人は、それを解きほぐそうとする。

すなわち、その現象を旨く説明する、ないしはそれを包摂する定式を、人は発見しようとする。右の、庭の樹が枯れたという場合なら、われわれは既に何ほどかの定式をもっている。樹が生育するには、水分が必要である、太陽が必要である、根が腐らないことが必要である、虫が喰わないことが必要である、除草剤や殺虫剤が過度に撒かれないことが必要である、排気ガス、大気汚染のないことが必要である、等々。これらの定式に照らし合わせて細かい観察と分析と推論を加えれば、突然一本の庭木が枯れたという謎めいた現象は、謎ではなくなり得るであろう。このように、謎の意識は、さし当りまず、何らかの事象の客観的な存在の仕方にかかわるが、しかしこのような謎の意識は、何らかのやり方によって氷解されることが、原則的に可能である。それは、客観的な問いであり、したがって客観的な知によって答えられるのである。私は、それがすべての場合に事実上ことごとく即座に答えられるとは、言わない。しかし原則的にそれは答られるはずであり、またそうでなければならない。それというのも、まさにこうした様々な事象の客観的な存在の仕方を説明し包摂する知的な定式の発見が、学問や科学の探究する課題だからである。それは、学問や科学があるかぎり、問われかつ答えられ、そして探究されてゆくであろう。また、私がここで客観的な存在の仕方といった場合、単にそれを事実的な仕方(これは諸学問や諸科学が解明する)や、さらにはその本質的な仕方(これは、諸学問や諸科学の体系として総括されたり、また哲学的な存在論の形態において展開されたりする)としてだけ考えているのではなく、価値的な仕方をもそれに含めて考えている(価値的な仕方を組織立てようとするものが、道徳や倫理や美に関する哲学的な諸学の課題であろう)。或る何らかの事象が、客観的に、何々「である」、或いは何々である「べきである」といった、事実ないし本質や価値の上での存在の仕方を解明するのは、諸学問の課題であり、それは、それらに問い合わせれば、少なくとも原則的に解答が可能であるはずのものである。問題は、こうした客観的な存在の仕方にあるのではない。謎は、およそ、総じて、存在の仕方のうちにあるのではなく、存在そのものにある。「である」ということ――そして、「べき」も、「べき」「である」という形で、「である」の一変形であるにすぎないのだが、そうした「である」ということ――に、謎はあるのではなく、存在するということ、「がある」ということ、そのことそのものに、根本的な謎はかかわっているのである。

しかし、この際、注意しなければならない。例えば、庭木が枯れるといった、庭木の存在の仕方にかかわる様々な現象ではなしに、庭木の存在することそのことにかかわるといったような事態の場合に、庭木が一本そこにあるということが謎であると言うと、いや謎ではない、と直ちに人は反駁するであろう。それは、植木屋が持ってきたことが原因である、と。では、植木屋はどこからそれを持ってきたのか。苗床でそれを育てて持ってきたのであり、苗床に播かれた種は、その庭木に先立つ別の庭木から由来したのであり、それを運んだ植木屋はその両親から由来したのであり、こうして、すべては、必然の因果によって由来したのである、と。人は、このように、大抵、存在そのものが謎であると言われると、それが謎ではない証拠にと言って、それに先立つ別の事象の存在を挙げるのが習わしである。原因と結果は、このように先行するものと後行するものとの二つの存在者の存在の事実を結びつける。しかし、本当は、この因果の系列は、事象の存在そのものにかかわるのではなく、その存在者の因果の系列の中における存在の仕方にかかわる。その存在者の存在の仕方が惹き起こされたゆえんの、その存在の仕方に先立つ、別の存在の仕方を問うものにすぎない。だからこそ、二つの存在者の時間上の前後関係のあり方が、まさに因果という形で結びつけられ得るのは――というのも、単なる時間上の前後関係だけなら、因果を形成しないからであり、或る事象の生起に時間的に先行する事象は無数に存在するからである――、つまり、特定の二つの存在者が因果という形で結びつけられるのは、その根底に、その二項を包摂する、さきに触れた説明の定式が、法則という形で、成立し、この定式がむしろその事象の因果的関係を可能ならしめる理由として働いているからである。或る生物が存在するのは、それの胚種がそれに適した条件と栄養の下で生育するからである、という、そのものの存在の仕方を説明する定式があるからこそ、一本の庭木の生長と、それに先立つ苗床の種もしくはその種に働いた好条件とが、先行者(原因)と後行者(結果)として、因果関係の形で取り纏められるのである。因果の二つは、存在そのものにかかわるのではなく、存在の仕方を解き明かす定式に含まれた単なる二項を構成するものにすぎない。因果の系列は、本当は、ものの存在にかかわる問いではなく、その存在の仕方が惹起されたゆえんの、存在の仕方を一般的に説明する定式に還元されるものであり、また先行する原因とは、この一般的定式が、事態を説明する理由として発動し得る、初期条件をなす説明要素の一項にすぎない。因果関係は、それゆえ、存在の仕方の枠組に囚われた設問であり、存在そのものを問う問いではないのである。目下のところ問題なのは、ところが、存在の仕方ではなく、存在そのものである。したがって、存在そのものの謎を、単純に、因果の謎と考えてはならないのである。しかし、存在そのものについて、それが謎であるとは、何のことか。存在は、存在するのであり、これほど簡単明瞭で、謎を含まぬものはないではないか、と、人は言うかもしれない。

しかし人は、存在するということそのことを包摂する定式をも、必ず求めるものである。ただし、右に述べたことからも明らかなように、それは因果に関する客観的な定式ではない。なぜなら、因果関係は、存在の仕方にかかわる定式だからであり、今問題になっているのは、存在の仕方ではない、存在そのものだからである。存在の仕方を包摂する定式は、「いかに《ヴィー》」である。一切の知と一切の価値への問いは、すべて、「いかに」ということにかかわり、またそれだけにしかかかわることができない。それらは、その当のものが「いかに」「あり」、また「いかに」「あるべきであるか」を、明らかにしようとする。そしてこのような問いは、諸学問や科学が、まさに問い明らめようとしている課題である。それらの問いは、これらの諸学問や科学において、解明され、探究されて、結局、原則的に、解答可能なものであるはずのものである。けれども、「いかに」という存在の仕方が成立する根拠には、当のもの「がある」という、その存在の端的な事実が潜んでいる。このものが、さきのものを可能ならしめる前提・根拠として、先行的に伏在しているのである。

この、存在するという端的な事実を包摂しようとする定式を、今ここで「なにゆえ《ヴァルーム》」の問い《フラーゲ》、と呼んでおくことにする。シェリングはかつて語った。哲学以外のほかの諸学問はすべて、様々な存在者がいかにあるかという、その存在の仕方を説明するにとどまって、「なにゆえにそもそも何かがあるのか、なにゆえに無ではないのか」、とは問わない。しかし、このような究極の、存在理由を問う、「絶望的な問い」を問い、人間を「底なしの無の深淵」から救って、一切の知に「その最高の連関と究極の支え」を与えようとすることこそ、本当の知恵への愛であり、すなわち哲学の課題である(24)、と。今、シェリングのことは、措く。ハイデッガーも、またヤスパースも、そして古くはライプニッツが、この「なにゆえ」の問いを、重要な問いとして提起したことは、人のよく知るところであろう(25)。今、それらの検討は、ここでは差し控えざるを得ない。ともかく、人は、存在そのものの端的な事実を前にして、そのように問わずにはおれないものであることは、誰しもがおのれに立ち還ってみれば、頷かざるを得ないことであろう。しかし、この問いは、不思議なことに、それに対する答えを、容易には見出すことのできない問いである。しかし、にもかかわらず、それは、そう問わずにはおれなくなる問いであることもまた、たしかである。人は、そのとき、存在そのものの、なにゆえを、つまり、根拠と目的を、その由来と行方を、どこからとどこへを、すなわち、存在理由を、問うているのである。ただし、それは、因果の意味でのそれではなく、また、単に客観知によって確認されたり立証されたりするような、事実上、本質上、価値上の説明方式による存在理由でもないこと、むろんである。私は、それゆえ、誤解を避けるために、あえて、ここでは、この「なにゆえ」の問いの向かうものを、存在そのものの根源的な「意味」であると、呼ぼうと思う。人は、存在そのものの端的な事実を前にして、実は、その存在そのものの根源的な意味を問うているのである。根源的な意味とは、存在そのものの、あらゆるその事実上、本質上、価値上の存在仕方を超えた——この、超えた、ということが、例えば、或る時期のハイデッガーにとって、「存在者全体」を超えて問う、メタ・フィジークの、そのメタ、すなわち「超越」ということであったが(26)、そうした——、存在そのものの根源的な帰趨の謂である。しかし、このものは、安易な形而上学によりかかるのでないかぎり、容易には答えられない。存在そのものを包摂する根源的な意味は、直ちにはどこにも発見できないからである。一切のものは、たしかに、疑いもなく存在する。しかし、それは、ただ存在するから存在するだけである。何の意味あってなのか、それには答えがない。

しかし、答えがないものをなぜ問うのか。それは、人間がまさしく、こうした問いを発する存在者だからである。人間とは、存在の根源的な意味を問わずにはおれない存在者だからである。

しかし、その根源的な意味が問われる存在とは、どの存在であろうか。それは、客体的な存在者の存在であろうか。それとも、このおのれという、主体的な存在者の存在であろうか。おのれ以外の存在者が存在する全体的連関を世界と呼べば、そうした世界は、おのれを離れて即自的物在的に存在するのではない。そう考えるのは、素朴な物在的地平から見られた世界概念である。世界は、おのれの主体的存在と結び合わされている。世界が世界となるのは、おのれがおのれとして主体的にかかわりの只中を生き抜くからである。主体的なおのれの存在の只中で、世界の諸相が初めて生きた世界のそれとして展開する。このことは既に以前に述べておいたことである(27)。世界の存在の根源的な意味が問われるのも、それゆえ、実は、おのれの存在の根源的意味が問われることと接合している。いな、根本的には、まさにおのれの存在の根源的意味が問われることにおいて初めて、世界の存在の根源的意味もまた、その厳粛な姿において問われることが可能になる。なぜなら、存在の根源的意味が問われ得るのは、それが非存在に晒されるからである。非存在との絶対的対立と緊張とにおいてのみ初めて、存在そのものの謎が、われわれに襲ってくる。非存在に晒されることの確実であるものは、おのれの存在である。おのれの存在の非存在とは死である。死の影のもとで初めて、おのれの存在の根源的意味への問いが湧き起こり、またおのれにとっておのれの死と結びついてそれもまた非存在に晒されるところの世界の存在の根源的意味が、疑問になるのである。

その問いは、ハイデッガーが言ったように、「不安」の気分の中で起こると言ってもよいであろう。不安においてこそ、日頃馴染まれ親しまれ、目的手段の緊密な「有意義性」において没頭されていた「世界」もしくは「世界内部的なもの」が、その有意義性を剥奪されて「無意義性」へと沈みこみ、そうした「世界」は「無」と化して、もはや何の事情性をも形作らず、だからこそまさに世界内存在するおのれの「無気味」な当の「世界内存在」そのものが、おのれに初めて、赤裸々に、覆いなく、見通されてくる(28)。この無気味なおのれの世界内存在から、むしろ「逃避」しようとして、人は、一層、「頽落」の中へ落ちこむ。しかし現存在自身が既に、「頽落的逃避」という形で、この不安において顕わとなる無気味で単独なおのれの世界内存在によって「脅か」されていたのである。「居心地の悪さ」の方が「より根源的な現象」だったのである(29)。こうした頽落からおのれを取戻し、「不安」の「根本情状性」の中で、おのれであることとそのことを見つめ、おれへと引受けてこそ、本来的なおのれであることが可能となる(30)。その本来的なおのれは、おのれの「死」へと「先駆」し、おのれを引受け、「非力な」「責めある」有限的なおのれとして生きることを決意する覚悟において、成就し(31)、そのおのれが今や世界に向かって、「決意性」の「瞬間《アウゲンブリック》」において、烱々たる「眼差し《アウゲンーブリック》」をもって、様々なものとのかかわりの中に入ろうとするのである(32)。その「超越」の企ての中で、初めて「世界」が「世界となって開け」、「原歴史」が生まれる(33)。その「不安」の「無」の只中で、つまり、有意義性が無意義性へと沈みこむゆえんの、「存在者」と一体をなした「無」の「無化」の只中でこそ、初めて「存在者」が「存在」するという事態が見通され、存在者が存在せしめられようとするのである(34)。しかし、そのときには、単に、存在者の只中で「地盤を獲得」しながら、存在を「樹立する」だけにとどまらずに、存在の真相を「基礎づけ」、なにゆえに無ではなく存在者があるのか、と根本的に問い、遂には、存在はどのようにあるのかと、つまりは、存在の真理を、存在者の視界を超えて、問わねばならないしまた問わずにはいられなくなるのである(35)。

今、右の問題のハイデッガーに即した詳細は別とする。ともかく、おのれが主体的に存在するということそのものの、その非存在から反照された、根源的な意味への問いこそが、世界の存在の根源的な意味への問いを、その鋭く際立った姿において浮び上がらせるのである。そうだとすれば、その根源的な意味が問われる存在とは、とりわけ優れては、当のおのれの主体的存在そのものでなければならない。これと結節した姿で、世界の存在の根源的意味もまた、問われるのである。いな、それどころか、おのれがおのれの主体的存在へと立ち還ったとき、まさに最も深い謎として襲ってくるものこそ、このおのれの存在の根源的な意味なのである。そのとき、人はこの問いにむしろ囚われ絡まれるのであり、その問いを問わずにはおれなくなるのである。真に主体的となって主体であるおのれへと立ち還りおのれを見つめることと、そのおのれの存在の根源的意味の謎に囚われることとは、同じことなのである。おのれの存在の根源的意味を問わずにいられなくなるということは、そのときおのれの存在が、非存在に晒されたその偶然の姿で、無根拠無理由の姿で、おのれに映じてきているからである。それゆえに、おのれは、おのれの根拠を、理由を、意味を問わずにいられないのである。主体としてのおのれに還っておのれの存在そのものを見つめるとき、解き難い謎として不断に襲ってくるものは、このおのれの存在の根源的意味という謎である。おのれが生を生きているということそのものの根源的意味への問いである。この謎の意識こそは、主体としてのおのれの存在そのものに喰い入っている、抜き差しならぬ、一番深い謎であり、問題である。しかし、この問いは、それを前にして、人が当惑する謎である。それは、それを包摂する高次の定式を、容易には発見できない問いである。発見できないのに、それにかかわらずにはおれない、そうしたおのれの存在の根源的意味を、おのれに向かって、そして究極的には、世界全体に向かって、投げかけずにはおれないということが、人間という存在者の存在の——その存在そのものにおいて問われた人間の存在、すなわち人間存在の——根底において、起こっている、本当の出来事である。その存在において問われた人間は、その存在そのものにおいて、当のおのれの存在そのものが謎であり、その存在そのものと、ひいては世界の存在の根源的意味が問われざるを得ないような存在者である。そうしたものが、人間である。それが、根本的に、人間であるということの、単に一般的客観的な規定性の意味においてでなく、主体的な人間が生き存在するということの、そうした意味での人間存在の、根源的事実である。

三　「反省的判断力」との連関

カントに、「規定的判断力」と「反省的判断力」という二つの考え方がある(36)。「判断力」とは、「特殊を普遍の下に包含されたものとして思惟する能力」、のことである。その場合、「普遍(規則、原理、法則)が与えられていて」、「その下に特殊を包摂するような判断力」が、「規定的」判断力である。これに対して、「特殊は与えられている」が、それを包摂すべき「普遍」が見当らず、これを新たに「探し求める」ような判断力が、「反省的」判断力である。後者のような場合には、その特殊を包摂すべき何らかの規則や原理や法則が、直ちには見当らないのであるから、そのとき、その特殊は、人間にとって、「偶然的なもの」と映じてくるのである。この偶然的なものを救おうとして働くのが、反省的判断力である。カントは、反省的判断力の原理を、「合目的性」の原理と考えた。何らかの偶然的と映じるものを、反省的判断力は、それが合目的的なものであると、「統制的」に、つまりそうである「かのように」、思惟し捉えることによって、これを救おうとするわけである。だから、「合目的性」とは、「偶然的なものの法則性」(37)であると言われるのである。

しかし、なぜ偶然的なものと映じるものを、合目的性の原理によって、救おうとするのであろうか。偶然的なものを、なぜ、あえてなおも、悟性の必然的な因果の合法則性によって捉えようとしないのであろうか。もちろん、その場合、そうした偶然的なものを包摂する必然的な因果の規則、原理、法則などが、与えられていず、見当らないからではあろう。しかし、既に知られた必然的な因果の規則等ではそれを旨く処理できないとしても、未知の、従来よりは高次の、必然的な因果の規則がそのときその特殊の根底に作用しているかもしれないわけであるから、本来、悟性の立場を採るかぎりは、あくまでも、その悟性の立場において、高次の必然的な因果の規則を探究してゆくべきであり、安易に悟性の立場を放擲して、反省的判断力の立場に移り、その特殊を、合目的性の原理によってあるかの如く、見なすべきではないはずであろう。にもかかわらず、カントは、そこで、悟性の立場を離れ、反省的判断力の立場に立って、偶然的なものの法則性としての合目的性の原理を語るのである。カントのこのきわめて意味深い思索は、一般によく注目されず、また正しく理解されていないように思われる。この点を衝くことによって、カントと、さらにはドイツ観念論全体、ひいては近代から現代にいたる哲学の全帰趨の根本的な核心が、解明され得るはずである、と私は考えている。しかし、今ここでその詳細に立ち入ることは断念せざるを得ない。当面、右の問題点についてだけでも、これを十分に種々の論拠からして究明するには、多くの論点に触れなければならない(38)。しかし、究極的に言えば、つまり、形式的、美的、有機体における、そして最後に自然全体における、合目的性にいたり着く、カントの深く広い射程を具えたこの議論を、その究極において支えまた導いていた洞察は、恐らく次の点にあったと思われる。

すなわち、カントの言うところによれば、「或る事物の存在《エクシステンツ》もしくは形式《フォルム》が、目的の制約の下に可能になるとわれわれによって表象されるような、そのような事物の概念は、その事物の偶然性の概念(自然法則の面から見た)と不可分に結合している」(39)、のである。この場合重要なのは、或る事物の

「存在もしくは形式」というように、「もしくは」という言葉で簡単に結びつけられている「存在」と「形式」である。たしかに、或る事物が、その「形式」の点で、——ということは、これをわれわれの言葉におき換えれば、或る事物がその「存在の仕方」において、ということだが、そうした点で——、従来の既知の必然な因果の自然法則の点から見て、偶然的と映じてきて、これを、いわば合目的性によるかのようにして、統制的に、また発見的に、探究して捉えざるを得ないと感じることはあるであろう。しかし、このような認識論的意味における偶然的なものの法則性としての合目的性は、あまり高い意味をもたず、補助的な役割しか荷わないであろう。なぜなら、自然認識が問題であるかぎりは、あくまでも悟性の合法則性が、自然の唯一の構成的な原理であるべきはずだからである。にもかかわらず、カントは、あくまでも偶然性と目的とを、結びつけようとする。ということは、カントは、ここで、究極的には、単なる事物の「形式」ではなく、その「存在」そのもののことを考えているからである。カントの究極の意向は、或る事物が、その「存在」の点で、——つまり、われわれの言葉で言えば、その存在そのものの根源的な意味において——、われわれに偶然と映じ、無根拠と映じるがゆえにこそ、真の意味で、それは目的の概念と結びつき、そのものを合目的的な秩序の中におかれた有意味なものであるかのように見なして、これを救い出さざるを得ない、という点にある。このような存在論的意味においてこそ初めて、なぜ、偶然性の概念が、目的という制約と結び合ってゆくのかが、その深い意味において理解されるのである。さもなければ、なぜ偶然的なものを、あくまで、因果の必然性の概念の下に包摂すべく努力してはいけないのか、ということの理由を発見できないであろう。

実は、そのとき、何らかのものが、その「形式」の点で偶然と見えているだけなのではなく――それならば、究極的に、これを因果の必然性の下に捉えるべく、努力すればよいのである――、むしろ、その当のものがその「存在」において、救い難く無根拠と映じてきているからこそ、これを、高い「目的」意志の合目的的連関の中におかれたものとして、救わずにはおれなくなるのである。カントはここで、畢竟、「可能的経験」の全体を、――つまり世界全体を、その根底の「存在」の点で――、「或る全く偶然的なもの」(40)、と感じ取っているのであり、そうしたいわば「叡知的偶然性」(41)に当面しているのであり、あの、シェリングによって強調された、カントみずからが述べる、存在の「深淵」(42)の前に立っているのである。つまり、われと世界の存在そのものが、そのとき、その存在そのものにおいて、カントには偶然と映じてきているのであり、カントは、この存在そのものの謎の前に立って、だからこそ、一切が神の合目的性の秩序の中にあると、想定し、信じようとしたのである。反省的判断力は、われわれの内と外の「超感性的基体」に、知性的能力による「規定可能性」を作り出すのである(43)。そのあくまでも統制的に、かのように想定され信憑された超感性的基体に、実践理性が最後に規定を与えてゆくのである。カントが、偶然的なものの法則性としての合目的性という、反省的判断力の立場と原理において、それと向き合って立っているものは、単なるその存在の仕方や形式において様々な不可解な偶然的な特殊の諸現象を示している種々の自然の諸相ではない。そのようなものならば、あくまでも因果の必然においてこれを捉えるべく努力すればよいのであり、合目的性などという統制的原理をもち出す必然性は、原理的にはないはずであろう。にもかかわらず、カントがそうしたということは、カントがそこで直面しているものが、究極的には、その存在そのものにおいて、無根拠なものとして、深淵を宿したものとして、その由来と行方において謎を秘め、根本的に偶然的なものとして、観取された、われと世界の存在そのものにほかならないことを立証しているであろう。カントは、そこで、存在そのものの根源的意味の問いの前に立って戸惑っているのである。

カントの出した答えは、一つの形而上学的な、ただし、近代形而上学的な、答えである。私が興味をもつのは、この答え方ではなく、人間には、事物の存在が偶然と映じてきて、だからこそ、その、なにゆえ、を問わずにはいられなくなる反省的判断力の働きが本質的に具わっているという、カントの指摘にある。

当面のわれわれの問題に戻って言えば、人間は、おのれの主体としての存在そのものについて、また世界の存在について、その、「いかに」の観点からは、いくらでも無限に問い得、かつ答え得る。設問と解答、叙述と展開は、無限に続き得る。しかしそれは、存在の仕方にのみ、かかわるのである。しかし、その当のおのれの存在そのものの「なにゆえ」が、その由来と行方が、その根源的意味が、その非存在の予感に裏打ちされながら、謎と映じ、偶然と見えてくる瞬間があるのである。そしてそれとともに、世界の存在そのものの「なにゆえ」が、謎の意識において、人に迫ってくるのである。しかし、この謎は、少なくとも、安易な形而上学を引合いに出さぬかぎりは、容易には答えられない。しかし、人間にとっては、この答えられぬ存在の根源的意味が、永遠の気がかりの種である。

人間とは、世界と絡み合ったおのれの存在そのものにおいて、その根源的意味に関して、遂に答えられぬ謎を抱きながら生きる存在者である。答えられない謎に眼を向け、問いを発しつつ生きる存在者である。人間とは、その意味で、おのれの存在の根底に、そのなにゆえに関し、その根源的意味に関し、救いようのない無意味を背負っている存在者である。根源的な意味の問いが、無《な》みせられる無意味を宿した存在者である。しかしまた、無みせられることを知りつつ、なおも根源的な意味を問わずにはおれない存在者でもある。

主体的な生を生きるおのれの生に立ち還って、それをあらしめているロゴスを問い、そこに現われてくる問題を見つめ、かつそれを聴き取るという、内面性の現象学の根本には、すなわち、その最初と最後、その根底には、そうした生を生きるおのれへと抜き差しならぬ形で問いを課し、謎を投げかけてくる根本問題がある。それは、そうしたおのれの生そのものの、おのれの存在そのものの、なにゆえか、という問題である。その由来と行方、その帰趨、その根源的な意味への問いである。

おのれの生を問う場合に、この謎の意識があるかないかが、その問いが真に主体的に行なわれているかいなかの、試金石である。おのれが真に主体的となったとき、そのときそこには、根源的な意味への問いが、必ず生じてきているのである。しかし、その問いには答えが与えられないのであり、おのれの根源的意味には、無意味が纏いついているのである。真に主体的となるゆえんのロゴスは、存在の根源的意味を問うことであり、そしてその謎に当面して挫折するというところにある。この出来事が起こらないかぎり、おのれの主体的生に、本当の意味で主体的にかかわってはいないのである。それは、おのれと世界の存在の根源的意味と、それが無みせられる無意味と、その無意味の中での根源的な意味への問いを問うことと同じである。そしてこのような、「無みする」力に出会うということが、別言すれば、ニヒリズムの問題現象にほかならない。「無みする力」に出会うニヒリズムという問題現象が、内面性の現象学の根本に潜んでいるのである。

（1） S. Kierkegaard, Abschließende unwissenschaftliche Nachschrift zu den Philosophischen Brocken, I, übersetzt von H. M. Junghans, E. Diederich, 1957, S. 179 ff.

（2） この点については、前掲拙著『ハイデッガーの実存思想第二版』三五六ページ以下参照。

（3） M. Heidegger, Sein und Zeit, 7. Aufl., 1953, S. 12 f., 42, 53 etc. 前掲拙著『ハイデッガーの実存思想第二版』三七七ページ参照。

（4） J.-P. Sartre, Une idée fondamentale de la phénoménologie de Husserl: l'intentionalité, dans: Situations I, 1947, p. 31 seq.

（5） M. Merleau-Ponty, Phénoménologie de la perception, 1945, p. V.

（6） M. Heidegger, Vom Wesen des Grundes, 3. Aufl., 1949, S. 40. 前掲拙著『ハイデッガーの存在思想』三八ページ参照。

（7） 前掲拙著『ハイデッガーの実存思想第二版』四八八ページ以下、四九五ページ以下、六〇八ページ参照。

（8） 以下に関してはとくに、『イデーンI』の「自然主義的誤解」の箇所参照。E. Husserl, Ideen I, Husserliana, Bd. III, 1950, S. 40–57.

（9） E. Husserl, op. cit., S. 45.

（10） この点については、前掲拙稿「本質・還元・現象――フッサール、ハイデガー、メルロー＝ポンティ――」参照。

（11） E. Husserl, op. cit., S. 149–313. なお、A. Diemer, E. Husserl, 2. Aufl., 1965, S. 61–89.

（12） Vgl. A. Diemer, op. cit., S. 72 f.

（13） E. Husserl, op. cit., S. 137 f., 194 ff.; Ideen II, Husserliana, Bd. IV, 1952, S. 90–172; Cartesianische Meditationen, Husserliana, Bd. I, 2. Aufl., 1963, S. 99–121.

（14） E. Husserl, Cartesianische Meditationen, S. 99 ff.

（15） この点については、『第一哲学』『経験と判断』『危機』等が重要である。しかし、ここでは詳論しない。

(16) E. Husserl, Ideen II, S. 172–302.

(17) この「事態」が「超越論的」であるからこそ「超越論的現象学的還元」を行なわねばならず、またその「事態」が「本質事態」であるから「本質直観」を行なわねばならなかった。ここにフッサール現象学の独自な圏域が成り立つ。

(18) I. Kant, Kritik der reinen Vernunft, A 95–130, B 129–69.

(19) I. Kant, op. cit., A XI.

(20) J. G. Fichte, Zweite Einleitung in die Wissenschaftslehre, 1797, in: WW hrsg. v. I. H. Fichte, Bd. I, S. 471 ff.

(21) E. Husserl, Ideen I, S. 336. なお前掲拙著『ハイデッガーの実存思想第二版』四一三—三八ページ参照。また前掲拙稿「シンポジウム〝近代的自然観をめぐって〟——提題に関連する二、三の単に暫定的かつ断片的な覚え書き」参照。

(22) F. Nietzsche, Vom Nutzen und Nachteil der Historie für das Leben, in: Unzeitgemäße Betrachtungen, Kröners Taschenausgabe, Bd. 71, 1955, S. 191.

(23) M. Heidegger, Sein und Zeit, S. 45–50.

(24) F. W. J. Schelling, Einleitung in die Philosophie der Offenbarung oder Begründung der positiven Philosophie, in: Schellings Werke, 6 Ergänzungsbd. hrsg. von M. Schröter, S. 8. なお、前掲拙著『ハイデッガーの実存思想第二版』六一—七一ページ参照。

(25) Vgl. M. Heidegger, Was ist Metaphysik? 6. Aufl., 1951, S. 20, 38; Einführung in die Metaphysik, 1953, S. 1 ff.; K. Jaspers, Philosophie, 2. Aufl., 1948, S. 1; Leibniz, Principes de la nature et de la grâce fondés en raison, publié par A. Robinet, 1954, PUF, p. 45. 前掲拙著『ハイデッガーの存在思想』四二—五六、八五—一〇九ページ参照。拙稿「無の観念についての覚き書の一節」(その一)(『理想』昭和四十年三月号所収)参照。

(26) M. Heidegger, Was ist Metaphysik?, S. 35.

(27) 本書四〇ページ。

(28) M. Heidegger, Sein und Zeit〔以下 SZ と略〕, S. 186 ff., 276 f., 343 f. なお、S. 186, 343 では「世界」が「無意義性」に陥ると書かれ、S. 187 では「世界内部的なもの」が「無意義性」に陥ると書かれている。むろん、正確には後者である。もしくは前者なら括弧付きの「〃世界〃」の意味でなければならない。その意味での「世界」が「無」になる(S. 276 f., 343)。

(29) SZ, S. 189.

(30) SZ, S. 343 f.

(31) SZ, S. 260–67, 274–89.

(32) SZ, S. 338, 344, 385.

(33) M. Heidegger, Vom Wesen des Grundes, S. 36, 40.

(34) M. Heidegger, Was ist Metaphysik? S. 29–32.

(35) M. Heidegger, Vom Wesen des Grundes, S.41–46.

(36) I. Kant, Kritik der Urteilskraft, Einleitung IV, Philos. Bibl., 1924, hrsg, von K. Vorländer, S. 15 ff.

(37) I. Kant, op. cit., § 76, S. 270; Erste Einleitung i. d. K. d. U., Philos. Bibl., 1927, S. 25.

(38) これらの問題全体については，別の機会に論じたいと思う。

(39) I. Kant, Kritik der Urteilskraft, § 75, S. 263.

(40) 「可能的経験」即「或る全く偶然的なもの」という言葉については，I. Kant, Kritik der reinen Vernunft, A 737, B 765.

(41) I. Kant, op. cit., A 458, B 486.

(42) I. Kant, op. cit., A 613, B 641; Schelling, Einleitung in die Philosophie der Offenbarung, S. 163 ff.

(43) I. Kant, Kritik der Urteilskraft, Einleitung IX, S. 34.

二　ニヒリズムの問題現象

第四講　意味と無意味

誰かある、誰かある、
幸を得し者。人みな
幻の幸を得て、
得し後に墜ちゆくのみ。
——ソフォクレス
（呉茂一訳）

一　再確認

この前、私は言った。

哲学の根本問題とは、哲学をするこの当のおのれ自身に立ち還って、このおのれの生の生成の中で、必然の力をもって押し迫ってくる諸現象を見つめ、そのロゴスを聴き、覚悟を決めて生きるという、内面性の現象学の試みにある、と。それが、人々に、いかに自己にのみ沈潜する狭いものとして受取られようとも、これこそが、それを欠いては哲学の中心が脱落してしまうような核心的な根本問題であり、また、それは、内面性にかかわるものとはいいながらも、実は世界を一つの生きた世界たらしめる開かれた次元を具えたものであり、さらに、それについて語る内面性の言語が、単なる感覚に基礎をおく経験的言語とは別に承認されねばならず、また、内面性の本質事態の真理を捉えてみずから一つの首尾一貫した生を生き抜くという、その把握の絶えざる吟味と生きた証しに支えられた、真理性の基準を具えた根本問題なのである、と。では、そうした内面性の現象学の試図において、一体どんな問題が現われてくるのか。この場合注意しなければならないのは、問題というものは、勝手に各自が作り出すものではないということ、むしろ問題とは、謎を課す形で、謎そのものとして、そこへと眼を向けたわれわれに押し迫ってくるもの、向こうの方から謎を課してくるものだ、ということである。さて、おのれへと立ち還った主体にとって、一体、最も謎めいて見えてくるものは、何であろうか。おのれがおのれとして主体的に生きてゆくとき、最も根本的に謎の意識となってわれわれに迫ってくるものは、何であろうか。謎には、二つの場合がある。一つは、存在の仕方にかかわる謎である。二つは、存在そのものにかかわる謎である。ところが、前者の謎は、何らかの形で、その事実的また本質的な存在の仕方についても、また価値的な存在の仕方についても、これを解き得る何らかの定式を見出すことが可能である。実際、諸学問は、この存在の仕方の解明に、これまで長い間、その努力を傾けてきた。しかるに、後者の謎、すなわち存在そのものの謎は、これを簡単に包摂する定式を見出すことが困難である。存在そのものの謎とは何か。それは、究極的には、主体である私が、存在し、生き、生成の中にあるということの、その非存在の極限から跳ね返されて浮び上がる、その、なにゆえ、であり、根拠であり、理由であり、その、どこから、と、どこへ、由来と行方、であり、要するに、その根源的意味である。そしてそれを介して問われる、世界の存在の根源的意味である。つまり、これら、偶然と映じた、おのれと世界の存在の、根源的意味である。それは、ハイデッガーが言ったように、不安の只中で浮び上がってくる問いと謎である。この謎こそは、私が、主体として生きるとき、最も答え難い謎として、私に迫ってくる謎である。この謎は、安易な仕方で、形而上学を引合いに出すのでないかぎり、簡単には答えられないものである。それゆえ、これこそが、最も深い謎として、すなわち、問題中の問題として、何よりも、内面性の現象学において、根本的に問われるべき問題である。私の存在は、いわば、その根源的意味を問うとき、救いようのない、その意味を「無みする」無意味の力に出会う存在であり、そうした無意味の偶然に貫かれた存在として、私に見えてくるのである。またそうであるからこそ、おのれの存在の根源的意味を、一層緊迫した形で問わずにおれない存在なのである。主体として生きる人間は、その存在において、世界の中にあるおのれの存在の根源的意味を問う存在者であり、その存在には無意味がつき纏っている。人間は、その存在において、存在の根源的な意味と無意味に貫き通された存在者である。そして、この、おのれの存在の根源的な意味と無意味の問題現象が、ニヒリズムという問題現象にほかならない。してみれば、内面性の現象学の根本問題として、ニヒリズムの問題現象が、何としても、横たわっていることは、明らかである。そして、カントが、規定的判断力では解決できない問題現象として、反省的判断力の問題を見出したとき、彼は、この、その存在において偶然と化した、われと世界の存在のなにゆえを、つまりその根源的意味を、問い求めたのであった(彼が、これを、合目的性という考え方によって解決を図ろうとした点は、当面問題外としておく)。

二　根源的意味

さて、ここでいくつかの事柄を確認しておかねばならない。

一、世界の中におけるおのれの存在のなにゆえを問うというこの根源的意味への問いは、簡単には答えられず、むしろ、おのれの存在には無意味が巣喰っていることが看て取れてくるという場合に、或いは人は反問するかもしれない。なぜ答えの獲られぬ問いにかかわるのか、なぜそのような問いを発するのか。むしろ、答えられぬものであるならば、問わぬのが本当ではないのか、と。しかし、これに対しては、キルケゴールの言葉を藉りて、こう言えるであろう。答えられぬ問いにぶつかって問うことこそ、問う者の情熱である、と。問う者の情熱は、安易には答えられぬような問いに突き当たることを、すなわち、おのれの没落を欲するものである、と。「情熱の最高の力は、常におのれ自身の没落を欲することである」(1)。問うて答えられる問いにだけ問いを限るべきであるというテーゼは、何ら証明されたテーゼではない。問うことは、問いに動かされることであり、最も謎めいた疑問に捉われることを欲することが、問いの必然的な情熱なのである。

二、このことから、さらに断言されてよいことがある。真に主体的なおのれの生を、真に主体的に問題化しているかいなかは、まさに、この問いを問うか問わぬかによって決まる、と。真に主体的となるということは、かの問いを問うか問わぬかということを、その試金石としてもつ、と。つまり、あの問いは、問われずともよいというようなものではなく、主体的となる度合に応じて、かの問いが現われてくるのである。主体的となるということと、おのれの存在の根源的意味を問うということとは、表裏一体となったことなのである。真に主体的となるということは、この最も謎めいた問いに当面して挫折するということであり、このことが起こらぬかぎり、真におのれの主体的な生そのものに、主体的にかかわっているとは言えないのである。

三、しかし、どうしてか、と人は反問するであろう。それはこうである。主体的であり、また主体的となるということは、おのれの主体としての生を、おのれへと引受けて、おのれであることへと向かって、生き抜くことである(むろん、世界の中でであり、右のこととともに初めて、むしろ世界が世界となって開けてくるのである)。おのれが、様々な体験の諸相を、取り集めて、おのれへと生成することが、主体的であり主体的となるということである。そこには必ず、この、おのれ「へと」、おのれ「から」して、「向かい」、成ろうとするということが、含まれている。ところが、この、何々「へと」「向かう」ということ、しかもそれそのもの「から」して向かうということ、これが、実は、最も根源的に、「意味」ということにほかならないのである。「意味」すなわち Sinn とは、もとは語源的には、「道」Weg、「行くこと」Gang、「旅」Reise の謂であった(2)。「意味」とは、「或ることの了解性がそのうちに保たれているもの」(3)、「或ることが或ることとして了解されるゆえんの企投の根拠」(4)、「或ることがまさしくそれで在るものとしてその可能において捉えられるゆえんの第一次的な企投の根拠」(5)である。意味とは、或るものがその諸相を貫いてその存在の根拠から可能ならしめられ成立せしめられるゆえんの、根本的ロゴスであり真理であるとさえ、言ってよい(6)。そうした意味というもののうちには、当のものが可能となるゆえんの道程と行程と旅程が、含蓄されているのである。当面の主体的であることに関して言えば、主体的に生きるということの根本にあるものは、主体的であるおのれの存在を、おのれ自身「から」して、おのれ「へと」引受け、おのれに「向かい」、おのれと成る、ということである。そこには、おのれ「から」おのれ「へと」「向かって」という、その、どこから、と、どこへ、その由来と行方、その根拠と理由への問いそのものが、含蓄されている。この、由来と行方、そのどこ「から」とどこ「へと」とが捉えられ、おのれの「道」が見定められ、その行程と旅程がしっかりと摑まえられてこそ、初めて、おのれの根づくべき根拠が、本当に見えてくるのであり、おのれの存在のなにゆえが、すなわち、おのれの存在の根源的意味が、明らかになってくるのである。してみれば、おのれの存在の根源的な意味への問いは、主体的に生きるおのれの存在の構造そのもののうちに含まれていたのである。それゆえ、主体的となる度合が最高最深となるにつれて、それは、それがそれ自身のうちに含むものを、すなわち、おのれの存在の根源的意味を、みずから問わずにはいられなくなるのである。

四、このことによって同時に、なぜ、おのれの主体的生へと立ち還ったときに、最も謎めいた問題として、おのれの存在の根源的意味が、おのれに謎と問いを課してくるかということの理由もまた、明らかにされたわけである。以前に私は、主体的なおのれの生に立ち還ったときに、最も謎を課してくるものが何であるかを、その謎と問いそのものの本質を明らかにすることによって、単なるおのれの存在の仕方ではない、そのおのれの存在の根源的意味こそが、それであると論じた(7)。そして、人間とは、存在の根源的意味を問わずにはおれない存在者である、と語った。その存在において問われた人間は、その存在そのものにおいて、当のおのれの存在そのものが謎であり、その存在そのものと、ひいては世界の存在の根源的意味が問われざるを得ないような存在者である、と述べた。今、ここで、このことが、なぜ、そうであらずには「おれず」、そうであら「ざるを得ない」のかという、その必然性が逆証されたわけである。というのは、主体的に生きるおのれは、おのれ自身「から」しておのれ「へと」「向かう」という構造を具えており、このことのうちでのみまた世界の存在も開けてくるのだが、そのような、おのれの存在の構造のうちに含まれた、何々「へと」それ自身「から」して「向か」わしめられるということが、「意味」ということの「根源的」事態である以上は、まさに、おのれは、必然的かつ不可避的に、おのれの存在の根源的な意味を問わずには「おれず」、そうであら「ざるを得ない」存在者であるからである。おのれであることの、その存在構造そのものが、おのれの存在の根源的意味を問う、ということにおいて成り立っていたわけなのである。おのれであることと、当のおのれの存在の根源的意味を問うこととは、一つに合体した同じ事態を構成していた事柄だったのである。おのれであることが、おのれ「から」しておのれ「へと」「向かう」という「意味」の「根源的」なものを含んで初めて成立していた以上は、そのおのれにとって、まさに当のおのれの存在の根源的意味が、最も深い問題をなし、最も解き難い謎を課し、最も気になる根本的な気がかりの種であったのは、当然すぎるほど当然だったのである。というのも、このおのれがおのれとして成り立つゆえんの、由来と行方、その根拠と方向、つまりその根源的意味が、おのれにとって見えてこず、また問われないならば、おのれはもはやおのれではあり得なくなってしまうからである。おのれの存在の根源的意味を問い、おのれの根づくべき存在の根拠と意味を取り集め、様々な体験を経めぐって生き生成するおのれを一つのロゴスにおいて取り纏めることがあって初めて、おのれはおのれであり得る。してみれば、主体的であり主体的に生き生成しているおのれに立ち還って省みたとき、最も問題的であるものは、当のおのれの、右のような意味での、存在の根源的意味であるよりほかにはあり得なかったのは、あまりにも明らかであることが、今や証明されたわけである。さきに、われわれは、問いと謎が本来何であるかということを論じ、これを手がかりにして、主体的生成においてあるおのれに立ち還ったときに、最も謎めきまた問題を課すものとして現われてくるのは、当のおのれの存在の根源的意味であると断定した。今やここでは、その意味というものが根源的に、由来と行方への問いを含むものであることを明らかにすることによって、なぜ、おのれにとって当のおのれの存在の根源的意味が最大の問題であらざるを得ないのかを、逆に証明しおえたのである。つまり、おのれであるというその存在構造が、根源的に、意味という現象を含んでのみ初めて成立していたものであるがゆえに、おのれであることは、おのれの存在の根源的意味を問うということ、そのものでさえあったのである。そして、おのれの存在の根源的意味を問うことの中で、世界の存在の根源的意味もまた明るんでくるのである。こうして、今や、おのれにとって、おのれの存在の根源的意味こそは、最大の問いであることが、明らかとなったのである。

三　無意味の二種類と四様相

しかし、おのれにとって、おのれの存在の根源的意味が根本的に問題であるとはしても、その問いに、それを「無みする」無意味の力が出会われ、無意味の問題現象が深く纏いつくという事態は、まだ十分に判然とはしていない、と言う人が恐らくはあるであろう。それで、もう少し、この事態が立ち入って解明されねばならない。

今、右で述べたように、主体的に生きるおのれの存在構造のうちに、おのれの存在の根源的意味への問いが含まれているのである。

主体的に生きるとは、主体であるおのれの存在を引受けて、おのれへと主体的に生成することである。そこには、引受けられたおのれにもとづき、そのおのれ「から」して、おのれ「へと」「向かう」という構造が含蓄されている。この、どこからとどこへという、由来と行方、根拠と方向をめどとして、様々な諸相を取り集め、一つの統合されたロゴスを生成させるということが、意味ということの根源的現象にほかならない。意味とは、或る一つの根拠と行先、つまり或る眼目を中心として、様々な諸相に、その位置や射程からして、その在処が与え返されるゆえんのもののこと、或る一つの主眼点を核として、様々なものに一つの取り集めと配置が可能ならしめられるゆえんのもののことである。主体的に生きる者は、必ずや、おのれの存在を、こうした意味に向けて企投するものである。

むろん、この、主体的におのれへと生成することを可能ならしめている意味への企投は、具体的には、各自において、そのつど様々な内容において現われるではあろう。しかし、このそのつどの様々な意味への企投を貫いて、一つの根源的な意味への企投が、それらを支える根拠として存在しなければならない。根源的とは、そのつどの様々な意味への企投が、全体として取り集められ、締めくくられるゆえんの、つまり、それらそのつどの諸企投を真に全体化し統べおさめるゆえんの、そうした最も根本的な意味への企投にほかならない。おのれの存在の、最も根本的な、意味の企投にほかならない。おのれへと生成するとは、様々な体験を取り集めて、――それら諸体験そのものが、それぞれみな、これまた意味の企投であるが、それらを取り集めて――、おのれ全体を全うし達成することである。おのれへの生成は、意味の企投の全体化にほかならない。おのれの真なる全体の企投が、おのれへの生成にほかならない。おのれは、一つの全き全体を達成しようとするものである。しかしこのおのれの全き全体を貫く根源的意味は、何なのか。これが問題である。そして、このものがなければ、そのつどの意味の企投も取り集められず、おのれへの生成に組み入れられることがなくなってしまい、つまりは、おのれへの生成が潰滅してしまうのであり、主体であるおのれの喪失となってしまうのである。それゆえ、主体としての存在は、おのれの全き全体へと向かいつつ、おのれの全き全体を、根源的に、意味において企投するという働きを、そのうちに含んで初めて、成立するのである。

ところが、このおのれの全き全体性へと目指す根源的意味の企投は、その企投それ自身にはどうすることもできない、したがって、もはや何にもとづいて、またどこへ向かって、何を主眼として、方向づけをなし、取り集めの働きをすべきなのか、その手がかりを全く失ってしまうような、それゆえに、その、意味の企投が、「無みせられ」、「無」に帰せしめられるような、そうした「無」意味の出現によって、取り囲まれ、脅かされ、追越されるという、危険を絶えず含んでいるものなのである。

なぜであろうか。

第一に、おのれを引受け、おのれへと生成してゆく際に、その引受けられるおのれは、一体、どこから入手されたのであろうか。そのおのれは、どこから由来したのであろうか。その引受けられるおのれは、引受ける当のおのれが、その根拠をおいたものであろうか。そうではないであろう。おのれの存在を引受けて一つの意味の全体化を企投するおのれのうちには、そのおのれにはどうすることもできない、当のおのれの、既に在った、という、事実的な、おのれの既存在が、喰い入っている。おのれを自分へと引受けて生成してゆくというそのおのれ自身の存在は、いわばおのれに「振りかかっ《ツーファ》てきた《レン》」、「偶然《ツーファル》」の事実であり、あえて言えばおのれに贈られてきたものであり、決して当のおのれ自身が根拠づけたものではない。おのれの存在の意味の企投に先立って、その意味の企投によって企投されたのではないいわば「被投性」(8)が、おのれの存在のうちには、既存在の偶然として、巣喰っている。おのれが意味的に企投したのでなく、むしろ端的に引受ける以外にはないところの、しかもそれにもとづいてこそおのれの存在の意味の企投が可能になってくるような、そうした没根拠の根拠が、おのれの存在の根源には潜んでいる。それは、おのれの存在の意味の企投を支えるところの、それでいてそれ自身は意味以前の、意味の企投がどうにもすることのできない、意味の企投を「無みする」無意味であり、意味の企投がそこではすべて没落せしめられる、没意味という無意味である。いわば、おのれの根源には、おのれがその根拠をおいたのでは「非ざる」、「非の打ちどころのある」、「責めある」、「非性」が、「非力さ」(9)が、つまり、おのれがおのれ自身の根拠をおいたのでは「無い」という、「無」が(10)、喰いこんでいるのである。それは、おのれのどこからというその由来が、すなわち、単なる存在の仕方にかかわる因果の系列を超えた意味での、おのれの存在の根拠が、由来の知られざる没根拠、つまり深淵に晒されているということである。おのれには究極的に言って根拠が見通せないのである。おのれは、いずことも知れぬ由来から被投されてきた既存在の偶然という尾を曳き、没意味という無意味を背後に孕んだ存在者なのである。

しかし第二に、そうしたおのれを引受け、おのれへと生成してゆく際に、そのおのれの意味の企投は、一体、最後には、どこへと向かうのであろうか。そのおのれは、どこへと行先を定めるのであろうか。それは、おのれの存在の全き全体へであろう。しかしそのおのれの全き全体の極限には、死が差し控えている。おのれの存在の全体は、死へと差しかけられた全体である。おのれの存在を引受けて一つの意味の全体化を企投するおのれのうちには、そのおのれにはどうすることもできない、当のおのれの、死における非存在への転化が、喰い入っている。死は、おのれの存在の非存在への転化にほかならない。このおのれの存在の非存在への転化は、他日、いわば不可避的におのれに「振りかかってくる」「偶然」であり、決しておのれの意味の企投が追越し、超え出ることのできるものではない。おのれの存在の意味の企投は、それによってはどうすることもできない、いわば死への存在に貫き通されており、おのれの存在のうちには、非存在の偶然が、おのれにはどうすることもできないものとして、おのれの存在の行方の極限に、いつも差し控えている。おのれの存在の意味の企投がどのようにその全体化を完成し完結させようとしても、その壁に突き当ってはなすところなく打ち砕かれてしまうような、極限の限界が、おのれの存在の行手を遮っている。それは、おのれの存在の意味の企投がどうにもすることのできない、意味の企投を「無みする」無意味であり、意味の企投がそこではすべて超え出られてしまう、超意味という無意味である。いわば、おのれの行手には、おのれにはどうすることもできない非存在という、非の打ちどころのある、責めある、非性が、非力さが、つまり、おのれがもはやおのれでは無くなるという、無が、差し控えているのである(11)。それは、おのれのどこへというその存在の行方が、行方の知れない深淵に晒されたものだということである。おのれには究極的に言って行方が見通せないのである。おのれは、どこへとも知れぬ行方へと被投され、意味の企投が無残にもことごとく追越されるゆえんの、非存在という偶然に晒され、超意味という無意味を前面に予感する存在者なのである。

右に挙げた二つの無意味、すなわち、没意味と超意味は、そこでおのれの存在の意味の企投が、没落させられ、超出される、もはやどのようにも処理しきれない、極限的な無意味である。没意味という既存在の偶然は、それなくしてはおのれがそもそも存在し得ないような、したがってただひたすら受け容れる以外にはないような、おのれの存在の没根拠の根拠である。また、超意味という非存在の偶然は、そこに突き当ってはもはやおのれがおのれでなくなるような、したがってただ端的におのれが挫折させられるだけであるような、おのれの存在の極限の限界である。それらにあっては、おのれの存在の根源的な意味の企投が、その極限において「無みせられ」て、それを「無みする」力に出会ってそこへと呑みこまれてゆくだけである。

ところが、おのれの存在の根源的意味の企投は、このような極限的な無意味の力にだけ出会うのでは決してない。おのれは、おのれの意味の企投を無みする具体的な、つまり現実的に体験される無意味の力に、日毎、おのれへとおのれから生成する途次において、出会うのである。それというのも、おのれとは、右の二つの深淵、そのどこからとどこへ、由来と行方における二つの極限的無意味に遮蔽された只中で、おのれを引受けつつおのれへと生成して、絶えず、おのれの存在の根源的な意味の企投を被投的に全体化しようとする。そのとき、おのれは、決して、静止しているのではなく、運動と生成においてある。運動と生成は、絶えざる変化の過程である。そしてまた、そのおのれは、孤立してあるのではなく、絶えず、おのれならざる他のものとの間断ないかかわりの中を生き抜いている。おのれならざる他のものとのかかわりにおいておのれ自身の生成の運動を生きる、ということが、おのれの存在の意味の企投の、具体的な姿である。そこにおいて初めて具体的に、おのれへと生成するおのれの生起《ゲシェーエン》が、おのれの歴史《ゲシヒテ》となって展開する。そしてまさにここにおいて具体的に、おのれの存在を介して、世界が世界となって開けてくる。おのれの具体的世界内存在は、こうした、おのれならざる他のものとのかかわりにおいておのれ自身の生成の運動を生きる、ということにおいて、成立する。そして、この運動の只中で、おのれは、おのれの存在の意味の企投を「無みする」無意味の力に、具体的に出会わざるを得ないのである。

第一に、おのれがこのように具体的におのれへと生成する場合に、おのれは、必ずや、おのれならざる他のものとのかかわりに入りこむ。おのれならざる他のものとは、他なる人間と、他なる事象とである。おのれは、世界内存在であり、そこには必ず、おのれならざる他なる存在者の存在との絡み合いが、含まれる。いわば、おのれの存在の意味の被投的企投と固く結びついた世界の世界としての展開には、必ずやおのれ以外の世界内部的存在者との具体的なかかわりが、喰いこんでいるのである。おのれの具体的な世界内存在は、こうした他なる世界内部的存在者との絶えざる交渉関係において展開する。さて、ところで、こうした他なる世界内部的存在者は、おのれ自身が、それとの出会いやさらにはその存在そのものを根拠づけたものであろうか。決してそうではないであろう。根源的に言って、それらの存在やそれらとの出会いは、当のおのれにはどうすることもできないものであり、おのれの存在は、こうした、どうにもならない、他存在と絡み合ったものである。それらの、他存在するものは、いわばおのれに「振りかかってくる」「偶然」である。おのれの存在の意味の企投は、それ自身によって決して十全に根拠づけられたのではない他存在の偶然と織り合わされた生成過程である。しかもそれらの他存在は、おのれでは非ざる、他なる存在であり、そうした他者性において、つまり、おのれでは非ざる、非性において、そうした否定性において、おのれと縫い合わされ、絡み合わされ、織りなされている。おのれは、その他者性と否定性に直面して、おのれでは非ざる、いわば非本来的なおのれへと落ちこみ頽落する、非の打ちどころのある、責めある非性に、つまり非力さに貫かれたものである(12)。それは、おのれの存在の意味の企投を「無みする」無意味であり、意味の企投に逆らう逆意味という無意味である。しかしおのれの存在の意味の企投は、それが世界内存在であるかぎりは、こうした逆意味という無意味、他存在という偶然と、必然的に絡み合ったものであり、そうした他者性と否定性の媒介を経めぐらずしては、断じて、おのれの存在を全うすることのできないものである。なぜなら、他者性と否定性を離れたおのれとは、もはやおのれですらないからである。おのれとは他者性では非ず、また他者性はおのれでは非ず、こうした、おのれならざる他者性との相関の中でのみ、そうした他者性との否定を介した関連においてのみ、おのれはおのれとして、初めてあり得るからである。おのれは、こうした、おのれを非本来化する他者性と否定性に絡まれ貫かれ、しかも、そのうちに取りこまれた分裂と飛散を、さらに否定し返した、おのれ自身の自己回復とおのれ自身への自己還帰をくぐり抜けてのみ、初めて、おのれの全体を成就し得る。おのれは、こうした、おのれならざる他存在の偶然を貫き通し、逆意味という無意味をもおのれの存在の意味の企投のうちに、否定の否定として、揚棄して、多様なかかわり合いを経めぐり、おのれへと還帰し生成してゆくことにおいて、初めて、おのれであり得る。おのれとは、具体的に、こうした他存在の偶然という逆意味を、おのれへの全体化においてまさに全体化することの中で、生成し、達成され、成就されるものである。

しかし第二に、おのれは、おのれへと具体的に生成する場合に、このように、他存在と織り合わされたものであるというまさにそのことと結びついて、おのれ自身のうちで、もう一つ別の他なるものを含みこみ、抱えこまざるを得なくなる。その他なるものとは、おのれの外の、おのれならざる他なるものではなく、おのれの内の、いまだおのれではなくまたもはやおのれではない、そうした異なったおのれ自身のことである。おのれは或る時に、或る他存在とかかわり、おのれをその他存在の偶然と逆意味の中に失い、その他者性と否定性に取りこまれるが、次の時には、まさにそこからおのれを自己回復して、その否定性と他者性をかいくぐった高次のおのれへと還帰する。そしてむろんのこと、この高次のおのれは、さらなる否定を蒙り、その否定がさらに否定されて、どこまでもこの生成と運動は続くが、それが、おのれがおのれへと具体的に生成してゆくということにほかならない。おのれの生成の歴史とは、いわばおのれが時間において繰り拡げられ解き明かされたものにほかならない。さて、その場合、かつてあったおのれは、もはや今のおのれとは異なり、今のおのれは、やがてあるおのれとは異なるであろう。おのれの生成の歴史は、これらの異なったおのれを、つまり、おのれの異存在をそのうちに含むのであり、これは、おのれにはどうすることもできないものである。なぜなら、おのれの存在が時間的生成であるということが、この異相を含んだおのれ自身の展開ということにほかならないからである。異相と多様をくぐり抜けたおのれの統一性の展開が、時間的生成であり歴史にほかならぬからである。その際、これらの異存在するおのれは、その分裂と飛散において、おのれをおのれへと統合するおのれにとっては、どうにもならない、おのれに「振りかかった」「偶然」であろう。おのれの存在の意味の企投は、おのれ自身によってはどうにもならない、おのれには不可避的に免れ難い、おのれの異存在を含んだ、時間的生成を経めぐってゆく過程である。そうした異存在は、それが分裂と飛散の只中に砕け散ったままならば、もはやおのれでは非ず、いまだおのれでは非ざるものとなり、おのれの存在の根源的意味の企投を瓦解させ「無みする」無意味と化し、すなわち、非意味という無意味となって出現するであろう。いわば、かつてのおのれは、ただ「忘却」されたり或いは「記憶」の中で断片的に保有されたり、やがてあるおのれは、ただ偶然的に振りかかる他者や事象の成行きと結び合わされて「予期」されたり「期待」されたりし、今のおのれは、好奇心の気晴らしの中に頽落してものごとの成行きに現在し居合わせ、それを「現成化」させるだけのものとなるであろう(13)。おのれの存在のうちには、こうした分裂と飛散への根強い傾向性が巣喰っている。というのも、時間的生成のうちに切り裂かれた人間にとっては、これは不可避的なことだからである。しかし、おのれの存在の根源的意味の企投は、まさに、こうしたおのれの異存在という非意味を、くぐり抜け、貫き通して、おのれを非本来化するこうしたものからおのれを自己回復し、おのれの極限へと「先駆」しおのれを「取返し」おのれの現在を炯々たる「眼差し」で偽りなく見る「瞬視」において、おのれの時間的生成という伸び展げられた動態を本来的に全体化することにおいて成り立つ(14)。おのれは、こうしたおのれの内なる異存在の偶然を貫き通し、非意味という無意味をのり超えて、おのれ自身の多様化を経めぐり、おのれへと還帰しおのれを全体化することの中で、おのれとして、生成し、達成され、成就され、実るのである。

四　意味と無意味の交錯

もしもおのれとして主体的に生成するということが、以上のような状況に立たされているという指摘が正しいものだとすれば、おのれの存在の根源的な意味の企投には、おのれの存在の無意味が不断につき纏っているということになるであろう。おのれの存在の極限的な無意味や、歴史的な具体的な無意味が、絶えず、おのれの背後と行先、おのれの外と内から、おのれの存在の根源的な意味の企投を脅かしては、それを無意味な、偶然の、砕け散った存在へと解体させようとし、おのれを無みする様々な力のうちへとおのれを引摺りこみ、瓦解させようとしていることになるであろう。おのれが主体的になることが徹底すればするほど、おのれは、おのれ自身にはどうすることもできないこの無意味の力に突き当るのであり、おのれの存在の根源的な意味の企投が真に全体化を目指せば目指すほど、おのれは、この、極限的な無意味や、おのれに振りかかる外と内の無意味に当面して、おのれの存在のなにゆえを問い、まさにおのれの存在の根源的意味を問い返さざるを得なくなるのである。この、おのれにはどうすることもできない無に取り囲まれ貫かれたおのれの存在の深淵に当面する意識が、おのれの存在そのもののなにゆえに向かう意識である。それがまた同時に、おのれの存在の根源的意味を問う意識でもある。おのれの存在の根源的な意味と無意味を問う意識は、同じ意識なのである。なぜなら、この、おのれにはどうすることもできない、おのれの存在の無意味に、おのれが突き当るのは、おのれが、おのれの存在の根源的意味を問い企投しようとするからであり、そうしたおのれにとってのみ、その事態が見通されてくるのであり、かつまた、そのおのれの存在の無意味が見えてくるからこそ、一層激しくおのれは、おのれの存在の根源的意味を問い直し企投せざるを得なくなるからである。それというのも、おのれにはどうにもならない無意味に直面してなおもなにゆえと問い、それを根拠づけ意味づけようとして、完全にはそれを果たし得ない情熱が、人間に不可避的に背負わされた、おのれの存在の根源的な意味の企投の情熱だからである。そして、おのれの果たし得ないものに突き当って挫折し没落するというのが、この根源的な意味の企投の情熱の、最高の力だからである。こうして、おのれとは、おのれの存在の根源的な意味の企投であるとともにその無意味化であり、その無意味化の中におけるおのれの存在の根源的な意味の企投である。おのれは、その存在において、おのれの存在の意味と無意味に貫き通された存在者である。そして、意味の「無」意味化と、「無」意味化の中での意味という、この「無」の現象が、ニヒリズムということにおける「無」であり、ニヒリズムの問題現象にほかならない。人間は、その存在において、すなわち、人間存在とは、――つまり、その存在において問われ、おのれの存在にかかわり行く存在者として見出された存在者である人間の存在は――、意味と無意味に貫き通され、ニヒリズムの問題現象をその根底において宿した存在である。このおのれのうちに見通される、おのれの存在の根源的な意味と無意味、その根拠と深淵の姿こそが、おのれにとって最も深く問題的なものであり、謎を課すものであり、おのれの問いそのものである。それは、私という存在者の存在そのものにかかわる問いだからである。それは、私自身の存在そのものの謎にほかならないからである。そしてこれが、おのれの存在のなにゆえを問う問題意識そのものにほかならないのである。

おのれの存在の根源的な意味のうちに、無意味の翳を見、その暗闇の力を、おのれの明るみのうちで超克し得ず、究極の理由と根拠に関して謎を解き得ない存在者を、悲劇的存在者だと呼べば、人間とは、悲劇的存在者である。それは、おのれの存在の根源的な意味の企投に、挫折を含む存在者だからである。しかしそれは、どうにもならない事実なのである。それが、人間存在の真相である以上、それは、人間がそれとして承服し受け容れ、それに聴き従って生きるよりほかにない、おのれ自身であることのロゴスである。おのれ自身であることのロゴスは、このニヒリズムの問題現象を正しく見定め、それにもとづいておのれであることの覚悟を定めることにしかないのである。

（1）S. Kierkegaard, Philosophische Brocken, übersetzt von E. Hirsch, E. Diederich, 1960, S. 35.
（2）Vgl. G. Wahrig, Deutsches Wörterbuch, 1968; H. Paul, Deutsches Wörterbuch, 1966.
（3）M. Heidegger, Sein und Zeit〔以下 SZ と略〕, 7. Aufl., 1953, S. 151, 324.
（4）SZ, S. 151.
（5）SZ, S. 324.
（6）前掲拙著『ハイデッガーの実存思想第二版』二一二、五一六、六〇一ページ参照。
（7）本書五一ページ以下。
（8）言うまでもなく、これはハイデッガーの用語である。Vgl. SZ, S. 135.
（9）これもハイデッガーの表現である。SZ, S. 283 f.
（10）本書一二六、二〇四ページ参照。
（11）ハイデッガーの表現については、とくに、SZ, S. 306.
（12）ハイデッガーの表現については、とくに、SZ, S. 285.
（13）ハイデッガーの考え方については、SZ, S. 336 ff. なお、詳しくは、前掲拙著『ハイデッガーの実存思想第二版』六〇二—三〇ページ参照。
（14）ハイデッガーに関しては、前注（13）参照。

第五講　無の問題

無はどのようにあるのか。
——ハイデッガー

一　ニヒリズムの問題現象の確認

前に述べたことを確認しながら進むことにする。

主体として生きるおのれの存在そのものに関して、最も深くわれわれに問いと謎を課してくるもの、そのものを見つめ、そこに眼を向け、そのロゴスに聴き従って生きる覚悟を決め、おのれの生を生き抜く用意を整えること、これが、内面性の現象学の果たすべき仕事であり、哲学の根本問題である。ではそこに、どのような問題が現われてくるのか。それは、主体として生きるおのれの存在そのものの、なにゆえの問い、なぜの問題である。それは、おのれの存在の、どこからとどこへ、由来と行方、根拠と理由、一語にして言えば、おのれの存在そのものの根源的意味の問いである。この問いに立ち向かうことが、真に主体的なおのれの存在に、主体的にかかわることである。真に主体的に存在し生きるとは、この問いに当面し、それを問題化することにほかならない。それどころか、人が主体的に生きるならば、必ずや人は、この問いに捉われざるを得ないのである。それは、主体的に生きるということの事実そのものにほかならないからである。そして、その事実に真に主体的にかかわるとき、そこに根源的な意味の問いが発生し、かつまた、根源的な意味と無意味の問題現象が、現われてくるのである。主体的に生きるとは、おのれの存在の根源的な意味と無意味に貫かれた事態なのである。なぜか。

主体としておのれが生きるとは、おのれにもとづいて、おのれ自身「から」して、おのれ「へと」「向かう」ことであり、おのれへと様々な諸体験を取り集め、おのれを全うすることである。この、出発点であるとともに帰着点である、どこ「から」とどこ「へ」がそこに依拠するゆえんのものに中心をおいて、様々なものを取り集め位置づける働きが、意味ということの根源的な現象にほかならない。それは、それ自身の根拠にもとづいて、おのれを多様化しながら、その諸契機をそれ自身へと統一し全体化する動的な結構と仕組みそのものにほかならない。してみれば、主体的におのれとして生きることは、おのれ自身からして、おのれへと生成する統一的全体である以上は、まさに、おのれ自身の存在の、右のような意味における、意味の企投にほかならないことになるであろう。その、意味の企投は、具体的には、そのつど、様々な内実において現われるであろうが、それらの個別的な意味の企投を貫いて、おのれの存在の根源的意味の企投が、それら諸々の個別的企投を全体化する根幹として、存在しなければならない。それは、おのれの存在を、全き全体として、貫徹するゆえんをなす、根本的な、おのれの存在の根源的な意味の企投である。主体として生きるとは、こうした、おのれの存在の根源的意味の企投以外の何物でもないのであり、かつまた、おのれが主体的となればなるほど、おのれは、こうしたおのれの存在の根源的意味の問いを問い、それを問題化し、企投せずにはおれないのである。なぜなら、おのれが主体として生きるということと、おのれの存在の根源的意味を企投するということとは、同じ事柄だからである。

しかし、このおのれの存在の根源的意味の企投は、四つの場面で、それを無みする無意味に逢着する。それは、それ自身にはどうすることもできないところの、それに遭遇し突き当っては、それは無みせられ、無に帰せしめられる危険に晒されるゆえんの、無意味に、取り囲まれ、浸透され、貫通されたものであることが、明らかとなるのである。第一に、おのれは、おのれ自身がその根拠をおいたのでは無い、どこからという由来の知れぬ、むしろ投げ出された無根拠の深淵を、背後に控え、そうした被投的な、おのれの既存在の偶然を、おのれに引受けることによってしか、おのれへと生成することができない。おのれは、おのれの背後に廻ることができない。おのれの存在の根源的な意味の企投には、それ自身にはどうすることもできない、それに突き当っては、それが埋没させられ、没落させられるだけであるような、没意味という、おのれを無みする無意味が、背後に控えている。おのれの存在の根源的意味の企投は、こうした既存在の偶然という、由来の没意味からする遮蔽によって、影を落とされたものである以外にはない。われわれの背面には、見通し得ない暗闇が、尾を曳いているのである。第二に、主体としてのおのれは、どこに向かって根源的意味の企投をしようとも、遂には追越すことのできない死の影に遮蔽された限界をもつ。そこには、おのれの存在の根源的意味の企投がどうすることもなく無みせられるような無意味が、控えている。それは、おのれのあらゆる意味の企投を超え出るところの、超意味という無意味であり、それが、おのれの行方に、おのれに振りかかり襲いくる非存在の偶然として、おのれを待ち伏せている。おのれの存在の根源的意味の企投は、こうした非存在の偶然という、行方の超意味からする遮断によって、翳りを投げかけられたものであり、われわれの前面には、乗り超え得ない暗闇が、奈落のように、口を開けているのである。――以上の二つの無意味は、われわれには絶対的にどうにもならない無意味であり、端的な非性、無性であり、絶対的な深淵である。それは、極限的な無意味である。それはいわば暗闇としての無意味である。――ところが、第三に、おのれは、右の二つの極限的無意味に取り囲まれながら、由来の没意味を引摺り、行方の超意味に遮蔽されつつ、しかも、その没意味としてのおのれを引受け、そこに根づきつつ、そこから発して、おのれの存在の全き全体を成就しようと、具体的に、おのれの生成の歴史を時間的に生き抜くものである。おのれであることは、具体的には、没意味を引摺りながらもそれを受容しそこに没根拠の根拠をおいてそれを意味へと取りこみ、そこに根づきつつ、おのれの存在の根源的意味を生成の歴史として全うし、たとえそれが超意味によって見通され得ぬ影の中へ超え出られてしまうにしても、おのれの存在の根源的意味をあくまで全体化し貫徹し抜こうとするものである。それが、具体的に、主体としてのおのれとして、生きる、ということにほかならない。けれども、その場合、おのれは、おのれひとりとして固定してあるのではなく、おのれではない他の存在者――事象や人間――との絶えざる交渉関係を経めぐるものである。おのれは、世界内存在である以上、世界内部的なものとのかかわりを離れて、おのれへと生成することは不可能である。おのれは、こうした他存在と深く結び合わされている。おのれは、他存在と出会い遭遇し邂逅し、それと衝突し交渉し対決し、こうした他存在の偶然に絡まれ取り巻かれた只中で、変貌と転身と変転を閲し、閲歴を重ね、おのれへと生成してゆくのである。そうした他存在は、おのれではないという非性と他者性、つまり否定性の力を含んだものであり、おのれの存在の意味の企投は、こうした否定性を孕む逆意味の否定の媒介を経て、その否定の否定としてのみ、つまり、おのれを非本来化する他者性の逆意味によるおのれ自身の他在化を乗り超える多様な交渉関係をかいくぐってのみ、そこからする高次の、多様を含み他者性をうちに包んでこれを乗り超え自己を回復したおのれとしてのみ、それ自身を生成の歴史として展開し得るのである。おのれの存在の根源的意味の企投は、こうした他存在の偶然という逆意味との、否定的媒介を含んだ、多様な交渉連関の中で、無意味の危殆に瀕しながらの、おのれの自己実現なのである。そして第四に、こうした具体的な生成の歴史は、おのれ自身のうちにも、無意味を出現させる危険を常に孕んだものである。他存在は、おのれの外部から襲ってくる、外部に見出される、逆意味という偶然である。ところが、おのれ自身の内部に見出され、内部から湧出しようとする、無意味の偶然がある。それは、かつてのおのれ自身がもはや今のおのれとは異なり、今のおのれはやがてあるおのれとも異なるという、おのれ自身の異存在という、分裂と飛散のおのれである。それは、おのれの存在の根源的意味の企投が、もはやそのままでは意味では非ず、無意味に化す、非意味という無意味である。しかしこのおのれの非意味への解体の危険は、おのれが時間的生成の歴史を生き抜く以上、不可避である。時間的生成とは、おのれがおのれから脱け出てゆく脱自そのものだからである。おのれは、しかし、この、脱自の飛散の中に分裂する非本来的な時間的生成を乗り超え、脱自を、脱自的でありながら、真の脱自的な統一たらしめ、統合し、おのれの存在の根源的意味を樹立し全体化して初めて、おのれとしてあり得る。それはしかし、絶えず、こうした異存在の偶然という非意味の危殆に瀕しながらの、それを克服した自己回復と自己貫徹としてのみあり得るものである。本来的な時間的生成は、非本来的な時間的生成の危険と抗争し、それを超克した自己回復と自己還帰の全体化、つまり、脱自の飛散を全体化しつつ繋ぎ止め流動的な多様の統一を実現する緊張と全体性においてのみ、展開し得るのである。――この、二つの、具体的な、自己の時間的生成の歴史の中で出会われる無意味、つまり逆意味と非意味は、さきの二つの極限的な無意味とは違って、絶対的にどうにもならない暗闇の無ではなく、おのれの生成の明るい場の中で出現するところの、しかしおのれを切り崩す力を具えた、無と否定性である。それは、おのれがおのれとして時間的に生成する歴史を内から形成する積極的な諸契機とさえなっているような、無意味である。しかし、おのれがそれを、おのれの存在の根源的な意味の企投の全体性のうちに統合しつつ超克しないかぎりは、それは、おのれを無みする無意味の怖ろしい力となって、おのれを瓦解させてしまうものである。おのれに刃向かう鋭い否定性を含んだ逆意味と非意味は、しかし、それをかいくぐってのみ、おのれの生成が具体化する、明るみの中の無意味であり、おのれがそこからおのれを取り集め多様化を統一することによって、豊かなおのれの生成の歴史を形作るゆえんの内実と諸契機を構成するものである。しかしそれらが、あくまでも、逆意味や非意味であるかぎりは、それは、おのれを失わせ、おのれを迷わせ、誘い、破滅させる、おのれを無みする無意味の力であることには、変りがない。

このように、おのれとして主体的に生きるということは、おのれからおのれへと向かい生成するという、おのれの存在の根源的意味の企投なのであるが、それは、おのれを無みする無意味に、その背面で、その前面で、またその生成の只中で、取り囲まれ、貫かれ、こうして、無意味につき纏われた意味の企投である以外にはないのである。おのれであることは、意味と無意味の交錯にほかならない。おのれである、おのれの存在の根源的意味の企投は、無意味に晒され、無意味に浸透された意味の企投である。その無意味には、極限的なそれと、具体的なそれとがあり、すなわち、没意味と超意味、逆意味と非意味という四種の現われ方を含んだ多面的なものである。おのれの存在の根源的意味の企投は、それを埋没させ、それを超出し、それに逆らい、それを意味では非ざるものに化せしめる、既存在や非存在や他存在や異存在などの、おのれに振りかかってくる偶然に晒されたもの、そうしたおのれを無みそうとする諸々の無意味の非性と無性と否定性に貫き通されたもの、そうした否定性の中での、おのれへ向かっての、おのれからする、意味の企投であり、おのれであることの全体の貫徹なのである。おのれは、おのれを全き全体として全体化すべく、おのれからおのれへと向かい生成するが、そのおのれの全体化は、おのれを無みする無意味の偶然のもつ否定を通り抜け、それをさらに否定し返した、おのれであることの全体化である。おのれの存在そのもののうちには、こうした無意味と偶然と否定が、貫き通っている。おのれの存在そのものが、没根拠と否定性を巣喰わせているのである。このような、おのれを無みする力が、おのれに喰い入っているということが、おのれの存在に、無《ニヒル》の問題現象が、すなわちニヒリズムの問題現象が、喰いこんできている、ということにほかならない。そして、このように、おのれの存在に巣喰う無的なものに当面する意識が、おのれの存在のなにゆえを問う意識であり、それは、おのれの存在の根源的意味を問う意識となって展開する。しかしこの意識は、無意味に当面する意識と不可分である。おのれの存在の根源的意味の企投が、無意味に出会い、その無意味との直面において、その企投が一層張りつめるということ、意味の無意味化と、無意味化の中の意味、ということ、このような、意味と無意味の弁証法的交錯の中で、おのれの生の生成を生き抜くということが、主体であるおのれの生の根底において起こっている出来事であり、おのれをおのれたらしめているロゴスにほかならない。

二 ニヒリズムの不可避性

さて、以上のような考察が何ほどかの正当性をもつとすれば、われわれは、ここからさらに、なお幾許かの重要な帰結や判断を導出してくることができるし、また、人間の存在に巣喰うニヒリズムの問題現象を正しく見つめてゆくことができるように思う。

まず、屡々見受けられることだが、ニヒリズムという言葉を、既に言葉としてだけでもう、つまりその背後に含蓄された事態の重さを測ろうともせずに、ただ反射的に忌み嫌う人々がいる。また、哲学上の概念や主張として、ニヒリズムという用語を認めはしても、その用語が指し示す事態をみずから追思考することは避けて、哲学は学問としては哲学史の文献学的な追跡にあると言い切る人々もいる。さらに、ニヒリズムを人間にとっての問題的な現象だとしてその重要性を承認はしても、肝要なのはニヒリズムの超克であると言って、ニヒリズムの克服を唱道する人々がいる。しかし、これらの意見は、嗤うべき見解であると言わなければならない。第一に、ニヒリズムは、好悪の問題ではない。好むと好まざるとにかかわらず、ニヒリズムという問題現象が存在するのである。それは、われわれの存在そのものの中に巣喰っている現象である。ニヒリズムという言葉を耳にしただけで、顰蹙し、不快の面持ちを見せる人々は、一般に感情をむき出しにする人々が往々そうであるように、当の事態が自分に的中することへの予感的な惧れから、これに徒らに反撥するのである。感情的な反撥は、当の事象からの逃避の現われであることが多い。人間の生を価値ある光輝いたものとして描き出したがる傾向は、当のおのれの上にも襲いくる暗鬱な影への予感から免れようとする逃避的な願望に支えられていることが屢々であることは、人が自分を省みてみれば、容易に納得できることであるはずである。第二に、ニヒリズムという概念が指し示す事態に深入りすることを回避して、学問的と自称する文献学的追跡に哲学の領野を限ろうとする人々は、およそ哲学の問題事象の根を見失った、頽廃の極致であり、学問的と偽られた気晴しによっておのれの浮草のような無為健忘の退屈な生存を糊塗しているだけのことである。哲学史上の真摯な問題群は、遁辞を許さぬ仕方で、すべて、哲学する者がみずからの足下を曇りない眼で見つめるとき、必ずや直面するでもあろう意味と無意味の問いに、直接間接に、繋がっているはずである。第三に、ニヒリズムの超克とか、ニヒリズムの克服とかは、安易に、また軽率に、口にされるべきものではない。それどころか、ニヒリズムの超克などは、或る意味では、あり得ぬことである。それは、超克されるべき現象であるのではなく、真直ぐに認められ、承認され、ひたすら受け容れられるべき、人間存在の、その存在構造を構成する一契機なのである。ニヒリズムという問題現象は、これを否認したり消去したり根絶したり絶滅したりできるような、つまりなくともよいような、たまたま人間存在の一様相として或る特定の場合にだけ浮び上がってくるだけであるような、附随的な現象では決してないのである。

三　ニヒリズムの意味

しかし、ニヒリズムの問題現象とは何か。たとえそれが、前述した意味と無意味の交差にかかわるものだとしても、そして、この意味と無意味の現象が人間に不可避的に纏いついた現象であることを認めたとしても、それをあえてニヒリズムの問題現象と呼ぶ根拠はどこにあるのか。一体、ニヒリズムとは何か。「無(ニヒル)を説く主義(イズム)」とは何のことか。「無」などはまさに「無」いものであり、「無」いものを「説く」主義とは、一体どんな理解可能な事態を指し示し得るのか。そのようなものは、初めから自己撞着したことであり、そうした用語で示される問題現象を大仰な台詞で説き示そうとすること自体が、混乱した頭脳を証拠立てているのではないか。恐らく、このように、通常の人間悟性は、直ちに疑惑を表明することであろう。そしてその疑惑とともに、ニヒリズムの問題現象から眼を背け、それを考慮に値しない事柄だとして、最初からこれを自分の視野の圏外に、放逐するであろう。

だがしかし、ニヒリズムとは一体何であろうか。この問題に関しては、既に別の機会に、私は、若干の考察をしたことがある(1)。また、今ここでその用語法の歴史やら、その主張を展開した哲学者たちの所説やらを、詳細に検討したりすることは、差し控えざるを得ない(2)。目下のところは、意味と無意味の交錯という問題現象を、人間存在にとって必然的なニヒリズムの問題現象であると名指した以上の考察にかかわる範囲内で、ニヒリズムに関する二、三の本質的な点を指摘するだけにとどめておかねばならない。

ニヒリズムとは、「無《ニヒル》」を説く「主張《イズム》」である。しかしこの場合の「無」とは、何のことであろうか。この「無」に、様々な人々によって最終的にどのような意義が託されてゆこうとも、さし当ってまず、「無」を説く「主張」が成立するために、当座無理なく考えを進め得るような「無」から出発してゆくのが、至当であろう。そのように考えてみたとき、まず、「無」に、いわば「絶対無」と「部分無」とを分けて考えること(3)が可能である。「絶対無」とは、ここでは文字通り、絶対的に何物も無いということ、すなわち一切の存在者が存在していないということ、そうした絶対的な非存在のことを指す。今、ニヒリズムで説かれる「無」が、もしもこの意味の「絶対無」であるとしたならば、そのときには、そうしたことを説く主張や当の人間も存在し得ないわけであるから、「ニヒリズム」という問題自身が消え去ってしまうであろう。なぜなら、何物も存在しないという絶対無を説く主張だけは、存在する、というのは、明らかに自己撞着だからである。それに、何よりも、何物も存在しない絶対無とは、そのような一切の存在者の非存在のこと「で在る」と、言わざるを得ず、人間にとっては、どんなに非存在や無を絶対的に考えようとしても、それは、「で在る」という存在の軛《くびき》を免れることはできないからである。こうして、「絶対無」を考え、言い述べ、説くということは、初めから悖理を背負ったことになってしまうであろう。それゆえ、少なくとも、「ニヒリズム」が「無」のことを考え、言い述べ、説く「主張」であるかぎりは、——たとえどんなに形式論理学的な制約を離れて、また理論的主張の枠組を超えて、情意的に、何か、絶対的に、「無」のことを、考え、言い述べ、説く場合でも、少なくとも、それが、無のことを考え、言い述べ、説く「主張」であるかぎりは——、それは、「絶対無」に関する主張であることはできないことになる。なぜなら、そのときには、考え、言い述べ、説くという事柄が存在するわけであって、何物も存在しない絶対無ということはあり得なくなるからである。

したがって、「無」については、さし当り、「絶対無」ということは主張することができず、「部分無」ということだけしか問題になり得ないと考えられるわけである。この場合、「部分無」とは、一切の存在者の非存在のことではなく、或る何らかの一存在者の非存在のことを指意する。ここで言う存在者とは、それについて「で在る」とか「が在る」とかが言い述べられ得るもののことである。このような存在者が、或るとき、或るところで、何らかの形で、非存在になるという経験を、われわれは、日常茶飯において頻繁に味わう。そしてそれは、通常、意識的には、否定判断の形態において言表される。すなわち、「で在る」が非存在になっているのであれば、否定的な属性判断において――例えば、「その机は茶色ではない」というふうに――、また「が在る」が非存在になっているのであれば、否定的な実在判断において――例えば、「ペンがない」というふうに――、この「部分無」は言表されるわけである。この場合、それら特定の存在者――例えば、机の茶色さ、ペンなど――は非存在になっていることが経験されるが、しかし、そのほかの存在者、例えば、椅子、本箱、原稿用紙、インク、などが存在していることはたしかなのであって、少なくともそれらのものの非存在は当面寸毫も問題になってはいない。したがってまた、それらの否定判断が、何々では「無」いとか何々が「無」いとかと言表されながらも、結局は、何々では無いの「で在る」とか何々が「無」いの「で在る」とかというように、一見自家撞着的に、「で在る」存在に関係をもってくるとしても、少しも不思議にはならないであろう。なぜなら、「部分無」は、或る特定の存在者の非存在が、その他の存在者の存在の只中で起こり出会われることにおいて成立する以上、そうした特定の仕方で生起する「部分無」が、「存在」全体と関連をもつはずであることは、初めから容認されているからである。それが、「で在る」とか「が在る」とかと言われる存在の枠組の中で部分的に生起する「無さ」という非存在の出現である以上は、このことは、何ら当初から矛盾を孕んだ事態ではないわけである。もともと「部分無」は存在の只中で出現する出来事であることは、最初から是認されていたことだからである。

しかし、このように、ニヒリズムが無を説く主張であるといった場合に考えられ得る無が、絶対無でなく部分無であることを、かりに承認したとしても、ペンの無さを経験した人が直ちにニヒリストになるであろうか。決してそうではないであろう。机の茶色で無いことを経験した人がすぐさまニヒリズムの主張をするであろうか。決してそうではないであろう。では一体、どんな存在者の非存在、つまりどんな種類の存在者の部分無を経験すれば、ニヒリズムの説く無が成立するのであろうか。

この際人が普通誤解しやすいのは、たしかにペンの無さや机の茶色で無いことを経験したからといって直ちに人はニヒリストになりはしないが、もしも何らかの重大な存在者が自分に欠如し非存在になっていることを痛感すると、人はニヒリズムの思いに囚われるのではないかという考え方がある点である。例えば、住む家も無く、金も無く、健康も無く、友も無く、神も仏も無いと痛切に実感されたならば、そのときにこそ、ニヒリズムの「無《ニヒル》」が、現われてきているのではないか、というわけである。けれども、こうした考え方は誤りであり、それどころかそれは、きわめて近視眼的な性急な偏見、つまり考え方などであるどころか、偏狭固陋な感情の吐露にすぎないことを、人は知るべきである。なぜなら、住む家も無く、金も無く、健康も無く、友も無く、神も仏も無いというのは、その当の人にとってのことであろう。しかし自分の周囲をよく見廻してみれば、多くの家が在り、金も豊富に出廻っており、健康に充ちみちた人々が存在し、友となり得る人が数多くいることが分かり、それどころか、神も仏も存在しないという証拠もどこにもないことが、明らかになってくるからである。たしかにこの世界には、悲惨、病弱、悪徳、貧困、苦悩など、マイナスの性格を帯びた現象が数多く存在する。しかし、少しでも観点をずらして眺めるならば、それと同様に数多く、幸福、健康、善徳、富裕、歓喜といったプラスの符牒を帯びた諸現象が目に入ってくるであろう。もしも貧困のゆえにニヒリズムの思想を抱懐するにいたった人があるならば、その人がかりに富裕に恵まれたときには、彼はニヒリズムの思想を放棄しなければならなくなるであろう。そうだとすれば、ニヒリズムとは、まことに身勝手な考え方、いな考え方であるどころか、実に偏見に充ちた党派的な不満を代弁する感情的な符牒にすぎないことになるであろう。いやしくもニヒリズムが、無を説く主張として、普遍性をもったものとして成り立つべきものであるはずならば、それは、こうした身勝手さを免れているものでなければならない。ということは、ニヒリズムの説く無の問題現象が、人間存在の根底に巣喰う普遍の本質事態でなければならないということを意味する。そのことは、さらに言い換えれば、ニヒリズムの説く部分無が、——そしてさし当りニヒリズムの説く無は、部分無である以外にはないのであるが、それが——、特定のあれこれの個別的存在者の非存在であることはできないということを、意味するであろう。なぜなら、もしもそうであるなら、それらの特定の個別的存在者と並ぶ別の特定の個別的存在者の存在を指摘することによって、前者の非存在を主張する見方が、偏頗な一面的見方であることを、容易に指示し得るからである。

では、ニヒリズムの説く部分無とは、一体、何の部分無なのであろうか。それは、特定のあれこれの個別的存在者の非存在であることはできないのである。ではそれはどこに見出される非存在なのであろうか。それは、そのような様々な存在者にかかわって生きる当のおのれの存在の只中に巣喰う非存在なのである。しかし、その当のおのれの存在は、まさに存在していて一向に非存在などにはなっていないではないかと、人は反駁するであろう。まさにその通りである。当のおのれは存在する。しかし当のそのおのれの存在とは、そのおのれの存在の根源的「意味」を問題化し企投することにおいて成り立つ。おのれの存在とは、おのれへと生成すべく、諸体験を繫ぎ止め、おのれであることの根源的な伸び拡がりを生き抜く、おのれの存在の根源的な意味の企投にほかならないからである。しかもそのおのれの存在の根源的な意味の企投は、それを「無みする」無意味の力に出会い、その無意味との緊張と交錯の中でのみ、おのれの存在の根源的な意味の企投であり得る。してみれば、このような、おのれの存在の「意味」の「無」意味化と、その「無」意味化の中での「意味」という、意味に巣喰う必然的な部分無が、ニヒリズムの説く「部分無」である以外にないことは、明らかであろう。ニヒリズムとは、おのれの存在の根源的な意味の企投が、それを無みする無意味の力と出会うという、この人間存在の根底に潜む根本的な出来事そのものを見つめる思想それ自体にほかならない。人間存在の根底には、こうした意味で、ニヒリズムの問題現象が、すなわち、根源的な意味の企投と、それの「無」意味化、その「無」意味化に直面しながらの意味の企投という、根源的意味に関する部分無が、根深く巣喰っていると言わなければならないのである。

しかし、と人は、言うであろう。右のような言い方は、ニヒリズムの部分無と、意味と無意味の問題とを結びつけようという意図から発した牽強附会の主張であって、一般に部分無と言われるものをよく注視するならば、それはそれ自体がやはりあくまでも「無い」ものであって、「在る」ものではなく、その上、何も必ずしも意味に関してだけ起こるものではなく、どんな存在者に関しても起こる事柄であり、しかもだからといって決して存在する事柄ではなく、やはりあくまでも本当は存在しない些末な現象にすぎない。だから、そうしたものに関する主張は、たとえそれが意味や無意味といった重大な問題にひきつけられて論ぜられたとしても、あくまでも真正の哲学的問題ではなく、本当は「無い」問題であり、架空の問題にすぎないのである、と。そしてそのように主張する人は、そうした主張を補強すべく、部分無さえも、知的な観念としては、存在し得ないと説いたベルクソンの分析を援用することでもあろう。たしかにベルクソンの論究には鋭さがある。しかしそこには数多くの行き過ぎと過誤もまた存在するのである。これらについては私は既に別に論じたことがあるが(4)、しかしこの問題は、部分無の問題をよく見究め、それの根底に、人間存在の構造としてのニヒリズムの問題現象を見届けるためには、やはりどうしても看過してしまうことのできない重要性を具えているので、ここでもう少し立ち停って、右の論点について若干、考え直してみることにしよう。

四　無の問題に対する否定的見解(ベルクソン)

さて、われわれが常日頃、絶対無ではなしに、部分無ならば、これを様々な存在者に関して屢々経験するものであることは、さきに明らかにされた。例えば、ペンの無さや机の茶色で無いといったことなどは、われわれが、平生非常に多く経験することであって、こうした部分無にわれわれが出会うものであることについては、まずさし当り誰も異論を唱えはしないであろう。何しろ、こうした部分無に出会うわれわれは、それを手近には否定判断の形式でいろいろに言表するわけだが、こうした否定判断の使用を欠いたわれわれの生活は考えることができないという意味からも、こうした部分無に常日頃出会っているわれわれ自身の経験は、これを誰もが直ちにみずから確認できる事柄であると言っても、決して間違いではないであろうからである。

このように、「部分無」は、まず否定判断という言語表現の中に定着して現われる。しかし、注意しなければならない。既にいろいろの人々が指摘しているように(5)、否定判断があるから、「部分無」が出現するのではないのである。むしろ逆である。「部分無」が言語表現上の定式化に先立って、既に出会われるからこそ、それが、否定判断の形においてあとで結実する。否定判断が「部分無」を生み出すのではなく、「部分無」の経験が否定判断を結果させるのである。この点については、今詳しい論議を種々の見解の援用のもとに行なわなくとも、およそ、判断が存在を作り出すのではなく、逆に判断のうちに、それに先行する存在へのかかわりや、存在する事態の発見が、命題的形式を整えて、定着させられるということは、一般に、比較的容易に承認され得ることであろうから、右の主張は、ほとんど抵抗なく受け容れられることであろう。そしてこれは、存在する事態に関してだけ妥当するのではなく、部分無といったことに関しても当てはまるであろうことも、容易に納得されるであろう。つまり、「部分無」は、われわれの生の只中で出会われ経験される事態なのであり、これがあとになって、否定判断の形式において、言表されるわけである。

しかし今、否定判断の形式に先立つわれわれの生の只中で経験される「部分無」の事態ということを言ったが、一体われわれは、「無」いものについての経験などをもち得るのか、という疑問を直ちに感ずる人があるであろう。この疑惑には或る種の正当性がある。たしかに、「無」いものは「無」いのであって、「在」りはしないのであるから、そうしたものについての経験さえも本当は「無」いのだと言えそうに思われる。すると一体、「部分無」の経験とは何なのであろうか。そこで一体われわれは何を経験しているのであろうか。机が茶色では「無」く、ペンが「無」いことの経験において、われわれはそもそも何を経験しているのであろうか。この場合、よく考えてみたときに、かつてベルクソンが疑問としたこともあるように(6)、たしかにわれわれは、机の茶色では「無」いその「無」さ、ペンが「無」いその「無」さそのものを、直接見たり直観したりしているのではないのだと、言えそうである。なぜならそうしたものはまさに「無」いのであって、「無」いものは経験できないからである。現実をありのままに、情意をこめずに、知的に、見るならば、われわれが現にそのとき見ているものは、そのようなものの「無」さそのものではなく、むしろ茶色ではないところの、実は、その机の黒色で「在り」、ペンがあると思った場所にペンに代わって今「在る」文鎮なり空気なりゴミなりであるとも言えるであろう。そうだとすれば、まさに、机の茶色さなどは「無」いのであり、ペンは「無」いのであり、「在る」ものはそれに代わって今現に「在る」他の諸々の性質なり事物であることになるであろう。およそ、われわれに見られ直観されるものは、現に今「在る」ものだけであり、「無」いものではない、というわけである。およそ無は、「像」として「想像」もできず、「観念」としても「思考」できないというわけである(7)。だから、こうした「無」が一見存在するかの如く現われてくるのは、実を言えば、それを「在る」と思っていた記憶か期待を所持する人間にとってだけで、しかもその人間がその記憶や期待に囚われ、現実の生成変化する流動についてゆけず、思い出や期待の中で描かれた在りもしない表象に固執するからこそ、その結果起こることであり、したがって本当は知的なものではない、「思考を感情によって色づけたもの」(8)、つまり、情意的な観念が、部分無の観念である、とその人は言うであろう。すなわち、知的に、生成流動する現実をありのままに直視するならば、記憶や期待とは違って、別の存在者が現にそこには在るのであり、この生成流動と合体した観念こそ、本当に知的な観念である、と。

しかし、そうは言っても、われわれは、部分無を否定判断において言表するのは事実であろう。すると、この否定するという働きの源泉には、やはり何か、「無」いという事柄の経験が潜んでいるのではないか、とも思われる。しかし、或ることの「無」さを、否定判断において、われわれが言表するときでも、その否定は、或るものの「不在」(9)つまり「無」さそのものの直観にもとづいて、言表されるのではない。それどころか否定判断は、およそ、事象そのものに関係はせずに、別の肯定判断に関係し、それが誤りであることを指摘し、もう一つ別の正しい肯定判断によってそれが取って代わられるべきことを指摘する「教育的」「社会的」(10)な働きにすぎない、と、その人は言うであろう。机が茶色では無いと言うことは、机が茶色であると思い判断していた自分なり他者なりの間違った肯定判断を是正して、例えばそれは黒色であるという正しい肯定判断に取って代わられるべきことを指摘するものであって、徹頭徹尾、判断に関係し、事象に関係せず、事象そのもののうちには、「無」さというこことなどは、寸毫も巣喰ってはいないのである、と。否定判断において現われる「無」さは、二つの肯定判断に挾まれた、その二つのものの移行の瞬間に一見出現するかに思われるが、結局は、存在の肯定の中に解消される、まさしく「無」いものなのであると、その人は言うであろう(11)。

たしかに、「無」さそのもの、「非存在」そのものを、われわれが、存在するものの場合と全く同様に、見たり触れたり直観したりすることのできるものかどうかは、問題であろう。無や非存在が、実際の感覚的経験の対象であるかどうかは、疑問であろう。しかし他方、机が茶色では無いことを知り取り、ペンが無いことに気付くとき、われわれが、何らかの無や非存在の経験を切実に味わっていることもまたたしかなのである。ベルクソンは結局こうしたものを、情意的な実践的場面においてだけ、承認する(12)。それは、行為的存在者としての人間が味わう「不満足」の感情に帰着し、或る場面での「有用性の不在」を意味する(13)。ただし、「有用性の不在」であって、「事物の不在」ではない(14)。様様な事物はそのとき存在するのだが、例えば、ちょうど役に立つべきペンが無いのだ、というわけである。ちょうどいい具合の、茶色の机が無いのだ、というわけである。

しかし、このような考え方の前提となっている見方、つまり、生成流動する現実にひたすら合体する純粋に知的な存在者としての人間こそ真の人間だと捉える考え方は、果して正しいものであろうか。そのように人間を捉えるからこそ、記憶や期待をもって様々な思いに固執して生きる人間のもつ諸観念を、単に情意的な観念として貶視し、また実践的有用性という場面だけを切り離して、そこにのみ不満足という不在の感情を認め、そこにだけわずかに部分無の所在を容認する結果になるのである。しかし、知的なものと実践的なものを区別したり、知的なものと記憶や期待を峻別したりする立場は、ひょっとしたら、人間をその存在において一つの統一的存在構造として捉えることに失敗しているのではないであろうか。人間は知的なものでもあるが、同じく実践的なものでもあり、また、記憶や期待の働きをも、同じく根源的にみずからのうちに含んだ存在者である。この統一的な存在構造の中から、部分無の経験が捉え直されねばならないのではないであろうか。

その机が茶色では無く、書こうと思ったペンが無いことを見出すのは、たしかに、当のその人が、記憶や期待の中で、茶色の机や当のペンなどに思いを繋いでいたからである。このような思いを抱いてはいなかった人には、そのとき、机の茶色さの不在やペンの非存在は決して見出されはしないであろう。しかし、そのことから、こうしたものの非存在の観念が、単に主観的かつ情意的な観念であるにすぎぬものだとのみ結論づけるのは、恐らく正しくはないであろう。まず何よりも、第一に、それは、単に主観的な観念であるのではないのである。そのとき実際に、机が茶色では無く、ペンが無いのは、むしろ客観的な事実であり、客観的な出来事なのである。もちろん、こうした客観的事実は、当のそのことに思いを繋ぐ主観との相関関係を離れては存在しない。けれども、それは、少なくとも、それが種々の証拠に照らしてみて、幻想や錯覚でないかぎりは、単なる主観の表象上の妄想や虚構ではなく、客観的な存在の地平の中で出会われる事柄なのである。さらにまた第二に、それを、単に情意的な観念、もしくは実践的なものにのみ裏づけられた、知的ではない観念と決めつけることも、問題である。なぜなら、たしかに、それは、記憶や期待、さらには有用性の充足といったような、実践的なものや情意的な固執に関係して起こる出来事ではあろう。しかし、記憶や期待は、時間的生成を生き抜く定めを背負った人間にとっては、不可避的な働きである。それは、おのれの既在に開かれ、おのれの将来にかかわって生きざるを得ない人間の宿命である。そうした時間的生成にかかわる記憶や期待の働きを脱却した、実在の生成流動と完全に一体化した知的な人間という理念は、もともと人間存在の把握として疑問である。人間の存在が時間的生成である以上、そこには不可避的に、記憶や期待が喰い入っている。だからこそ、現象学者たちが明らかにしたように(15)、例えば、知覚ということだけを取ってみても、われわれが現に今「在る」ものとして知覚する事物は、その事物の一面にすぎず、その側面や背面は、「把持」や「予持」の中で、「一緒に現在化させられている」だけの、今はもはやないしまだ知覚されていない「無」いものであり、こうした「無」さを含んだ綜合統一においてしか、つまり「射映」においてしか事物はわれわれに現「在」するものとして現出してこないのである。事物の知覚には、こうした「無」さが入りこんでいるのであり、そしてこれが、「地平」という現象にほかならない。それは「内部地平」から始まって「外部地平」へといたり、最後には、「世界地平」にまで拡がるのである。われわれは、おのれが完全に捉えこんではいない世界の「受動的先所与性」の「地盤」の上で、それを包む未知と既知の「地平」においてのみ初めて、個々の事物の、そのつどの側面をしか、現「在」の今は知覚しないのである。これは、人間が受動性を含んだ時間的存在者であるかぎり、必然的なことなのである。それゆえ、また、人間において、実践的なものは単に理論的なものと区別されてあるだけなのでもない。実践の中に理論も喰いこみ、理論の中に実践も糾合されつつ、これらはともに、人間の根源的構造にもとづいて可能になる。有用性といったことも、おのれの存在可能を企投する人間の存在構造そのものに根ざしたことなのである。それどころか第三に、純粋に理論的知的なと称される場合だけを取ってみても、例えば、部分無は、否定判断において、疑いもなく現われるのである。たとえそれが、二つの肯定判断に挾まれた、判断にのみ関係するだけの、事象には決して直接的に触れ合わない、結局は、在りはし「無」いまさしく「無」いものだと説かれる場合でさえも、そのとき、現に否定するという作用は起こっているのであり、間違った判断を拒否し否認し是正する否定の働きは、たしかに存在しているのである。その否定の働きは一体どこからくるのであろうか。それを、教育的社会的な働きだと言ってみたところで、同じことである。それは、誤謬を訂正し矯正し警告する、いわば、拒否的、否定的な働きだからである。それは一体どこからくるのであろうか。それどころか、このような否定の働きなしには、肯定の働きさえもが、不可能となってしまうのである。なぜなら、肯定の働きとは、或ることが何々であって、それ以外の何物でも「無」いと断定することだからである。それは、当のもののしかじかであってそれ以外では「無」いという、「無」さという否定性を、つまり「無」を含んでのみ、本来成立するものだからである。それでは「無」いような、それ以外のものを、拒むことによって、つまり、否定の否定としてのみ、初めて肯定は成立する。肯定そのものが、否定を含意しているのである。肯定的な存在へのかかわりは、否定的な、すなわち「無」を孕んだ存在へのかかわりをまってのみ初めて成立しているのである。してみれば、否定や無を、単に無いものとして、肯定的な存在へのかかわりの埒外に放擲するという考え方は、正しくないのだと言わなければならない。別言すれば、既にサルトルが指摘したように(16)、存在の肯定で充実しきったところでは、否定も現われず、果ては、その肯定ということさえも出現しなくなってしまうのである。肯定が可能であるためには、無の場所があらかじめ存在の中に切り拓かれていなければならないのである。

五　無の問題に対する積極的見解（サルトル、ハイデッガー）

これらのことは、既に現象学者たちや、またとりわけて直接的にはハイデッガーやサルトルによって指摘されたことである。

例えば、サルトルの説くように、われわれは、判断以前に、「存在への関係」を生きていて、この存在へのかかわりの中では、存在ばかりでなく、「非存在」の、つまり「無」の「開示」を、われわれは既に了解しているのである(17)。それは、サルトルが、「問いかけ」や、「破壊」や、カフェで落合うべき「ピエールの不在の直観」などの例示によって、雄弁に語っている通りである(18)。たしかに、むろんのこと、「無」はあくまでも「無」いのであって、存在するわけではない。しかし実は、無は、存在の中で、まさに「存在させられる」(19)のである。それというのも、人間存在がまさしくみずからの存在のうちに無を孕み無を分泌するからであって、ここから無が世界の中に到来するのである。人間存在とは、何よりもまず、「超越」(20)である。人間は、存在にかかわって、自己をその存在の外におき、無の彼方に引き退り、或る一つの存在を、限定的に切り抜いて、それをそれであってそれ以外の何物でも無いものとして捉え摑むのであり、これがまさに「無化する」(21)ことにほかならない。それにもとづいて初めて、次に、客観的な事実として、例えば破壊やらピエールの不在が、つまり客観の側の非存在や無が、出現するのである。つまり、われわれの例で言えば、ペンの不在や机の茶色では無い事態が出現するのである。もちろん、文鎮の存在や机の黒色といった肯定的事実も、まさにそれらがそれで「在って」それ以外の何物でも「無」いとして、この無の背景の上に出現するのである。そしてさらにそのさきに、こうした客観の側の非存在の出現の可能性に面して、人間は、みずからの非決定の状態を、すなわちそれに対する肯定的か否定的かのいずれかの態度決定を打ち出さねばならないのである。

しかし人間存在が、このように客観的存在から身を引き離して超越的にそれとかかわり得るのも、人間がもともと自己自身からの離脱だからであり、おのれの過去を乗り超え無化し、即自的本質を超え出る、超越的脱自そのものだからなのである(22)。実は、この超越的な対自的存在としての人間の無を孕んだ構造にもとづいて、無が「存在させられ」、そして結局、存在がまさに初めて存在として存在させられ、世界が世界となって開けてくるのである。存在は無を介してのみ、初めて存在し得るのである。このような、サルトルの考え方のうちには、むろん多くの問題が伏在しているにはしても、少なくとも、無と存在に関して、ベルクソンのそれよりは、より正しくまた鋭い洞察が盛りこまれていることは、否定できないのではないであろうか。

ベルクソンに見られるような、無をまさに「無」いものとして、その観念を哲学の圏域から放逐しようとする考え方が、一般に、当座の通常の人間悟性を代弁しているとすれば、サルトルの見解は、一見その常識にとっては無という奇怪な概念を導入する怪しげな哲学に見えようとも、その実、鋭い批判と、正鵠を射た洞見に支えられた哲学であることは、たしかなのである。無を偽りの観念として解き明かし、また否定の作用を教育的社会的なものと見るベルクソンの考え方がいかに興味深い考察を含んだものであるにしても、その否定の働きが存在する以上は、それを可能ならしめるものとして、サルトルの言う無化の働きが先行的に伏在していると見ざるを得ず、こうした無化を含んだ「超越」の働きが、存在の肯定さえをも結局は支えるものとして、人間の存在構造のうちに巣喰っていると見なさなければならないのは、必然であると、考えられるのである。

ところで、サルトルのこの見方は、その根本の意図において、少なくともハイデッガーの無に関する考え方に強く導かれていることは明らかである。むろん、サルトル自身は、ハイデッガーの無を論ずる態度のうちに、世界内の無ではなく、「世界外の無」に眼を向け、したがって、超越の働きそのものの中に構造として潜む無化ではなく、その超越の働きの志向的相関者としての無の方に着目する傾向を見届け、こうしたハイデッガーの態度を批判しはする(23)。しかし、無を介して存在が初めて存在せしめられるという「超越」の事態を根本的に剔抉する点において、両者の志向は、同じものを目指している。けれども、サルトルの指摘するような趣きが、ハイデッガーの所論に纏いついていることも、たしかである。この相違の生じてくるゆえんは、恐らく、その共通に目指す「超越」という事態を解明する手続きの違いにあるとともに、さらにはまたそれは、ハイデッガーに固有な、きわめて徹底的な存在への問いの関心に由来する。

ハイデッガーの問いの出発点も、やはり、例えば、学問的探究のかかわるものは存在者そのものであって、それ以外の「何物でも無い」と言われたりする際の、その「無」とはどのような事情になっているのか、という問いにある(24)。いわば、この無は、肯定判断もがその基礎にもたざるを得ないような、既にわれわれの述べた、あの否定の事態に関係したものである。しかしハイデッガーは、このさし当ってわれわれに部分無として経験される事態そのものを、無の分析の手がかりにはしないのである。彼は、最初はこのような形で無の概念とその所在点を指摘し導入してくるのだが、次いで、この無について問いかつ答える際にそれをしかじか「で在る」と言わざるを得ない事態に言及し、その自己撞着から困難が生じることを述べ、しかしこの困難が悟性の形式的な論理を建て前に採ることに起因することを語ったあとで、いかに悟性的な論理が正当には思えても、非ずとか否定とかによって無は扱えず、無が一層根源的であって、その上に非ずや否定が成立するのだと断定する(25)。これは、論理的な判断の上での非ずや否定ということによって、より根源的な無を扱ってはならず、むしろ、無の無化の上に非ずやさらには否定が出現するのだという正しい見解を披瀝したものではある。けれども、まさにその、無の無化の事態の上に例えば否定判断における非ずや否定などの部分無の命題的言表が派生するという事柄そのものの解明を、無への問いの方法的手がかりとすることをしないで、むしろハイデッガーは、そこから、無への問いに対して悟性によって立てられる疑問に右顧左眄する必要はないという結論を抽き出すのである(26)。この点に、サルトルとの違いがあるのである。サルトルはむしろ判断上の否定作用が淵源するゆえんの存在へのかかわりのうちに潜む無や無化を剔出するところから議論を始めるのである。ところが、ハイデッガーの議論の進め方によれば、右のような事情から、悟性の容喙を顧慮する必要はなく、むしろ端的に無がわれわれにあらかじめ与えられる場面を論ずるということに、彼は突き進み、そして結局種々の議論ののち、彼は、よく知られる通り、「不安が無を顕わにする」(27)、というテーゼを提出するにいたるのである。したがってハイデッガーの場合には、不安という気分が、無と出会い得る唯一の場面とされるわけである。否定判断の由来する根源に潜む無化を取り出す分析を方法的手続きに選ばずに、不安の気分から出発するハイデッガーのやり方が、まさにその否定判断の根源の無化の剔出から議論を始めて、やがて、超越としての人間の対自的存在に説き及び、自由と不安における人間存在を帰結させるサルトルの論述の運び方とは異なるゆえんをなすものなのであり、そこにサルトルの指摘する両者の差異が生じてくる理由が起因するのである。

というのは、こうである。ハイデッガーは、無の出会われる場面を求めるに当って、たとえ真の指標とはなり得ないものではあっても、無の卑俗な理解、すなわち無とは「存在者の総体《アルハイト》の完全な否定」であるという性格づけを、仄かな暗示として設定する(28)。これが真の指標となり得ないというのは、そのためには、存在者の総体を入手しなければならないが、これは有限的存在者であるわれわれには不可能であり、たとえそれを理念的に考え出し次にこれを否定したと考えてみたところで、ただ想像上の無の形式的概念を得るだけで、無そのものをわれわれはもったことにはならないからである。けれども、右の性格づけを仄かな暗示として選んだために、ハイデッガーがやがて不安の気分において見出す無には、存在者「全体《イム・ガンツェン》」と対比された無という性格が纏いつく結果になり、こうしてサルトルに、ハイデッガーは存在者全体とは異なった「世界外の無」をしか考えていないと感じさせる趣きを招来させることになったのである。実際ハイデッガーは、即自的な存在者「全体《ダス・ガンツェ》」は、人間には捉えられないが、存在者「全体《ザイエンデス・イム・ガンツェン》」の只中に情状的にあるということは、人間には起こることだとし、倦怠や歓びなどの気分を挙げる(29)。むろん、そこで無が与えられるわけでもなく、またそこで気分的に顕わとなった存在者全体の否定がわれわれを無に当面させるわけでもない。ひとえに、不安が無を顕わにするのであり、そこで、存在者「全体」が後ずさりし、支えがなくなるのであり、われわれ自身もともにわれわれから滑り脱け、揺らぎ落ちるとされるのである。このように、不安の中で顕わとなるところの、滑り落ち、沈没してゆく存在者「全体《イム・ガンツェン》」と「一体となり」ながら、それを「全《イム・ガ》体《ンツェン》」として「拒否しつつ指示する」ものが、「無の本質」であり、すなわち、「無化」であり(30)、無はこのような有様で不安においてわれわれに押し迫ってくるとされる。そして、このように、無の中へとみずからをおき入れ、存在者「全体《イム・ガンツェン》」を超え出ることが、「超越」と名づけられ(31)、このことが初めて、おのれではない存在者やおのれである自分という存在者にかかわることを可能ならしめ、自己存在と自由が成立し、存在者そのものが顕示され得ることを可能ならしめる、と説かれる(32)。

このように、存在者「全体」を拒否しつつ指示するものとしての「無」ということを語るハイデッガーの語句から、存在者「全体」の外の、何か「世界外の無」をサルトルが連想したのは尤もなことではある。けれども、だからといって、この「超越」が、世界内的な無ではなく、超越の構造の中に潜む無ではないと速断してはならないし、またこの際にハイデッガーを導いている強烈な存在への問いの姿勢を見失ってもならない。

もともと存在者「全　体《イム・ガンツェン》」といっても、それは、即自的な存在者の「総体《アルハイト》」、すなわち物在的な存在者の総計のことではない。それは、存在者の只中に投げ出された被投性において、当の現存在に、情状性としての気分において引受けられた「全体としての《イム・ガンツェン》」存在者である。しかも、ハイデッガーがこうした「不安」における「無」を論じたのは、既に早くからのことであり、それとの繋がりで言えば、不安においては、「世界内部的存在者」はどうでもよい「無」意義性へと沈没し、それの形作る事情性は「無」事情性に落ちこみ、何ら世界内部的存在では「無」いもの、そうした「無」が現われ、それは、まさに世界内部的存在者では「無」い「世界そのもの」であるとされ、不安においては、当の現存在の「世界内存在」そのものが、その無気味さにおいて、おのれ自身に見通されてくるのだと、言われていたのである(33)。してみれば、不安において揺らぐものは、被投的な世界内存在する現存在において露呈されている世界内部的な道具や他者であり、それの形作る有意義的な事情性全体であり、おのれがそれまでそこに埋没し安心しきって没入していた、頽落的な世界なのである。だから無を論じた形而上学の論文でも、せわしなく存在者にわれわれを忘れて没頭するがゆえに、日常われわれは不安を知らず無に出会うことが少ないと言われたのである(34)。頽落的なあり方が揺らぎ、われに立ち還ったとき、不安の中で、有意義的な事情性全体が崩れ、無が無化して現われてくる。しかしそれは、まさに世界内存在としての現存在が、改めて、本来的に、当の自分自身に見通されてきたということであり、このことの根拠の上に、むしろ初めて現存在は、今こそ、本来的に、存在者にかかわって実存することができるようになるのである。

だからこそ、その無の無化において、現存在は、今や存在者そのものに初めて当面し、何らかの存在者が「或る一つの」(35)それとして本当に顕わとなってき得るのである。単に概括的に存在者「全体」がではなく、そのつど現存在がかかわる何らかの「或る一つの」存在者それぞれが、具体的な超越的企投の中で、顕わとなってくるのである。それは、おのれやおのれならざるそのつどの「或る一つの」存在者にかかわって態度を採ることを——しかも自由と自己存在にもとづいて、すなわち本来的に、そうすることを——可能ならしめる条件を構成するのである。してみれば、それが、世界内存在を可能ならしめる、きわめて世界内的な具体的な無であり超越であることは、明らかである。

しかも、そこには、存在への問いの強い姿勢が貫通している。右のようであるからこそ、つまり、無の無化の中に立ち出でることによって初めて、現存在にとって、存在者の存在していることが顕わとなってくるからこそ、「無は、根源的に、存在の本質《ヴェーゼン》そのものに属している」とされ(36)、「存在者の存在の中で、無の無化が起こる」(37)と言われるのである。こうして、無の問いと存在の問いが緊密に結び合ったものであることが示されて、結局、「なにゆえにそもそも存在者が存在し、むしろ無ではないのか」(38)と問われ、この問いは、つまりは「存在はどのようになっているのか」という問いと同じだとされていったのである(39)。この存在への問いに主導された無への問いの設定という事態こそ、ハイデッガーに強烈な特色であり、またこうした点から、その後、右の問いは、さらに種々の究明を蒙って、後期の問題へと連なっていったことは、周知の通りである(40)。しかしそれは、今は問題外にしてかねばならない。

けれども他方において、さらに忘れてならないのは、無の問題が、ハイデッガーにおいては、現存在の存在構造に喰い入った根深い問題として解明されている別の箇所がある、という点である(41)。それは、現存在を、「責めある存在」として発《あば》き出すところに現われてくる。すなわち、現存在は、自分で自分をその現存在するものとしておいたのでは「非ず《ニヒト》」、また存在可能を企投する際に一つの可能性をしか選び取れず他の可能性を選び得るものには「非ず《ニヒト》」、さらに頽落して本来的では「非ざる」非《ウン・》本来的《アイゲントリッヒ》可能性へと落ちこむものとして、徹頭徹尾、「非ず《ニヒト》」という「非性《ニヒティッヒカイト》」、すなわちいわば非の打ちどころのある「非力」な性格を含み(42)、遂には、死という「実存の非可能性《ウン・メークリッヒカイト》」という「絶対的な非性《ニヒティッヒカイト》」(43)に差しかけられた存在である。こうした非性を背負った、非力な、「責めある存在」であるというのが、現存在の存在構造に隅々まで滲みわたったその本質事態だとされるのである。この「非力さ《ニヒティッヒカイト》」は、もちろん、ハイデッガーで、直接的に「無《ニヒツ》」と名指されているわけではない。しかし、「無《ニヒツ》の無化《ニヒテン》」の中で、「非ず《ニヒト》」ということも顕わになってくるとされる(44)点との繋がりにおいて、「非ず《ニヒト》」という、非の打ちどころ《ニヒティッヒ》のある現存在の「非性《ニヒティッヒカイト》・非力さ・無力さ」のうちに、「無《ニヒツ》」の翳りを読みこむことも、決して牽強附会の解釈とは言えないであろう。そしてそれが、「実存の非可能性」という「絶対的非性《ニヒティッヒカイト》」としての死という「終り《エンデ》」に差しかけられ、それへとかかわる現存在の、その終り《エンデ》への、「有限的《エントリッヒ》」な、存在に、繋がっていること(45)も、たしかであろう。してみれば、ハイデッガーにおいて、無は、非力な、有限的な現存在の存在構造に深く貫通した事柄だったのである。現存在は、このおのれの非力な責めある存在を、おのれに引受け、それを存在可能において企投することにおいてのみ——それは良心の呼び声に聴き従うことにおいて生起するが、そうした決意性においてのみ——、本来的に実存し得るものだったのである。

六　無の問題とニヒリズムの問題現象

さて、以上述べまた引証してきたような事柄は、結局何を示すのであろうか。「無」という概念が、常識の立場からすれば一見考えられ得ないようなものと思われ、したがって「無《ニヒル》」を説く「主張《イズム》」である「ニヒリズム」が悖理を含んだ、真剣な考慮には値しない考え方であるかのように外見上受取られることが屢々であるとしても、実は決してそうではないのだということを、これは意味している。無ということが、絶対無としては考えられず、部分無としては考えられるという事態から、この通常の人間悟性の偏見は切り崩される。もちろん、そうした部分無に関してさえも、種々の異論を樹てる人はあるであろう。しかし、何らかの存在者の非存在となる事態は、われわれが判断形式以前の、存在者への多様なかかわりの中で、疑いようもなく経験する事柄なのである。その否定判断の身元を洗い、否定の働きの根拠を問うならば、一切の肯定にも先立つ、存在者へとかかわる無化の働きをなす人間の、その超越という存在構造が浮び上がってくる。無を孕んだ人間存在の超越という構造が際立ってくるのである。その無の無化の中に立つことによって初めて、様々な存在者や当のおのれ自身が、本当に存在するものとして、根拠づけられ、存在せしめられ、顕わになってくるのである。そしてまた、存在そのものが真に問われ、了解されてくるのである。つまり、そこにおいてこそ初めて、単なる存在者ではない、その根拠の存在そのものが、初めて拓かれ問われ問題化され得るのである。しかもその、無を孕んだ超越においてあるおのれは、実際、それ自身のうちに、おのれがおのれの根拠をおいたのでは非ず、すべてのことをなし能うものでは非ず、おのれ固有のものでは非ざるもののうちにおのれを失うことのある、しかも、死という実存の非可能性という絶対的非性に差しかけられた、その非力で有限的な、無の力に貫き通された、その非力・無力そのものであるおのれとして実存する以外にはないものとして、おのれに見通され、そのおのれを引受けつつおのれであることを決意し覚悟することにおいて、おのれ本来で在り得るものであることが、明らかになってくるのである。そこにいたれば、既に、おのれの死という絶対的非性さえもが顕わとなり、おのれの死と接合した存在者全体の絶対的な非存在さえもが、すなわち、いわば一種の絶対無的なものすらもが、予見されてきているのである。ただしむろん、それは、それを介して、存在そのものが問い直され、おのれ自身の存在と、存在者の存在する、その存在そのものが鮮烈に浮び上がる反射鏡としてである。「死は、無の枢《ひつぎ》として、その中に存在の本質的なものを守蔵する」(46)、と言われるゆえんである。それは、存在の秘密と直結した無なのである。このように考えるならば、無が、人間存在の根底に奥深く巣喰った問題性を孕み、人間存在に貫通した根本契機をなしていることは、明らかであろう。そうだとすれば、そのような「無《ニヒル》」を抉り出し発き出す「分析」や「主張《イズム》」が、ニヒリズムとして、成立することは、何ら不可解なことではなく、むしろ正鵠を射抜いた、人間存在の真相を道破した、正当な思想であることが、諒察され得るであろう。

しかしながら、右に引証してきた人々において、にもかかわらず、ニヒリズムという名辞を自分の哲学の呼称として採択するということは行なわれていないではないか、と、ここで人々は反駁するであろう。それどころか、例えば、ハイデッガーにおいては、特にその後期にあっては、ニヒリズムを、存在が無になっていることと捉え、存在棄却や存在忘却の夕の国の歴史全体をいわばこの系譜のもとに捉え、それに対して自分の思索を、存在の思索として、截然区別し対置するということさえ、試みられているではないか(47)、と、人は言うであろう。たしかに、その通りである。けれども、後期ハイデッガーの説く、存在が無にならざるを得ない事態の指摘のうちには、ニヒリズムの問題現象に深くかかわるさらに重大な問題点が潜んでいるのである。これについては、のちに言及する機会があるであろう(48)。ともかく、肝心なのは、単なる名称の採択いかんの問題ではなく、或る哲学において闡明され剔抉された問題事象そのものである。そこに、ニヒリズムの問題現象が伏在していないかどうか、ということである。

既に、無が、われわれの経験において出会われることは、論証された。それは、部分無の形においてである。むろんさきにも述べたように、無を論ずる哲学者において、一種の絶対無的なものさえもが、最終的には垣間見えてきたりはする。しかし、それは予感としてであり、おのれの死における非存在(これ自身が、おのれという一つの存在者の非存在化という部分無である)と連なって、端的な非存在が予想されるということであり、その端的な非存在そのものは、当のおのれには経験され得ない

（経験したときには、当のおのれが存在せず、したがって経験するということも、存在しなくなってしまうからである）。われわれが、おのれとして生きる経験の只中で出会い得る無は、様々な存在者に関する部分無なのである。ところが、このような部分無が成立する根底には、おのれとおのれならざる存在者に、距離を開いて、かかわり、そこでそれらと、無を挾んで対面する、「超越」としての人間の存在構造が、潜んでいたのである。そしてこのような「超越」があればこそ、様々な存在者に関する「部分無」はもとより、様々な存在者に関する肯定的なかかわりさえもが、初めて成立し得たのである。「超越」とは、人間の存在そのものの時間的生成という構造それ自体にほかならない。おのれの既在に開かれそれを引受けつつ、おのれへと絶えず先んじて超え出つつ、様々な存在者とかかわってあるという、存在構造、その脱自的統一が、人間の存在構造にほかならない。これあるがゆえに、記憶や期待の働きも人間にとって必然であり、知覚における射映の現象も同時に成立し、理論的態度も実践的態度も、ともに可能となり、さらに、当面の問題に関して言えば、客観の側での部分無の出現や、人間の側での様々な態度決定が基礎づけられ、さらには存在の肯定さえもが肯定として、それ以外の何物でも無いものとして浮び上がり、存在者の存在する世界が、初めて世界となって、歴史となって、展開してゆき得るのである。それは、人間が人間として存在し実存し生きることの、根本条件を構成しているものである。例えばハイデッガーは、それを、その存在構造において気遣いとして、その存在意味において時間性として、明らかにし、捉え返した。

しかしむろんのこと、その際、世界が世界となって開けるとはいっても、そこで突如、山や河が、創り出されたり、自然環境が突然変異を起こしたりするわけではない。私の存在の事実が、急激に変化するわけでもない。「用在する〝世界〟が〝内容的〟に別物になるのでもなく、他者の範囲が取り替えられるのでもない」(49)。私がおのれ自身へと先んじ、おのれの存在可能を企投するといっても、私が突然六尺豊かな大男に急変するわけではないし、私がおのれの存在可能と結びついて世界の有意義性を企投するからといって、私の住む都市や海の向こうの外国の世界の大地に根ざした様相が一挙に変貌するわけでもない。私の知己の範囲が全面的に変転してゆくわけでもない。私は、私にはどうにもならない事実性を重く背負っている。明日もまた陽は昇り、夕暮れには赤々とした日輪が地平線の彼方に没してゆくことであろう。しかしながら、このような私自身の存在の事実性や、環境世界の事実性が、まさにそうしたものとして浮び上がってき、捉えられるのは、私の超越の働きと接合することによってなのである。私自身の超越の働きを軸として、世界の存在が、まさに世界となって展けるのである。私自身が私自身に初めて見えてくるのである。ただし、繰返して言うが、そのとき、そのことによって、世界や私自身の「存在」が、「存在」として、創り出されるわけではない。私は、存在者の存在を創造する神ではない。しかし、私は、そのとき存在者の存在をまさしく存在「として」見出し、それをそれそのもの「として」捉えるのである。このように、或るものを或るもの「として」捉え摑み拓くという働きが、まさに「意味」ということの根本現象にほかならない。それゆえに、私はここで、超越のこの働きを、おのれの存在の、そしてまたそれと結節したかぎりにおける世界の存在の、その「意味」の企投と、捉え直そうと思うのである。「意味」とは、既に述べたように(50)、当のものが、その存在において、諸契機を含んだ統一的全体として、取り纏められ、取り集められるゆえんの、ロゴスにほかならない。それは、単に、知や認識におけるロゴスとしてのみ考えられているのではない。感情的なものも、実践的なものも、すべてが、つまり、人間と世界の全体が、おのれの実存を最深の根拠として、取り集められ、結構を得て、生きた場所として、生々たる相貌と形姿を整えて、おのれと世界の真相「として」、開展されたものが、そのものの存在の「意味」なのである。言語上のいわゆる意味とか、認識や知における諸命題の意味とか、実践的価値的なものの有意味・有意義性とか、は、ことごとくが、この根源的な意味の企投に支えられて派生するのである。人間は、その存在において、おのれと世界の存在の根源的な意味の企投にほかならない。この存在構造にもとづいて、様々な個別的存在者の存在の仕方や、さらには部分無や非存在も、初めて出会われるのである。

この、世界の存在もがそのうちに接合されているおのれの存在の根源的意味の企投が、しかし、さらに、実は、無の無化の中に立ち、それ自身無化の働きである「超越」としてのみ成立していたのである。そしてそれが、そのものとして湧出する根底には、不安の気分が存在しているのである。というのも、おのれと世界の存在の根源的意味がおのれに根本的に問い直されるのは、おのれが漠然と馴れ親しんで頽落していた狭隘で頑迷固陋な世界の有意義性が崩れ落ち、それが無意義性へと転落し、無の裂け目が開かれる瞬間においてだからである。いわば、即自の只中に、無化の働きにおいてある対自がそれとして初めて出現することによって、おのれや世界が初めてその意味において可能になるからである。そのおのれ自身の存在をそのとき曇りない眼で凝視するならば、そのおのれが、おのれの存在をおいたのでは非ず、おのれがすべてをなし能うものでは非ず、おのれでは非ざるものに捲きこまれ、おのれが死という非存在に晒されたものであるという、そのおのれの存在が、非力さ・無力さ・有限性に貫通されたものであることが、了察されるのである。おのれが、それ自身無の無化の只中に立つ無化の働きを含んだ、おのれの存在の根源的意味の企投であるということは、その意味の企投を無みする無意味化の力におのれが貫き通され侵蝕された存在であることに起因するということが、洞見されてくるのである。おのれの存在の根源的意味の企投が、無の無化の中に立つことと一体をなし、それ自身無化として成り立つのも、おのれが即自そのものの充実ではあり得ず、無化の働きである対自であるべく定められ、すなわち、無の性格を根本的に背負うからであり、それは、おのれの存在そのもののうちに、その非存在を、すなわち換言すれば、おのれの存在の根源的「意味」の企投のうちに、それ自身の「無」意味化を含んだ、非力・無力・有限的なものとしてのみ、あるからであろう。このようなものとして存在することが、人間存在の真相であることが、そのときおのれには明らかに洞見されてくるのである。ほかでもない、まさにこのことが、ニヒリズムの問題現象をなすものなのである。ニヒリズムの「無《ニヒル》」とは、それ自身おのれの存在の根源的意味の企投で「在」るその当のものが、そのうちにそれを「無」みする無意味化の「非」力さに貫通されたものとしてのみ存在するという、そうした「部分無」、つまり、当の「存在」が含むその当のものの「無化」であり、当の「意味」がそれ自身のうちに接合しているおのれ自身の「無意味化」、しかもそうした「無化」と「無意味化」の只中での「存在」と「意味」であるという、この根本事態、人間存在と世界の存在そのものに巣喰う、根源的意味に関する部分無の根本事態にほかならない。

人間に経験可能な無が、部分無であるという事態は、ここにいたって、その成立の次元と意義を深化させて、顕わとなってきているであろう。ニヒリズムにおける「無《ニヒル》」という部分無は、単にあれこれの個別的存在者の非存在の謂ではない。別言すれば、単なる個別的存在者の部分無の経験がニヒリズムの問題現象なのではない。ペンが無く、机の茶色では無いことが、人をニヒリズムの思想に駆り立てるわけではないのである。むしろ、そうした様々な存在者の部分無の成立の根底には、そしてまた様々な存在者への肯定的かかわりの根底にさえも、人間の超越という存在構造が潜むのであり、しかもこのものが、根本的に無を孕んだ姿においてのみ存在し得るのである。しかしそれが無を孕んだ姿においてのみ存在するというのも、それがそれ自身は存在の充実であって次いでそれがその存在を攪乱し破壊するからではない。その超越の働きが、それ自身おのれの存在の根源的意味の企投としてありながらも、その企投そのものが、おのれを無みする力に、おのれの存在の根底において絡まれているからであり、それ自身が無力・非力さに貫かれたものだからなのである。それ自身が全き存在の充溢であるならば、それは無化や超越の働きとして働くことさえあり得ぬであろう。まさにこの、それ自身が無力である意味の企投がまさしく無意味化の次元に接合しつつ、その無意味化の次元に接合しながらみずから無力でありつつ意味の企投を行なうというこの根本事態、この、意味をめぐって部分無を含んだおのれと世界の存在の事態が、ニヒリズムの問題現象にほかならないのである。この根本事態にもとづいてこそ、例えば、ペンが無いとか、机が茶色では無いとかの、個別的存在者の非存在という客観的部分無さえも、いなそれどころか、様々な存在者の存在の事態までもが、初めて浮び上がり、経験されるにいたるのである。なぜなら、人間がおのれの存在の根源的意味の企投であり、それが、そのうちに極限的な無意味を宿して、それ自身が根本的に無力と非力に貫かれた、無的なものでありながらも、具体的には、おのれ固有のものでは無い事象や他者という他存在の逆意味という無意味の地平の只中に立ち、そうした無と接合し、それと出会うべく構造づけられた、それ自身そうした無の中に立ち、無に開かれ、無と接するべき、無化的超越であるがゆえにこそ、ペンの無さや机の茶色さの無さや、さらには様々な存在者がそれ以外の何物でも無いそのものとして、無を孕んだ背景の上に、初めて出会われ得るからである。単なる存在者の非存在という部分無が、――たとえそれがどのように重大な意義を担った存在者である場合でも、それの部分無が――、ニヒリズムの問題現象ではないのである。ニヒリズムの問題現象とは、人間が、おのれの存在と、ひいてはそれと組み合わされた世界の存在の根源的意味の企投を行なわざるを得ないものでありながら、しかもその企投が、それ自身おのれの意味では非ざるものに根本的に貫通され、その無の地平を宿しそれに開かれその中に立ち、したがってそれみずからが、無を孕んだ超越としてのみ存在せざるを得ないという、この事態、言い換えれば、根源的な意味の企投が、没意味や超意味や逆意味や非意味という、無意味化をそれ自身のうちに開きながら成り立ち、したがって、そうしたものからの無みする力に絡まれてのみ成り立ち、こうして、意味の無意味化と、無意味化の意味としてのみあり得るという、この根本事態を謂うものにほかならない。これは人間存在の根底に根づいたその存在構造である。これは、超克されるというような代物ではない。好悪の感情によって度外視できる、どうでもよいものではない。それを看過して晏如として漫然惰眠をむさぼれるようなものではないのである。それは、誰もが、おのれの生に立ち還って省みるとき、承服せざるを得ないおのれの存在の構造そのものであることは、今や明らかであろう。

(1) 前掲拙稿「無の観念についての覚え書の一節」(その一)、同じく拙稿「無の観念についての覚え書の一節」(その二)(哲学会編『実存哲学』有斐閣、昭和四十二年所収)、「ニヒリズムの問題現象」(『現代思想』青土社、昭和四十八年四月号所収)等を参照。以下の論述と併読していただければ幸甚である。

(2) 左記の書物を参照。
D. Arendt, Nihilismus, Die Anfänge von Jacobi bis Nietzsche, 1970.

(3) 前掲拙稿「無の観念についての覚え書の一節」(その一、二)参照。なお「絶対無」と「部分無」の区別については、H. Bergson, L'évolution créatrice, 77e éd., 1948, p. 281, 283; B. Delgaauw, Das Nichts, in: Zeitschrift für philosophische Forschung. Bd. IV, Heft 3, 1950 を参照。

(4) 前注(1)参照。

(5) 前掲拙稿参照。とくに、M. Heidegger, Was ist Metaphysik?, 6. Aufl., 1951, S. 33 f.; J.-P. Sartre, L'être et le néant, 43e éd., 1955, p. 41 seq.

(6) H. Bergson, L'évolution créatrice〔以下 EC と略〕, 77e éd., 1948, p. 272–98. この議論については、前掲拙稿参照。

(7) EC, p. 278 seq.

(8) EC, p. 281.

(9) EC, p. 287.

(10) EC, p. 287.

(11) EC, p. 292 seq.

(12) EC, p. 296 seq.

(13) EC, p. 297.

(14) EC, p. 297.

(15) E. Husserl, Cartesianische Meditationen, Husserliana, Bd. I, 2. Aufl. 1963, S. 139; Ideen I, Husserliana, Bd. III, 1950; Erfahrung und Urteil, 3. Aufl., 1964, S. 26 ff.; Erste Philosophie II, Hus-

serliana, Bd. VIII, 1959, S 143–63; A. Diemer, E. Husserl, 2. Aufl., 1965, S. 67 ff. 前掲拙稿「現象学的還元について」参照。

(16) J.-P. Sartre, L'être et le néant〔以下 EN と略〕, p. 40, 43, 46 seq.

(17) EN, p. 42.

(18) EN, p. 39 seq.

(19) EN, p. 58.

(20) EN, p. 43

(21) EN, p. 43

(22) EN, p. 61 seq.

(23) EN, p. 52 seq., 55.

(24) M. Heidegger, Was ist Metaphysik?〔以下 WM と略〕, 6. Aufl., 1951, S. 24 f.

(25) WM, S. 25 f.

(26) WM, S. 26.

(27) WM, S. 29.

(28) WM, S. 27.

(29) WM, S. 27 f.

(30) WM, S. 31

(31) WM, S. 32, 35.

(32) WM, S. 32.

(33) M. Heidegger, Sein und Zeit, 7. Aufl., 1953, S. 186 ff., 276 f., 343 f. なお，本書第三講の注(28)参照。

(34) WM, S. 32 f.　(35) WM, S. 32.

(36) WM, S. 32.　(37) WM, S. 32.

(38) WM, S. 38

(39) Vgl. M. Heidegger, Einführung in die Metaphysik, 1953, S. 25.

(40) 詳しくは，前掲拙著『ハイデッガーの存在思想』，八三―一〇九ページ参照。

(41) M. Heidegger, Sein und Zeit〔以下 SZ と略〕, 7. Aufl., 1953, S. 283 ff., 306.

(42) SZ, S. 284 f.　(43) SZ, S. 306.

(44) WM, S. 33, 26.

(45) SZ, S. 306, 262, 245, 330.

(46) M. Heidegger, Vorträge und Aufsätze, 1959, S. 177.

(47) WM, S. 21; M. Heidegger, Holzwege, 2. Aufl., 1952, S. 239, 244.

(48) 本書二〇四―七ページ。

(49) SZ, S. 297 f.

(50) 本書七七ページ。

第六講　ニーチェのニヒリズム

ニヒリズムが戸口に立っている。
——ニーチェ

一　要旨再説

今日は、新しい聴講生の人々が見えている。ところが、既に講義の方は、数回にわたって、この講義の趣旨にとって重要なことを述べ終わってしまっていて、まことに都合が悪い。そこで、初めに、新しい人たちのために、二、三の注意をするが、それはなるべく簡単にとどめて、前回に引続いて、先に進みたい。

この講義は、「哲学の根本問題」と題する。一体、哲学の根本問題とは、何か。哲学の根本問題とは、例えば、認識の問題である、とか、実践の問題である、とかと、いろいろに言われたりするが、私は、ここで、そのようにその内容を最初から独断的に決めることを避ける。なぜなら、もしそのようにするなら、なぜそれが哲学の根本問題であるのかと、さらに改めて問い直すことができるが、この問いに答えるのは容易ではなく、結局最後には、自分にとってそれが哲学の根本問題であるのだと、開き直る以外にはなくなることが多いからである。私の考えによれば、「哲学の根本問題」とは、「哲学」することの「根本」に潜んでいるものを、「問題」化することにある。では、哲学することの根本には、何が潜んでいるか。哲学するということは、いろいろな形で行なわれ得るが、少なくとも、それは、どんな形で行なわれるにしても、またどんな問題を捉えるにしても、単なる学説の受け売りや、単なる歴史的客観的な諸学説の探索に尽きるのではなく、みずから主体的に思索するという性格をもたねばならないであろう。哲学することの根本には、この哲学する各人の主体的な思索、主体的な問題や視界の切り拓き、ということが潜んでいる、ということは、誰しもが認めるところであろう。さもなければ、それは哲学ではないであろう。そうだとすれば、哲学の根本問題とは、まさに哲学の根本に潜んでいるこのこと、すなわち、主体的に思索をするとか、主体的に問題を切り拓くとか、要するに、主体的なあり方をするということを、まさに主体的に問題化することにある、と言えるであろう。主体的なあり方をするのは、当のおのれ、個別的なこの各自のおのれ、である。哲学の根本問題とは、この各自のおのれが、おのれとして、主体的なあり方において生きる、ということを、まさに主体的に問題化することに、ある。すなわちそれは、おのれの主体的な生について洞察をもち、おのれとして覚悟を決めて生きることを可能ならしめるような、そのおのれの主体的生の底に潜むロゴスを見つめ、知り取り、聴き従い、こうして結局は、おのれを知り、おのれとして生きる、ということにある。「汝自身を知れ」ということが、この意味でやはり、哲学の永遠の根本問題なのである。しかしこれは、単に、哲学の根本にある問題が、人間の問題であるとか、人間とは何かという問いであるとかということでは断じてない。哲学の根本にあるものが、主体的なおのれのあり方である以上、哲学の根本問題は、その主体的なおのれのあり方を、主体的に問題化するところにあるのでなければならない。ということは、この主体的なおのれの生を知ることが、単に客観的に当の事柄の本質を知るといったことではあり得ないということを意味する。そうではなく、おのれの主体的生を主体的に問題化するとは、おのれとして生成し生き抜くことを可能ならしめるような明察を形成するということでなければならないのである。おのれの主体的な生が、まさにそのことの明察によって可能となってくるような、おのれ自身の生成と生き抜きに直結しているような明察の獲得が、問題なのである。このような態度の中で、おのれの主体的存在を問題化し、その真相を見抜こうとする思索を、「内面性の現象学」と、ここでは呼んでおく。それは、キルケゴールが「内面性」と呼んだような、そうした主体的なおのれ自身のあり方を、見つめ凝視し射抜こうとする思索だからである。しかし、内面性といった場合、それは、外部から遮断された狭いおのれ一個の内部をのみ見つめる、ということではないのである。それというのも、このおのれの主体的存在を介して初めて、おのれが絶えずそれとかかわっているところの世界の諸相が、拓けてくるのであるから、この内面性を見ることは、世界を見ることに繫がってゆくからである。

私は、哲学の根本問題を、このように、主体としてのおのれの生への明察の獲得と、考える。ただし、それは、哲学の根本問題であって、これとは別に、哲学史的諸問題や哲学の基礎的諸問題が存在することを、私は否定するものではない。しかし私は、それらとは別個に、哲学の根本問題というものがあると、考えるのである。そしてそれは、哲学の根本に潜む問題であるから、それを看過しては、いかに他の諸問題に犀利な分析力を明示したとしても、そのような哲学的思索は、枢要な重大問題を逸失した浮草のような哲学しか結果し得ないのである。いな、そもそもこの根本問題への明察をもつことなしには、哲学史上の諸問題や哲学の基礎的諸問題に対しても、究極のところ、満足のゆく、確信のある解決を企てることなど、およそ不可能であると考えざるを得ないのである。

では、おのれの主体的存在を、このように「内面性の現象学」として問題化するとき、一体、いかなる問題が論究されねばならず、どのような明察の形成が必須のものとして要求されてくるのであろうか。このときふたたび、恣意的な仕方で、これこれの問題を論究すべきであると、最初から断定的に決めてかかることは、避けられねばならない。むしろ、問題とは、こちら側の任意にしたがって、勝手に設定されるのではなく、逆に、問題がそこに既にあるから、それが問題にならねばならないというふうにして、それを問わずにはおれない必然性においてわれわれに迫ってくるものが、本当の問題なのである。では、われわれに問いを誘発してくる問題とは何か。主体的なおのれの存在に立ち還ったとき、何がそこでわれわれに問いを課してくるのか。それは、おのれの存在の根源的意味である。おのれの存在のなにゆえである。なぜなら、おのれの主体的な存在の、事実的、価値的、本質的な仕方は、なるほどときにわれわれに問いを課してくるが、それは困難な問いではなく、原理的に解答可能な問いだからである。われわれに問いを誘発し、謎を課し、問題的なものとしてわれわれを悩ますもの、それこそが真の問題であるが、それは、おのれの存在の仕方ではなく、おのれの存在そのもの、おのれがあるということそのもの、おのれが生きているということそのもの、それであり、しかもそのことの根源的な意味である。おのれが真に主体的になったとき、おのれは、必ずこの問いにぶつかるのであり、また逆に、この問いにぶつかることが、おのれが主体的存在となったことの証拠である。なぜか。おのれの主体的存在とは、静止したものではなく、絶えざるおのれへの生成である。この、おのれから発して、おのれへと向かうという、その歩みと道程と方向が、元来、意味ということの根源的現象にほかならない。それゆえ、主体的なおのれへと、おのれにもとづいて生成するとは、おのれの存在の意味を企投することにほかならない。それは具体的にそのつど様々な形で行なわれよう。しかしそうした個別的な意味の企投を貫いて、おのれは、おのれの存在の根源的意味を企投し、おのれの諸体験を取り集めて、おのれを全き全体として全体化し、おのれを全うするような、そうした根源的な意味を企投せざるを得ない。なぜなら、それがあってこそ初めて、おのれは、おのれから、おのれへと、全き一つのものとして、生成し得るからである。それゆえ、おのれが主体的存在となったとき、おのれは、おのれの存在の根源的意味を問題化せざるを得ないのである。おのれのなにゆえを問題化せざるを得ないのである。

しかしその際注意すべきことには、このおのれの存在の根源的意味の問題化は、常に同時に、そのおのれの根源的意味の企投が無みせられる無意味に出会い、それと接合し、それと織り合わされたものだという点である。そのような、おのれの存在の根源的意味の企投の無意味化が、その根源的な意味の企投に纏いつき、貫き通り、滲みわたっているからこそ、おのれは、主体的になったとき、まさにおのれの存在の根源的意味を問おうとし、かつまたおのれの存在のなにゆえを問わずにはおれなくなるのである。こうした無意味は、第一に、おのれがおのれへと生成するとき、目指されるおのれに先立って、常に既に目指そうとするおのれが既存在しており、しかもそのおのれの既存在は、その根本においては、当のおのれ自身によって根拠づけられたのではない偶然性を帯びており、こうした投げ出された由来の知れぬ既存在の偶然が、おのれの背後に纏いついているといった、没意味として、まず現われる。第二に、おのれがおのれへと生成するその果てに、そのおのれの非存在としての死が、おのれの根源的意味の企投を無みすべく、おのれの企投を遮蔽しており、この行方の知れぬ非存在の偶然が、どのようにしても意味づけられぬ、意味を超えた、超意味として、おのれの意味の企投を限界づけている。第三に、おのれは、こうした極限的な没意味と超意味の只中で、しかし、具体的には、おのれではない他者や事物にぶつかり、それらによっておのれの意味の企てに逆らわれたり攪乱されたり多様化されたりして、他存在の偶然に晒された姿の中を、そうした逆意味の媒介をくぐり抜けながら、おのれの存在の根源的意味を企投して、おのれの全体化を図るのだが、そこには必然的に、この他存在の偶然から由来する逆意味の媒介が浸透しているのである。第四に、このようにしておのれは、具体的に、他存在の偶然の媒介を経ながら、おのれの存在の根源的意味を具体的に企投しつつ、おのれの全体化を生き抜こうとするのだが、そのおのれは多様化をくぐり抜け、もはやおのれでは非ずいまだおのれでは非ざる、異なったおのれの時間流の諸相という、異存在の偶然による飛散、そうした非意味の出現に晒され、それを超克しながら、おのれの存在を全体化せざるを得ない宿命を背負っているのである。——このように、おのれの存在の根源的意味の企投は、既存在と非存在、他存在と異存在という偶然性に委ねられ、そこからする、没意味と超意味、逆意味と非意味という、無意味化の力に纏いつかれた、それ自身無力で非力な企てなのであり、この無の力、無みする力に貫かれたおのれを知ることが、同時にまさに意味を問題化することそれ自体にほかならないのである。意味は無意味を離れて出現することはできず、無意味は意味と密着している。意味への問いは、意味ならざるもの、意味の無の出現を背景とし、地とすることなしには、現われ得ないし、逆にまた、意味の無いものは、意味への鋭い問いの地の上にのみ浮び上がってくる。こうして、おのれの存在とは、当のおのれの存在の根源的意味の企投であるとともに、それを無みする無意味の了解の地平の中に立つことであり、その無意味の力の出現と侵入を、おのれ自身のうちに看取し、それと接合したおのれ自身の根源的意味をまさに問題化することにおいて成り立つ。

このようにして、内面性の現象学が見つめるべき問題は、おのれの存在の意味と無意味という問題現象であり、かつまた、そのおのれの存在が世界の存在と結節しているかぎりは、世界の存在の意味と無意味の問題でもあるのである。この、意味の無意味化と、無意味化の中の意味ということが、私の解釈によれば、ニヒリズムの問題現象にほかならない。内面性の現象学が果たすべき課題は、ニヒリズムの問題現象の凝視ということにあるのである。

ニヒリズムとは何か。それは、無を説く主張である。しかしその無は、一切存在者の非存在という意味での絶対無であることはできず、何らかの存在者の非存在を謂う部分無であるよりほかにはないのである。なぜなら、一切のものが存在しないのなら、そうしたことを説く主張も存在し得ないわけであるが、一方、何らかの存在者の非存在が、別の存在者の存在と並んで、発見され、否定判断において言表されることは、われわれが承認せざるを得ない経験の事実だからである。しかし、単にあれこれの存在者の非存在を味わったからといって、ニヒリズムの説く無の問題現象が現われると考えるのは、皮相である。本当の無は、そうした様々な存在者の非存在や、それどころかその存在の発見にも先行するところの、人間の超越の働きのうちに存する。人間は、おのれの存在を引受け、おのれへと向かって企投し、こうした中で様々な存在者と交渉連関のうちに立つのだが、このことが真正に行なわれるとき、ひとは、おのれが自分で自分の存在の根拠をおいたのでは非ず、一切をなし能うには非ず、死という非存在に晒され、かつまたおのれでは非ざる他なる存在者という否定性の帳《とばり》に取り囲まれた、徹頭徹尾非力さと無力と、非ずという無の性格に滲透されたもの、いなこの非ずという次元を含むがゆえにこそ、おのれと世界の超越を行ない得て、おのれと世界の生成を生動せしめ得るものであることを、知り取るであろう。しかしそうした、おのれの無力さを形作るとともにおのれの際立った性格をも構成するこの無を孕んだおのれの存在の事態は、おのれがおのれを無みする力のうちにおかれていることの証左にほかならない。おのれは、あの、非ずという次元を含むよう構造づけられ、無みせられたものという性格を帯びた形でおのれとして存在するよう、宿命づけられているのである。

　このように、非ずや無を含んだ形で存在するということはしかし、その存在が直ちに非存在であり、その非存在が存在であるといったように、自己矛盾的存在構造として言い表わすことも可能であろうが、しかしよく注意しなければならない。右の事態はたしかに、その存在が無を分泌するものとか、無の無化の中におかれた存在とか、存在と無が一緒になったものとかと、自己撞着的事態として言い表わすことも可能ではあろうが、しかし、そうした表現の場合でも、存在があるから無が出てくるのであり、存在の本質にこそ無が属するのだと、語られ、存在の力が優ったものと考えられていることに留意しなければならない。つまり、その非ずや無の経験の際に、当のおのれの現実存在や世界の現実存在は、あくまで確信せられているのであって、そのおのれに無の帳と、無みせられる構造が不可避であることを謂うにすぎないのである。言い換えれば、ニヒリズムの無とは、おのれの存在や世界の存在そのものの無の謂ではなく、おのれの存在や世界の存在の「意味」の無、なのである。おのれが存在し、また世界も存在するのだが、そのおのれの存在と、それに結節した世界の存在との「意味」が揺らぐのである。

それというのも、もともと、おのれの存在が、単に存在するというだけのものではなしに、生成を含み、多様な諸体験を取り集め、これを全体化し、おのれからして、おのれへと向かう、おのれの存在の根源的意味の企投としてのみ、存在するからである。このおのれの存在の根源的意味の企投の中でこそ、また世界の存在の根源的意味も開展し得るのである。おのれの存在は、意味と結びついてのみ、存在していたのである。おのれの存在とは、当のおのれの存在の根源的意味の企投という存在である。このおのれの存在は、しかし、根深く非ずという事態を、つまり無の帳と非力さと無力を、つき纏わせているのである。おのれの存在は、既存在、非存在、他存在、異存在という、様々な偶然的な無みする力に絡まれ貫かれた存在である。おのれがそうした存在であるということは、おのれ自身の存在の根源的意味の企投という当のおのれに、没意味、超意味、逆意味、非意味といった形で、それらの諸々の存在が、無意味の無として、貫き通ったものであるという了解の中に立つ、ということである。この、おのれの存在という、自己自身の存在の根源的な意味の企投が、それを無みする力の中に構造づけられ、無意味化のうちに立ち、その無意味化の中での意味の企投であるという、意味に纏わる無に貫通され、無の了解を宿命的に背負った意味の企投であるという事態そのものとその了解が、つまりそのようにして看取られた意味の企投に関する部分無が、ニヒリズムの問題現象にほかならない。ニヒリズムの問題現象は、おのれの存在の根源的意味の企投に纏わる部分無であって、おのれの存在や、ましてや世界の存在そのものの無ではない。なぜなら、そのような、おのれ自身や世界の存在そのものの無が出現したときには、まさに当のものの存在は無くなっていて、それの無を経験することも存在し得なくなってしまっているからである。ニヒリズムの問題現象が看取られるのは、まさにおのれと世界の存在の只中においてである。それらのものの存在は、あくまでも存在する。しかし、世界の存在がそこへと結びつけられているおのれ自身の存在とは、それ自身が当のものの根源的意味の企投であり、この意味の企投の只中で、その意味の企投を無みしそれに貫通する無意味の力の了解が、当の意味の企投に宿命的に喰いこんでいる事態が、おのれ自身に立ち還ったとき、抗い難く看取されてくるのである。このものこそが、まさしく、ニヒリズムの問題現象にほかならない。

したがって単なる存在者の非存在という部分無の発見が、そのままニヒリズムの問題現象なのではない。日常頻繁に経験されるこうした事態は、様々な存在者の肯定的事実の発見という事態と同様に、もっと根深い人間の構造に根ざして可能になってくるものにすぎない。様々な存在者の否定的肯定的事態は、それを発見する人間の構造に裏打ちされている。それは、記憶や期待をもって、つまり、おのれの既存在やおのれの将来(将来はおのれの非存在を含む)に開かれながら、おのれでは非ざる様々な存在者と出会って、つまり、おのれとは別の他なる存在者という他存在の地平の中に立ち出でながら、そうしたおのれの諸体験(異存在)を生き抜いているおのれがあればこそ、のことなのである。しかもこうしたおのれの存在は、そうした既存在や非存在や他存在や異存在に出会う宿命を背負ったおのれの存在の根源的な意味の企投を生き抜いていて、まさにこれらの存在を、没意味、超意味、逆意味、非意味といった無意味化の無みする力と捉えつつ、その無みする力の地平の中に立ったおのれの存在の根源的意味の企投を自己了解しつつ、そうした企投を生き抜いているのである。このとき明察されるところの、人間存在の根底に潜む、意味と無意味の拮抗と交差と確執と絡み合いが、ほかならぬ、ニヒリズムの問題現象なのである。ニヒリズムの無という問題現象は、こうした人間存在の根底に巣喰う意味に関する部分無にほかならないのである。こうした問題現象は、拒否したり看過したり克服したりし得る底の現象では決してない。それは、ひたすら見つめられ、凝視せられ、その上に、おのれの生の覚悟を決めるべき根本的な問題現象にほかならない。

二　意味の無化

だがしかし、このように言うと、それは、ニヒリズムの問題現象を、意味と無意味の拮抗として考えるからこそ結果する事態であって、通常ニヒリズムと呼ばれるものは、そうしたものを意味していず、一切は空であるとか、存在は真実のところ虚妄であって、無なのであるとか、と、存在に関する無を主張する考え方なのではないか、そしてさらにはこのニヒリズムを超克した立場に立った人があるのではないか、と、反駁する人があるでもあろう。これらの問題に立ち入ることは、ニヒリズムの思想の歴史に立ち入ることであり、ここではしかし、こうした哲学史的議論は、一切論究の埒外におくという態度で、考察を進めている。それゆえこれらの問題にここで深入りすることは、避けられねばならない。しかし私の考えでは、ニヒリズムと呼ばれる諸々の考え方も、結局は、その根本的な本質において、私が以上述べてきた事柄へと、再解釈され得るものであると、予感している。ありのままに主体として生きる人間的生に立ち戻るとき、そこには、人間と世界の存在の事実が見届けられ、しかもその存在が、意味の企投という様相においてのみ、展開する事態が看取され得るのであり、その意味の無意味化と無意味化の中の意味という、意味に関する部分無のみが、理解可能なニヒリズムの問題現象を形造ることが、洞見され得るのである。絶対無でもなく、また単なるあれこれの存在者の非存在という部分無でもなく、まさにそうした存在者の存在や非存在が露呈され得る基盤としての、おのれの存在と世界の存在の根源的な意味の企投の只中に、その意味の企投に巣喰う非力さと無力という、無が、貫通していて、このものの了解の中に立って、人間は意味の企投を行なわざるを得ず、したがってまた意味の企投に纏いつく無みせられる力の働きの承認を不可避的に迫まられ、意味の無意味化と無意味化の中の意味という事態が人間存在の根底に横たわっていることを率直に引受けて生きざるを得ないという事柄そのものが、まさにニヒリズムの根本的な問題現象にほかならない。こうしたニヒリズムは、存在があくまで存在するという事態を否定しはしない。ただ、その存在の中に意味の問題が喰いこみ、この意味の問題に関して無化が出現する事態が人間にとって必然であることを承認する思想なのである。

三　ニーチェのニヒリズム（1）

——ニヒリズムの意味・心理・到来の必然性・その理由——

今、右の事態との連関において、ごく簡略に、ニーチェにおけるニヒリズムの問題だけを取上げてみよう。

まず、ニーチェにとって、「ニヒリズム」とは、さし当り何であったか。よく知られたように、「ニヒリズム」とは、「最高の諸価値が無価値になり」、「目標」や「〃なぜ〃への答え」が「欠けている」状態であると、規定される(1)。それゆえ、こうしたニヒリズムを極端にまで推し進めた「ニヒリズムの極限形式」(2)は、「無(すなわち、〃無意味なもの〃)が、永遠に！」(3)ということであり、「あるがままの生存は、意味も目標もなく、しかしそれでいて不可避的に回帰しつつ、無に終わることもないもの。つまり、〝永遠回帰〟」(4)ということだとされる。ニヒリズムとは、「生存」が「意味をもたない」という意識であり、「〝無駄〟というパトスがニヒリストのパトスなのである」(5)。こうしたニーチェの言い方から見て、いかにここで、「目標」や「価値」といった「意味」が無みせられて、永遠に「無意味」が続くと意識されることが、ニヒリズムの問題現象として考えられているか、明らかであろう。「あるがままの生存」は、まさにあるがままに、存在しているのであって、このものが「無」なのでは断じてない。存在そのものは存在していて――というよりは、ニーチェ的には正しくは、生成する世界はまさに生成しつつあって――、「無に終わることもなく」、「不可避的に回帰する」「永遠回帰」を行なっているのである。ただそれに、「目標」や「価値」や「なぜ」や「意味」といった究極的な理由や根拠やロゴスが、欠如しているという意識が、ニヒリズムなのである。それどころかニーチェでは、後に見るように、このニヒリズムの意識が正しく強く展開されるときには、あるがままの生成の世界には、こうした意味づけなどは不適切であることとさえもが洞察されて、旧来の意味づけなどなしに、生成の世界の只中を生き抜く覚悟が準備されてきさえするのである。

ニヒリズムが「心理状態」として発生してくる場合は、三つあると言われる(6)。第一は、あらゆる出来事のうちに、「意味」や「目的」を求めて、例えば、この世界が道徳的に実現されて行って愛や調和が増大し、幸福な状態に近づいて行くのではないかと思いこんでいたのに、一向にそうならず、こうして生成においては目的は達成されないという幻滅感を味わうとき、ひとは、ニヒリズムの心理状態に陥るとされる(7)。第二に、あらゆる出来事のうちに、「全体性」「体系化」「組織化」、つまり「統一性」を求めて、例えば、自分はこうした無限に価値ある全体的一般的なものに参与していると思いこんでいたのに、実はこうした一般的なものは存在しないことが感づかれるとき、ひとは、ニヒリズムの心理状態に陥るという(8)。この二つのニヒリズムの心理状態は、結局、「生成」の中では何の意味も目的も達成されず、またそうした「生成」の根底にも何らの大きな統一性は存在していないという、「生成と消滅の流れ」の中におかれた「人間」の「小ささと偶然性」の意識から(9)、生じたものと言えるであろう。つまり、人間はそうした「生成」に委ねられた以上、「実践的に」、「苦悩」や「禍い」を避け難く、こうして人間は「おのれを蔑視する」ようになり、また「理論的に」も、自分は絶対的に価値あるものを知らず、最も重要なものに関する「十全的な認識」をもっていないという「認識」に関する「絶望」を抱き、こうしたところから(10)、右のようなニヒリズムは生じるのだと言い得るであろう。その結果、ついに第三に、ひとは、今度は、この「生成の全世界」の「彼岸」に逃げ道を求めて、その彼岸にこそ「真の世界」「真理」「存在」が存すると思いこむようになり、こうして「形而上学的世界」を定立するようになるのである(11)。この結果、生成する世界を迷妄と断じて彼岸的な真なる存在の世界に憧れる形而上学的考え方、いわゆる「背後世界」(12)を想定する「キリスト教的道徳」(13)が成立するのである。「キリスト教的道徳」は、さきの二つの通俗的な「ニヒリズム」(14)つまり「理論的」にも「実践的」にも絶対的なものを摑まえられずに苦悩に晒された人間の抱くニヒリズムを越え出る「大きな対抗手段」として案出されたのであった(15)。しかし、こうした彼岸的な真の世界を想定したのは、生成に耐えられない「できそこないの者たち」(16)のルサンチマンという心理的欲求からにすぎず、人間はそうした形而上学的世界を定立する権利などをもっていないことが暴露されるやいなや、ニヒリズムの第三の「最後の形式」[17]が生じてくるのである。すなわち、「神への信仰」や「本質的に道徳的な秩序に対する信仰」が崩れたとき、そこに「目的のなさや無意味性へよせる信仰」が最も強い形で「心理的」に「必然的」に生じてくるわけである[18]。キリスト教的道徳が、「できそこないの者たち」をあのさきの「ニヒリズム」に陥ることから防ぐべく、彼岸的な真なる世界を想定して、各人に「無限の価値」「形而上学的価値」を与えようとしていたのが、虚妄であることを暴露され、「こうした道徳への信仰が没落するとき」、その「できそこないの者たち」は「慰め」もなくなって没落し、こうして「禍い」や「生存」のうちにある「意味」にはすっかり「不信」となって、すべては「〝無駄！〟」だという「現代のニヒリズムの性格」が現われ、「できそこないの者たちがいかなる慰めをももたないことの徴候」としての「ニヒリズム」が、必然的に心理状態として出現せざるを得なくなるわけである[19]。言い換えれば、ニヒリズムとは、心理状態としては、この第三の「最後の形式」において、最も徹底した形で現われるわけであって、「ニヒリズムの極限形式」は、「あらゆる信仰」「あらゆる、真だと思うこと」が、必然的に「偽」とされ、その理由として、「真の世界は全く存在しない」からであることが「洞察」されるときに生ずるわけである[20]。つまり、「真理」は存在せず、「事物の絶対的性質」「〝物自体〟」は存在しないことが見抜かれるとき、これが「ニヒリズム」であり、しかも「極限的ニヒリズム」なのである[21]。「真の、価値にみちた」「世界」[22]が崩壊せざるを得ないことが、喝破されたときに、極限的な徹底したニヒリズムが生じてくるわけである。「徹底したニヒリズム」とは、そうした彼岸的な真なる「最高の諸価値」の下では「生存を絶対に維持できないという確信」であり、そうした何らかの「彼岸や事物の自体」を想定する権限などわれわれ人間は寸毫も所有してはいないということの「洞察」のうちにあるのである(23)。ニヒリズムとは、「真なる世界の否認」「存在の否認」という「神的な思考法」なのである(24)。さきにニヒリズムが「最高の諸価値」の「無価値化」とされ、「″無意味なもの″」が「永遠に！」という意識と規定されたとき、それは、その「極限的な」、「徹底した」形においては、こうした真なる形而上学的存在それ自体からする意味づけと価値が崩壊し剝奪された心理状態としてニーチェにおいて考えられていたことは、忘れられてはならない。ニーチェにとってとりわけ問題であったのは、この種の「徹底したニヒリズム」「極限的ニヒリズム」であった。

ニーチェは、このような「ニヒリズムの到来」の「必然性」を洞察した(25)。それはすなわち、そのような真なる世界からする価値づけが崩壊し没落せざるを得ないことの必然性の洞察に繫がる。だからニーチェは、「これまでの諸価値の価値転換をすることなしに、ニヒリズムを回避しようという試み」のような「不完全なニヒリズム」(26)を拒否し、すべてを「凋落するにまかせて」旧来「醜いもの」とされたものをさえ「理想化」する「完全なニヒリスト」(27)たろうとする。それは、「ニヒリズムそのものを既におのれのうちで極限まで生き抜いた」「最初の完全なニヒリスト」(28)たろうとすることであり、だからこそ「ニヒリズムの極限形式」を身に引受けて、単なる「受動的ニヒリズム」(29)を排して「能動的ニヒリズム」(30)を生き抜こうとすることに繫がってゆく。つまり、「受動的ニヒリズム」は、

「攻撃することのない疲れたニヒリズム」であって、「これまでの目標や価値が不適合になり、信仰されなくなって」、「価値」や「目標」が解体し、そこで精神は「疲れ」「憔悴し」ているという(31)、「精神の威力の衰退と後退としてのニヒリズム」(32)であるが、これに対し、「能動的ニヒリズム」は、「精神の上昇した威力のしるしとしてのニヒリズム」(33)であって、単に「〃無駄！〃」を「観想」したり「一切は没落するに値すると信ずる」だけでなく、「手を下し」「没落へと裁く」「強い精神と意志の状態」であって(34)、それは「破壊の強力な力」となって現われ(35)、旧来の一切の意味づけや価値や真理が無意味化されてゆかざるを得ない事態を積極的に暴露し、しかもそうしたものの「仮象性」と「嘘の必然性」をみずから承認しつつもおのれ自身は「没落してゆくことなしに」「力」に溢れてその中に立とうとする(36)ニヒリズムなのである。それは単なる「ペシミズム」ではなく、「ペシミズム」は「ニヒリズムの前形式」(37)であり、「ペシミズム」は「問題」ではなく「徴候」にすぎず、それは「ニヒリズム」によっておき換えられねばならない(38)。「衰退」としての「軟弱化」したペシミズムを超え、「強さとしてのペシミズム」を「その論理のエネルギー」によって推し進めてゆけば(39)、「ペシミズムの論理」は「最後には」「ニヒリズム」にゆきつき(40)、「ペシミズムの極限形式」は「本来的ニヒリズム」にいたりつく(41)。それは、旧来のキリスト教的有神論を生んだのと同じ「理想という絶対物」に取り憑かれてただそれを人格的実在性に代えて盲目的意志とだけ見たショーペンハウアー的なペシミスティックなニヒリズム(42)をも、超え出てゆき、理想を破壊して、「新しい生存条件」を拓いてそこへ「移行」(43)しようとするのである。「存在」よりも「非存在」を「よりよい」とするペシミスティックな「ニヒリズムの運動」は、「病気」であり、「生理的デカダンスの表現」にすぎない(44)。生成の激浪に耐え切れない弱者のデカダンスが、様々な虚構の真理を捏造してそれにしがみつき、種々の迷妄を生み出す。こうしたニヒリズムは「デカダンスの原因」ではなく、逆に「デカダンスから生まれる論理」にすぎない(45)。そうしたものの虚妄を見抜き、「能動的ニヒリズム」として、これらを破壊し、様々な旧来の価値や意味や真理や道徳が逆転させられねばならない「ニヒリズムの到来」の「必然性」を徹底化してゆくところに、真正のニヒリズムは立つ。「ニヒリズム」は「われわれの大いなる価値や理想を極限まで考え抜いて出てくる論理」(46)であり、これを真直ぐに引継いでゆこうとするところに、「能動的ニヒリズム」は立つのである。

ニーチェは、「ヨーロッパのニヒリズム」を念頭において右のように言うのであるが、それは単に、瑣末なヨーロッパの諸現象への着目によって語られた事柄ではなく、人間存在を根源的に考え抜けば必然的に到達される極限の論理であるという意味において、提出されている問題現象である。それは、広義において、人間のなす意味づけの企投が、しかもとりわけては、生成する世界の彼岸に、真なる形而上学的世界を定立するという意味づけの企投が、必然的に無みせられて無意味化されざるを得ないという、徹底した洞察と確信において提出されている、意味の無意味化という問題現象である。それは、生成する世界を無と断ずる考え方では決してない。意味にかかわる無化の出現の根底を見据えようとする思想なのである。ニーチェは、このニヒリズムの問題現象の到来の必然性を、ありのままに、人間存在の根底に巣喰う事態として発き出そうとするのである。彼は、「自由な精神」において、

「生存の厭わしい悪名高い諸側面」をもあえて進んで「探索」するところの、「氷と砂漠を通り抜けてゆく放浪」から生まれた「実験哲学」を体現しつつ(47)、「冒険し試みる精神」(48)として、「根本的なニヒリズムの可能性」(49)を先取し、「ニヒリズム」の「論理」と「心理」を解き明かして(50)、人間存在の根底に潜む真相を射抜こうとするのである。だから、その試図は、旧来のキリスト教的道徳に具現されているような形而上学的世界の想定を打ち毀すものでありながらも、それ自身は、実は、その道徳が培ってきた「誠実さ」の「結果」(51)であって、その「誠実さ」が今や当の「道徳」に刃向って立ち上がろう(52)としているわけである。「小さなことにおける良心性」や「宗教的人間の自制」や「問題を真剣に受けとめる心情」などの、「誠実さ」が、今や事態をありのままに見直す仮借ない「学問的性格」となって、展開されようとするのである(53)。

それでは一体、なぜ、右のようなニヒリズムの到来は、「必然的」(54)なのであろうか。様々な出来事が生起してゆくこの「生成」の世界の中に、「目的」や「意味」を求めても、また「統一性」を尋ねても、さらには極限的に、その生成する世界の「彼岸」に、真なる形而上学的な「存在」と「真理」の世界を想定しても、なぜ、それらは、幻滅の憂き目を味わい(55)、すべてが無駄であったというニヒリズムの心理状態を必然的に帰結せざるを得ないのであろうか。どうして、これらのものが没落してゆくことが必然的であり、その没落の必然を積極的にわが身に引受けてゆく「能動的ニヒリズム」が、不可避的なものとして出現せざるを得ないのであろうか。その点について、ニーチェはどのように考えていたのであろうか。これらの点についてのニーチェの考え方は、既に上述した事柄の中に仄かにもう暗示されていた。というのも、右のようなニヒリズムが、とりわけ「極限的」に「徹底して」、「最後の形式」において現われざるを得ないのは、「真の世界」や「真理」や「〃物自体〃」や「存在」などが、実のところ存在せず、こうしたものを「真だと思うこと」が必然的に偽であらざるを得ないことが「確信」され「洞察」されるからであると、語られていたからである(56)。すなわち、ニーチェの考えによれば、「生成する世界」をありのままに見つめるならば、このような真なる「存在する世界」を想定する権利など人間はもたないことが洞察されてくるがゆえに、あの、真なる価値ある世界の定立にもとづく「最高の諸価値」の「無価値化」という「ニヒリズム」の「到来」の「必然性」が帰結されてくるのである。言い換えれば、「真の世界」は存在せず、そうしたものは「遠近法的仮象」(57)であり、そうしたものにもとづいて定立された「諸価値」には「実在性」は対応していず、むしろそれらは、「生の目的のための単純化」(58)にすぎず、それらは、生成の激浪に耐え切れない「デカダンスの論理」(59)にすぎないことが、喝破されてくるわけである。「唯一の実在」であるこの「生成という実在」、この「生成」の「世界」は、あの「目的」とか「統一性」とか「存在」とかの「理性のカテゴリー」では「解釈」できないのに、それにもかかわらず、あくまでもそれにしがみつくところから、それらの「理性のカテゴリー」が崩壊し、価値が無価値化してゆく「ニヒリズム」が必然的に到来するのである(60)。だから、「理性のカテゴリーへの信仰が、ニヒリズムの原因である」(61)。けれどもそれは、「理性のカテゴリー」への「信仰」が崩れ、それが生成する世界には「適用」できないことの「証明」がなされることではあっても、この「生成」する「世界」の「全体」が「無価値化」されることではなく(62)、ましてやそれが無と化して消滅することなどでは全くない。あとに残るものは「生成」の「世界」であり、今やこの生成の只中に、かの理性のカテゴリーなどを放棄して、あるがままに力をもって立ち、その永遠に回帰する生成の流動と一体となって生きればよい、というわけである。

むろんニーチェは、あるがままの生成の世界とは「別の世界」を「真の世界」として案出する「デカダンスの徴候」に、「哲学、宗教、道徳」を挙げ(63)、こうしたキリスト教的宗教や道徳や、さらには西欧伝来の哲学的試図の全体を、多角的に解剖し、批判し、こうしてニヒリズムの到来の必然性を証示しようとして、その論及の渉る広袤はまことに広く、多岐にわたっていて、到底ここでその全体を省みることのできるものではない。またここでは、ニーチェのニヒリズム批判の全体や、その究明がやがて到達する究極の境涯いかんについて、全面的討論を目論むのが主眼であるわけでもない。ただ、われわれの言う意味の無意味化としてのニヒリズムの問題現象との繫がりにおいて、ニーチェの説くニヒリズムの到来の必然性と、それを突破した境涯とを、ほんの少し、省みているだけである。この場合、とくにわれわれは、右に語られた、理性のカテゴリーの虚妄性、つまり、目的や統一性やさらには真理や存在など、「生成」する世界の上に立てられた様々な意味づけや価値づけなどが「遠近法的仮象」にすぎないとして発き出される事態をば、――まさにその迷妄にすぎぬ遠近法的仮象を盲信するところに、「ニヒリズムの原因」があると言われた(64)以上、とりわけてこの事態を――、今少し追跡してみる必要がある。

四　ニーチェのニヒリズム(2)
——遠近法・意味づけの投入・意味づけられたものの虚妄性——

さて、およそ、ニーチェにとっては、世にあるがままの「事実」「〃それ自体〃」などと言われているものは本当は「存在せず」、「存在する」のは、「ただ諸々の解釈だけ」である(65)。「世界は別様にも解釈され得、世界はその背後に意味をもっていず、無数の意味をもっている。——〃遠近法主義〃」(66)。よく考え抜けば、こうした「世界の無限の解釈可能性」(67)ということが帰結してくるというのである。言い換えれば、これこそが確固たる存在する変らない真なる事実だと世に称されているものは、本当は、真の事実ではなく、単に解釈にすぎないというわけである。これに対して、そのように無限の解釈を許容する当の何物か、つまり無数の意味づけがなされ得る当の生きいきとした世界を、ニーチェは、「生成する世界」と呼ぶが、この「生成する世界」は「定式化され得ず」(68)、「厳密な意味では、〃概念的に把握され〃もせず、〃認識され〃もしない」(69)のである。にもかかわらず、われわれ人間はこの世界を解釈せずにはおれない。「世界を解釈するのは、われわれの欲求なのである」(70)。われわれ人間はその生成する世界を、何かしら固定した枠組で捉え、こうしてその「真理」を「認識」せずにはおれないのである。というのも、「或る特定の種族」つまりわれわれ人間は、自己を保存し、みずからの権力を増すには、実在を考えるに当って、「計算できるものや同等にとどまるもの」を摑んで、それにもとづいて「自分の態度の採り方の図式」を作り上げねばならないからで、こうした「自己保存の有用性」が、「認識」の発達の背後にあるのである(71)。「認識しようとする度合いは、この種族の権力意志の増大の度合いに依存している」(72)。このことは、われわれの「悟性」の働きの場合でも、それのもとになる「感官活動」の場合にもある(73)。「最初」「根源的に」われわれに与えられるものは、「諸表象の渾沌」であり、「諸々の形象」である(74)。ところが身体が非有機的なものを自己に「同化」してゆくのと同じように、精神はこうした「感官印象」を系列化して「同等性」を意欲するのであって(75)、「同等なものとして定立し」たり「同等的なものと見」たり「同等なものを作り上げ」たりしようとするのであって、それも「有用と害」によって導かれ生を保持する目的からである(76)。こうして、似たような形象に「一つの言葉」が付与され、諸々の感覚が同等のものと見なされ、この上にやがて「概念」が形成される(77)。このような「同等性への意志」の根底にあるものは「権力意志」である(78)。つまり、或る事柄がしかじかになっていると「信じ」、それを「真だと思う」という「価値評価」が、「世に〝真理〟と言われているものの本質」であって、そこには「自己保存と生長の条件」が表わされており、われわれはそうした「信仰」において「安定したもの」になろうとして、今や「変転し生成する世界」の代わりに、こうした「存在する世界」を捏造し、そこに「仮象の世界」ではない「真の世界」があると思いこむようになる(79)。こうしてわれわれは「われわれの自己保存の条件」を、「存在一般の述語」として「投影する」にいたるのである(80)。だから、「真理への意志」とは、「固定化すること」「真だとか持続的だとかと化せしめること」、本当は偽であったものを「存在するものだと改釈すること」である(81)。遠近法によって作り出されたこうした認識や真理は、「生成する世界」の上に、虚構された「存在する世界」である。「人間が事物のうちに再認するものは結局、彼自身が事物の中に隠し入れたものにすぎず」(82)、「われわれの価値が事物の中に解釈し入れられる」(83)ので、「あらゆる意味は権力意志であり」(84)、われわれの自己保存という価値と有用性のために、「認識の全装置」は「抽象化」「単純化」の「装置」において「事物を支配する」ことを目指す(85)。「われわれに意識されるものはすべて、徹頭徹尾、まず調整せられ、単純化され、図式化され、解釈されている」(86)。それというのも、それが生に有用だからであり、こうして「真理の標識は権力感情の上昇にある」(87)。このように、自己保存の有用性のために認識や真理が虚構されてくるが、しかしそのような真理とは、本当は偽であったので、だからまことには真理ではないことになろう。なぜなら、「すべては生成である」のに、「認識」は「存在への信仰」の上にのみ可能であるにすぎないからである(88)。だから、「真理とは、或る特定の生物種族がそれなしには生きられないような種類の誤謬であり」(89)、「生にとっての価値」(90)が決定権を握っている。これなしにはその種族は没落するが、だからといってそれが真の「真理か」(91)と言えば、むろんそうではなく、そうした「真理」などは「誤謬の反対」(92)であるどころか、まさに「誤謬」(93)であり、せいぜい「様々な誤謬相互の位置」(94)を示すのが関の山で、或る誤謬が他のそれより古く深く抜き難くて、「それなしでは」われわれは「生きられない」ことが(95)示される位のものにすぎない。「真理」と言われているものは、「偽であったものを、無良心的に、真だと偽造しかえたもの」(96)にほかならない。「〝真理〟」と称されているものは、「有用性」(97)ということにすぎない。

さて、右のような事情であるから、まずわれわれ自身に関して言えば、「〃意識の事実〃」(98)などと世に称されているものは、本当はありはしない。意識に関する「本当の経過」や「因果的結合」は「隠されている」(99)。「内的世界」に対してはわれわれは本当に繊細な機関をもってはいない(100)。「複雑きわまりないもの」をわれわれは「統一性」と受取っているだけで(101)、ところが、この「統一性」は「見せかけ」(102)で、だから、「〃意識〃」と称されるものは本当の「導き手」ではなく「導きの一道具」(103)で、「肉体の現象」の方がずっと豊か(104)で、「肉体」の方が重要で(105)ある。「知覚」といったものも、われわれに「有用で本質的」なものとして意識されたものの「総計」にすぎず、「全知覚一般」のことではない(106)。だから、この「意識」の中に「統一性」や「本質」があると思いこみ、「感じたり、思考したり、意志したり」する、「〃精神〃」や「〃魂〃」があると見なすのは「途方もない誤り」である(107)。「〃精神〃、理性、思考、意識、魂、意志」等の一切は、「虚構」である(108)。「思考する」という「作用」は、「虚構されたもの」であり、この作用がそのうちで起こるという「思考する或るもの」としての「〃精神〃」といった「主体という基体」の如き「作用者」も、「虚構されたもの」である(109)。「〃主体〃」といったものは、「捏造し上げられたもの、そこに押しこまれたもの」である(110)。われわれは、諸状態を「同等なもの」として「定立し」「調整し」それらが「一つの基体」つまり「〃主体〃」の「働きの結果」だと見なしているだけで、「〃主体〃」の如きは、「虚構」である(111)。「われわれがもはやその先を見ることができず」「われわれの無知の始まるところ」に、われわれは、「〃自我〃」等々の「言葉」を、おき入れているだけである(112)。このように、われわれの複雑きわまりない実在感情の様々な契機の中に「統一性」があると「思いこむ信仰」から「主体」という「概念」が虚構されてくるが、これが虚構として見抜かれれば、そのような「主体概念の帰結」としての「実体概念」も崩れ去る(113)。したがって、「〃主体〃と称されるものの感情」から取り出されてくる「〃実在性〃」や「〃存在〃」といった「概念」も崩壊する(114)。われわれの「精神」が「原因」として(115)、或いは「意志」(116)として働いて、「合目的性」「体系」が作られ(117)、こうして「いたるところに」「実体」「偶有性」「属性」の働きがあると思いこまれる(118)。「しかし意志などは存在しない」(119)。ところが「作用」のあるところにこの「意志」がもちこまれ、「意識」が拡大されて「最高種類の存在」つまり「〃神〃」となり、「〃真なる世界〃」が「精神的世界」として立てられ、こうしたものの「絶対的」な「認識」が成就され得ると思いこまれてゆく(120)。

しかし「認識」は「絶対的」でなく、「真理」も「虚構」(121)である。「思考」は、新しい材料を古い図式の中に押しこむ「プロクルステスのベット」であり、「同等化してゆく」働きにすぎない(122)。「認識する」とは、本当は「図式化する」ことである(123)。「合理的思考とは、われわれが放棄できない図式にしたがって解釈することである」(124)。「世界がわれわれに論理的なものに見えるのも、われわれが世界を最初に論理化しておいたからである」(125)。「概念」「類」「形式」「目的」「法則」「理念」等々は、「真なる世界」を確認するためのものではなく、われわれが生きてゆけるために、世界を、「計算し得る、単純化された、理解できる」ものとして作り出すという、「われわれに合うよう世界を調整するという強要」にほかならない(126)。「矛盾律」の如きも、何ら「〃必然性〃」ではなく、そうせざるを得ないという「無能力」にすぎず、「論理学」とは、「われわれにとって真と呼ばれるべき世界を定立し調整せよ」という「命法」にほかならない(127)。「論理学」は「虚構された本質性」についてのみ妥当するのに、ところがこの論理学を「真なる存在の標識」と思いこむと、実体、述語、客体、主体、作用等を実在だと考えることになり、「形而上学的世界」「〝真の世界〟」を「構想」し始めることになる(128)。「哲学の誤りは、論理学や理性のカテゴリーの中に、有用性という目的のために(だから〝原理的に〟、有用な偽造のために)世界を調整する手段を見る代わりに、それらのうちに、真理の標識ないしは実在性の標識があると思いこんだところから由来する」(129)。われわれの生存を保持する「有用性」のために偽造し作り出された「命法」や「強要」や「図式」を、それだけのものとして見ることを忘れ、ここに「真」なる「存在」の世界の「認識」の成立を盲信する迷妄に、根本の誤謬があるわけである。本当は、「学」は「〝手段〟」にすぎない(130)。「認識」とは、自分と或るものとを条件関係の中におき入れることであって、「条件の確認、表示、意識化」にすぎず、決して「本質、物、〝自体〟」を究明することではなく、「〝物自体〟」などはなく、「何らかの事態があり得るためには、いつもまず、意味がおき入れられねばならない」(131)。「〝本質〟」といったものは、「遠近法的なもの」(132)なのである。にもかかわらず、われわれは「真理」という「虚構」(133)に取り憑かれ、その「真理への衝動」において、自分の有用性という「〝目標〟」を、自分の外に、「存在する世界」、「形而上学的世界」、「〝物自体〟」として投影するのである(134)。というのも、われわれがそのうちで「生きて」いる本当に「真の」「世界」は、言ってみれば「仮象の世界」であり(135)、すなわち、われわれ自身の「自己保存や権力の上昇に関する有用性の観点」から、その「価値」にしたがって「見られ」「秩序づけられ」「選ばれた」世界であるにすぎない(136)。けれども、この「遠近法」による「仮象」の世界というこの「現実的なもの」は(137)、まさにそのように「仮象」と受取られるとき、それとは別に、「真の」、「無制約的な」、「矛盾のない」「世界」が、つまり「生成する世界」と別に、「存在する世界」があるはずだと「形而上学者」によって推論される起因になる。それどころか、そうした推論を「鼓吹する」ものとして、この現実の生成する世界の「苦悩」という「心理」が付け加わって、現実を「憎悪」し、あの「存在する世界」を望む「願望」が燃え上がり、こうした「現実的なものに対する形而上学者のルサンチマン」が働いて、形而上学的な存在する真の世界が一層要求されてくるようになるわけである(138)。「仮象、変転、矛盾、闘争」が「非道徳的」として「軽視され」(139)、矛盾や欺瞞や変転が「苦悩」(140)と感じ取られ、「消滅し、変化し、変転する一切のものへの軽蔑と憎悪」が、「恒常的なものの世界への要求」となって現われ、これが、まさしく「真理への意志」と言われるものにほかならない(141)。しかし、実を言えば、そこにあるものは、「病的な、絶望した、彼岸的なものにしがみつく生」と、「より健康で、より愚昧で、より欺瞞的で、より豊かで、より崩壊しがたい生」との「闘争」である(142)。もしもこのようにして生成の世界から眼をそむけて、われわれの「生存」の責任をとってくれるような何物かを、例えば神として空想し、真なる形而上学的な存在する世界を想定するならば、われわれは「生成の無垢」を穢してしまうことになるであろう(143)。だから、この「真の世界を除去することが、基本的に重要である」、とニーチェは言い、それというのも、「真の世界」とは、「生に対するわれわれの最も危険な謀殺」だからである(144)、と言うのである。

五　ニーチェのニヒリズム(3)
――ニヒリズムの二義性・その超克――

ニーチェが、右のような論究において解明しようとしたのは、もちろんのこと、あの真なる存在する形而上学的世界を信じてそれによって意味づけと価値づけを行なおうとする試みが、いかに虚妄であり迷妄であるか、ということの暴露であり、剔抉である。つまり、そのような理性のカテゴリーが遠近法的仮象である以上は、それの実在性を盲信することは、他日必ずや、そのような意味づけの無意味化を招来し、「ニヒリズムの原因」(145)となるというわけである。このような真理と存在の世界の瓦解、そうした無駄と無意味としての「ニヒリズム」の「到来」は、「必然的」(146)であるということである。しかしながら、そのような「ニヒリズム」の「到来」の「必然的」な「原因」が、もともと虚妄であった存在の世界にしがみつき彼岸的な絶対的な意味や価値を信じこもうとした点にあったことが「洞察」されるや否や、そのような「徹底したニヒリズム」(147)は、やがて、このような迷妄を断ち切り、そのような彼岸的意味づけや価値づけを放棄して、もともとそれのみが「唯一の世界」「唯一の実在」であった「生成の世界」(148)を、それと一体となりながら、ひたすら生き抜くという境涯にいたり着くであろう。存在の世界への希求が弱々しいデカダンスとルサンチマンから発していたことが発き出されれば、やがて必然的に、生成の無垢に忠実に生きる態度が成熟してくるはずであろう。そしてそのときには、徒労と無意味とのみを嗟嘆していた弱々しいニヒリズムも、雲散霧消してゆくことになろう。

だから、ニーチェにとって、ニヒリズムとは、「二義的」(149)であったので、それは、あの真なる存在の世界の崩壊の前にひたすら無意味と無駄を感じ取って悲嘆にくれる「受動的ニヒリズム」にすぎぬ場合もあれば、積極的に無意味化を身に引受けて生成の世界の中に力をもって立とうとする「能動的ニヒリズム」である場合もあること、既述した通りである。ニーチェ自身はむろん、後者の境涯に立つ。なぜなら、彼みずからは、「ニヒリズムそのものを、既におのれのうちで極限まで生き抜いてしまっており」、したがって、「ニヒリズムを、おのれの背後に、おのれの下に、おのれの外に、もつ」からである(150)。言い換えれば、あの「ニヒリズム」を「論理的」にも「心理的」にも「前提し」、あの「ニヒリズム」に「もとづいて」またその「うちから」から、「やがて将来」「現われる」ところの、当のその「完全なニヒリズム」に「取って代わるであろう」ところの、そのニヒリズムへの「反対運動」を、彼みずからは準備しようとしていたからである(151)。だから、ニヒリズムとは、本来「中間状態」(152)「中間時期」(153)にすぎない。一方でそれは、「すべてが価値を剝奪され、〝無意味に〟なった」(154)と嘆き、「意味などは全くない」と「途方もない普遍化」の「推論」をする「病的」な「中間段階」(155)であり、「生存(行為、悩み、意欲、感情)が、意味をもたない」とする「〝無駄〟のパトスがニヒリストのパトスであり」、「存在者の世界の絶滅」がなされるときである(156)。しかし他方で、その中間状態は、やがて、旧来の「価値」を「価値転換し」、「生成するもの」すなわち「仮象の世界」を「唯一の世界」

として「讃え、是認する」、「力」に溢れた状態へと移行するであろう(157)。「デカダンス」の「快癒の手段」が見つかり「生産的な力」が「強く」なり(158)、こうして、力弱き「できそこないの者たち」という「ヨーロッパにおける最も不健康な種類の人間」が「このニヒリズムの地盤」であることが(159)、見抜かれてゆくようになるであろう。

「ニヒリズム」はそうなれば、「一つの正常な状態」である(160)。すなわち、それは、「強さのしるし」であることもあれば、「十分でない強さのしるし」であることもあり(161)、「増大する強さの徴候」でもあれば、「増大する弱さの徴候」であることもある(162)。前者の場合には、「精神の力が、これまでの目標がそれに不適切になるほどにまで、成長していて」(163)、「創造し意欲する力がきわめて増大し、〔旧来の〕すべての解釈や意味投入をもはや必要としないほどになっている」(164)。後者の場合には、力がまだ弱くて、「生産的に、目標や理由や信仰をみずからに今やふたたび定立する」(165)ことができず、「意味を創造する創造的な力が、衰退して、幻滅が支配的状態になっている」(166)のである。しかし「不満足、つまりニヒリズムは、一つのよいしるしであり得る」(167)。それは、「生の新しい秩序」を拓くために、「不可欠」である(168)。「無意味な世界の中でどれほど生き続け得るか」、「事物のうちの意味などなしにどれほどやってゆけるか」は、「意志力の尺度」にかかる(169)。この窮境を耐え抜く、「精神の最高の力強さの理想としての〝ニヒリズム〟」、「半ば破壊的、半ば皮肉な、ありあまる豊かさに溢れた生の理想としての〝ニヒリズム〟」(170)というものもあるのである。そこを突破してゆけば、弱き「ニヒリズム」がなす「〝何のために？〟」という「問い」が、「目標」を「外部から」取ってきていたことが判明し、「世人が、意志を、目標の意欲を、自分自身に目標を与える冒険を、回避したがる」ことが明らかとなる(171)。ここまでくれば、この立場は、もはや「否定」にとどまらずに、むしろ逆に、「あるがままの世界に対して、差し引いたり、除外したり、選び抜いたりせずに、ディオニュソス的に肯定を言う」境涯にまで達し、「永遠の円環運動」を意欲することになり、「哲学者が達し得る最高の状態」つまり「生存に対してディオニュソス的に立ち向かう」という「運命愛」の立場に到達するであろう(172)。あるがままの「世界」は、「目標」も「終局状態」も「存在」ももたない「生成」の世界(173)、「永遠回帰」の「ディオニュソス的世界」、「権力意志」の「世界」であり(174)、その「生成の無垢」をみずから生き抜く境涯にひとは到達することになるわけである。「われわれは、いつの日にか、新しい価値を必要とする」(175)と言われる、その価値は、ひとえに、この境涯の中からのみ見出されるべきものであるわけであろう。

六　ニーチェのニヒリズム(4)

——意味の無化・超克の問題性・遠近法の真理論——

——さて、以上、われわれは、ニーチェの説くニヒリズムの問題のごく基本的部分を素描した。もちろんニーチェにおけるこの問題は以上で尽きるものではなく、さらに多くの論点と繋がって多角的であり、とりわけニヒリズムを突破した境域のもつ意味に関しては論ぜられるべきことがなお多い。しかしわれわれはここでニーチェ研究を意図しているわけではなく、またニーチェにおけるニヒリズムの問題を全面的に検討するのが狙いでもない。われわれが既に述べた、われわれの言うニヒリズムの問題現象との繋がりにおいて、ニヒリズムという主義主張から直ちに連想される最も著名な一例であるニーチェの場合を、目下簡略に省みているだけである。それも、ニーチェの言うニヒリズムと、われわれの言うニヒリズムの問題現象とを比較検討するために、である。

ニーチェにおいて、ニヒリズムとは、たとえそれが二義的であるにしろ、いずれにしても一般的に、意味に関して起こる現象と考えられていることは、明らかである。目的にせよ、統一性にせよ、或いは価値、真理、存在、その他理性のカテゴリーにせよ、そのような広義における意味づけの試図が無意味化されて、その虚妄が発き出されることが、ニヒリズムの出現と見なされていることは、以上の叙述で明らかだからである。その無意味化の嗟嘆に低迷するのが弱いニヒリズムであり、その無意味化に耐え抜いてそれをものともしないのが強いニヒリズムであろう。ともかく、ニヒリズムは、一般的に、意味に関して起こる無化であり、決して存在——ニーチェ的には、生成——に関して起こる無化ではない。生成の世界は、意味づけの崩壊と無関係に、依然として、あくまでも絶えることのないその生成の歩みを歩み続けているのである。われわれの言い方をもってすれば、われと世界はあくまでも存在し、その生成の只中にあるわけである。

しかしニーチェにおいて、その場合、とりわけ、無意味化が起こる意味づけは、形而上学的意味づけと考えられており、そうした、彼岸に真の存在する世界を定立し信仰するキリスト教的形而上学的意味づけの無化が、とくにニヒリズムの無、その無意味として前景に浮び出ていることは、見失うことができない。これは、後に述べることであるが(176)、実はわれわれの考えでは、こうした無意味化は、無意味化が出現する一つの場合であるにすぎない。打明けて言えば、かの極限的な無意味——すなわち、超意味や没意味、つまりおのれの死という非存在やおのれの理由なき既存在の偶然から跳ね返ってくるどうにもならない無意味——の遮蔽を前にして、人間はこれを乗り超えようと、知られざる存在全体を究極的に意味づけようとして、必然的に、宗教や形而上学を構想しようとするのであるが、しかし、それはもともと無意味であるものをあえて意味づけようとするものとして根本的に無の影を背負っており、無意味化の宿命を免れ難いのである。われわれからすれば、ニーチェの言うニヒリズムとは、とりわけては、こうした宗教的形而上学的意味づけの無意味化の出現とその到来の必然性に関して、語られたものにほかならず、またそれは、まさにその無意味化の剔抉において正当性を保有するものである。しかし、われわれの言う、意味の無意味化と、無意味化の中の意味としてのニヒリズムの問題現象は、こうした宗教的形而上学的問題場面にだけ限られるものではなく、もっと根深くまたもっと幅広い問題発生の根を、人間存在の根底に、張っているものである。

ニーチェにおいては、右のように、とりわけニヒリズムと呼ばれる現象は、宗教的形而上学的意味の崩壊に関係して起こり、とくにそうした意味の無意味化という事態に着目して、語られる。ニーチェにおいてニヒリズムとは、意味の無化の事態そのものである。しかも、彼にとっては、こうした事態は、ただひとえに、そうした宗教的形而上学的意味を信じこむ「できそこないの者たち」にのみ、出現するのである。生成の現実から眼をそむけそれを嫌悪憎悪し、彼岸に絶対の真理を求める「最も不健康な種類の人間」に、この無意味化は起こるのである。あの「理性のカテゴリー」を信じこむことが「ニヒリズムの原因」であるにすぎない以上は、その「理性のカテゴリー」という意味づけを放棄すれば、もはやニヒリズムは、ニヒリズムではなくなり得るわけである。無意味は無意味として感受されなくなり、意味の無化は出現しなくなるわけである。そうだとすれば、ニーチェは、意味づけの放棄を主張し、またそのことによって、ニヒリズムの超克への道を拓いたということになるとも考えられるであろう。実際彼は、「意味なしで」「無意味な世界の中で」生きる力ある生を説き、みずから、ニヒリズムを「おのれの背後に、おのれの下に、おのれの外に」超克して、ニヒリズムに「取って代わる」「反対運動」を用意する姿勢において、論述を重ねていたのであった。してみれば、ニーチェにとって、形而上学的意味の無意味化としてのニヒリズムの原因を探り終えたのちは、およそ「理性のカテゴリー」を信ずることを止め、一切の意味を断念して、意味なしで生きることが、至上となり、こうして、無意味を生きるだけとなるとも見得るわけであろう(ただし、そのときには、それは「無」意味ですらない。なぜなら、「意味」を信ずることが「無」いのであるから、「無意味」ということ自体が消失するわけである)。しかし、われわれは、さきに、おのれの存在を、根源的な意味の企投と考えておいた。そのわれわれからすれば、あくまで意味の企投を人間はやめるわけにはゆかないのである。けれどもニーチェは、意味の無意味化を発いたあとは、その無意味の中に立つだけで、もはや、そこから逆に、その無意味の中の意味を生きようとはしていないように見えるわけである。だがしかし、われわれは、ニヒリズムの無を、意味の無意味化であるとともに無意味化の中の意味であるとしておいた。無意味化の事態と、その中での意味ということは、表裏一体をなしているはずなのである。しかしニーチェは、無意味化の暴露のあとの意味づけを、殆ど語っていないように見えるのである。だがしかし、本当に、ニーチェは、無意味の中での、新たな意味を、考えなかったのであろうか。無意味の中に立って、もはや意味を信ずることをやめ、そのことによって無意味を消去することだけに、彼は、とどまったのであろうか。

ここでわれわれは、意味ということの多義性にぶつかっている。この問題は、多くの困難を含んでいる。しかし当面の問題場面だけに限って言えば、事情は次のようである。ニーチェにとって、それの無意味性が発き出されるべきであった意味づけとは、とりわけ、宗教的形而上学的意味づけであった。しかしこの意味づけが剝奪されたあと、そうしたものの無意味さの中に立つことだけが、処方箋だったのであろうか。決してそうではないであろう。そこに今度は、新たな高次の意味の次元が拓かれてきたのではないであろうか。現にニーチェは、他日われわれは「新しい価値」を必要とすると言い、「生の新しい秩序」を拓こうとし、旧来の価値を価値転換して、それがもはや不適切となって「精神の力」や「創造し意欲する力」がきわめて増大した境涯、その力が「生産的」となった「ありあまる豊かさに溢れた生の理想」、「外部から」目標を取るのでなくそれを「みずからに今やふたたび定立する」境地を、思い描いていたのではないであろうか。そこにこそ新たな高次の意味の次元が拓かれ得ると、彼は思い描いていたのではないであろうか。もしもそうだとすれば、ニーチェは、旧き形而上学的意味の無意味化を引受けて、そうした「無意味な世界の中で」、それに「取って代わる」ような、今度は新たな高次な意味の企投を構想していたのではないであろうか。そうだとすれば、ニーチェも、正しくは、ニヒリズムの及ぶ問題圏域を、意味の無意味化のみならず、無意味化の中の意味としても、考えていたのではないであろうか。

しかし、そうだとすると、ニーチェはそのことによって、ニヒリズムの超克を準備したということになり、さらには、ニヒリズムの問題現象は超克される底のものではないとしたわれわれのさきの見方とまたもや抵触することになろう。たしかにニーチェは、「ヨーロッパの最も不健康な種類の人間」、つまり「できそこないの者たち」こそ「ニヒリズムの地盤」であるとして、それに代わる「より健康で、より愚昧で、より欺瞞的で、より豊かで、より崩壊しがたい生」を、謳い上げ、「あるがままの世界」に対し「ディオニュソス的に肯定を言う」「運命愛」の境地、「永遠回帰」と「権力意志」の「世界」を生き抜く境涯を、美しく物語る。そこでニヒリズムは超克され終え、生成の無垢と一体化した、創造と破壊の永遠の流動的生が達成され得、永遠の肯定の場が開花するように語られる。しかしその境涯が何を意味するのか、これは解釈に困難な問題である。たしかにそこには、われわれに訴えかける様々な美しいニーチェ的表現があることは、事実である。しかし、詩的言語の極地を踏破した哲学的省察の魅惑を承認しながらも、われわれは、ここで散文的な現実に還帰しなければならない。

あの境涯は、ニヒリズムを完全に超克した世界なのであろうか。それとも、それは、「弱さのしるしとしてのニヒリズム」は捨て去りながらも、それ自身は、無意味に耐えながら、新たに意味を企投すべく、その中でみずからは「没落してゆくことなしに」「力」に溢れて立とうとする、ひとえに問題は

「意志力の尺度」にかかったところの、「強さのしるしとしてのニヒリズム」そのものなのであろうか。恐らくは、後者である以外にはないのではあるまいか。この「生成する世界」のみが「唯一の世界」「唯一の実在」である以上は、それを超え出たどこか別のところに、ニヒリズムを超克した境域などがあろうはずもなく、だからこそ、この「生成する世界」の中で、まさに美しいことも醜いことも、「最大」のことも「最小」のことも「永遠回帰」する現実の中で、「これが――人生だったのか」「よし！それならば、もう一度！」と、この現実を引受けて生きる以外には人間の生きる道はなく(177)、またださからこそ「君自身と人生」とをひたすら「愛惜する」よりほかに人間にとって何の生きる道もない(178)のだと語られたわけであろう。してみれば、この無意味化された只中で、大地に忠実に、今一度おのれの存在の根源的意味の企投を繰返してゆくよりほかに、おのれの生は、どこにもあり得ようはずがないのである。

しかし、その「生成する世界」という現実の中で、おのれの存在の根源的意味の企投をなすとき、そこにふたたび執拗に無意味化が襲ってこないであろうか。それは、宗教的形而上学的な意味の無意味化ではない。そうした意味はもはや放棄されている。しかし、おのれの非存在やおのれの既存在、そうした偶然は不可避であり、また、さらには他存在や異存在の出現も不可避であるとすれば、そうしたものに絡まれざるを得ないおのれの存在の根源的意味の企投は、それ自身が無化の性格を、深く纏いつかせているものなのではないであろうか。そしてだからこそ、形而上学的意味にさえも固執するようになり、そしてそれの無意味化を味わって、いわゆるニヒリズムと称されるものにも陥ってゆくことになるのではないであろうか。

意味には、一方で、例えば宗教的形而上学的意味といった(これは一例であり、これぱかりではない)、いわば「意味づけられた内容」の側面があり、これに関してもそれの無意味化は起こる。しかし他方で、そうした「意味づけられた内容」を作り出す「意味づける作用」が、意味にはある。「意味づける作用」を行なうのは、まさに、当のおのれであり、人間である。ニーチェはまさに、宗教的形而上学的な「意味づけられた内容」を取り払って、その根底の「意味づける作用」の主体としてのおのれ自身を見出した。しかも、「意味づける作用」が「病気」になるとき、あの宗教的形而上学的意味内容が妄想されてくるが、一方それが「健康」であるとき、それは、そうした意味内容なしに、当のおのれの「意味づける作用」としてのおのれの存在そのものを、そのままに発見し肯定するのである。しかしそれを発見し肯定するということは、その「意味づける作用」としてのおのれの生を生き抜くということである。しかも、ありのままに見つめるならば、この「意味づける作用」そのものとしてのおのれの生の只中に、実は、無力と非力さが、滲み通っているのである。それ自体が、そのうちに無意味化を貫通させているのである。この事態そのものを、ニーチェはむろんとりたてて分析しはしなかった。しかし、「無意味な世界」の中で、「生成する世界」という「唯一の実在」の中で、「最大」「最小」のことすべてが「永遠回帰」する中で、なおもみずからは「没落することなく」「意志力」をもって立つ「ディオニュソス的な肯定を言う」「運命愛」とは、この、まさに、非力なおのれを、今一度取返しつつ、おのれの存在の根源的な意味の企投を生き抜くこと、そのことである以外に、何であり得ようか。ニーチェは、この事態をとくにニヒリズムとは、呼ばなかった。しかし彼が、「能動的ニヒリズム」とか「強さのしるしとしてのニヒリズム」とかの言い方によって暗示するものは、まさに、「意味づけられた内容」に関する無意味化ではなく、「意味づける作用」としてのおのれの存在の根源的意味の企投そのものの無意味化、その無意味化の中での意味の企投という、根源的な意味に関する、人間存在の根底に潜むニヒリズムの問題現象そのものではなかったであろうか。その問題現象そのものを引受けて生きる人間の生の非力で力強い根本事態を、ニーチェは凝視していたのではないであろうか。

もしもこのような形で、ニーチェのニヒリズムを捉え直すならば、それは、われわれの言うニヒリズムの問題現象と、きわめて近いものとなってくるであろう。そして同時に、ニーチェは単に安易にニヒリズムの超克などを説いたのではなく、むしろわれわれの言うニヒリズムの問題現象を見つめ続けたということになるであろう。それどころか、そのことと同時に、既述した事柄、とりわけ、いわゆるニヒリズム到来の必然性の理由として挙げられた、遠近法という理論的基底さえもが、新たな問題性を帯びて、そのとき生き返ってくることになるであろう。

というのは、こうである。ニーチェは、いわゆる弱いニヒリズムが出現せざるを得ない理由として、旧来信ぜられてきた「真理」や「事物の絶対的性質」や「〝物自体〟」や「真の世界」は本当は存在しない「遠近法的仮象」にすぎないことを暴露し(179)、それらは、「生成する世界」の上にかけられた虚妄の「存在する世界」であることを発き出した。だから、このようなものを信じこんでいた「できそこないの者たち」にとって、そうした意味づけの無意味化としてのニヒリズムの心理が、論理的に必然的に生起せざるを得ないとされたわけである。しかし今一度この「遠近法的仮象」の成立の過程を考え直してみるならば、そこにはただ単にこのように簡単に虚妄として捨て去られるべき側面だけでは尽きない側面もあることが、眼に入ってくるであろう。たしかにニーチェは、真なる存在する世界を、遠近法的仮象として、発き出すことに力を注いではいる。しかし、そうした一見一義的な論述と思われるものの行間に、多義性が垣間見えてくることも、事実である。実際ニーチェは、様々なアフォリズムを語るその度毎に、その観点を摩り替え、ずらし、判別基準を揺れ動かしながら、断章を連ねてゆくので、改めて考え直すならば、そこに多様な意味合い、いなときには、相互矛盾や、さらには根本意図とは全く逆の帰結さえをも読みこみ得る可能性すら、見えてくるであろう。今、論点を、真理の問題だけに限ろう。――

一、ニーチェによれば、「生成する世界」は、本当は「〃認識され〃」ず、ただ無限に「解釈される」だけで、だから、これを「固定した」「持続的」な「存在する」ありさまにおいて捉えたと称する「認識」や「真理」は、「虚構」にすぎず、「誤謬」にほかならないとされる。だから、あるがままの「事実」「〃それ自体〃」などは、存在しないし捉えられないという。――しかし、ニーチェは、まさに、「あるがままの世界」(180)を「生成する世界」、「永遠回帰」の「権力意志」の「世界」だと語り、これを「唯一の世界」(181)「唯一の実在」(182)だとしている。彼は、本当の事態を、捉え、認識しているわけである。だから、普通に「真理」と言われるものが、「偽であったものを、無良心的に、真だと偽造しかえたもの」[183]だとして、それが、もともと「偽」であった、つまり「真」ならざるものであったことをニーチェは述べ、すなわち、そもそもの初めにおいて本当に「真」であったものを、彼自身は、見抜いていたわけである。このことは、別様にも言い表わせる。つまり、すべてが遠近法的解釈であると見抜いている解釈それ自体は、遠近法的解釈ではあり得ない、と。これは、嘘つきのパラドックスの場合と同様なわけである。それとも、ニーチェは、すべての認識が遠近法的仮象であると洞見する自分の解釈それ自体もが、一つの単なる「実験哲学」[184]「冒険し試みる精神」[185]の一つの試図にすぎぬと見なしていたのでもあろうか。しかし、そうした留保をも弁えた上で、なお論理的必然的には、ニーチェ自身は、一つの、撤回できない、真理を、――言ってみれば、事態の「蔽いない顕わな姿《アレーテイア》」の意味における「真理」を――、生成する世界という表現の下に、見続けていたと考えざるを得ない。ニーチェが一方で、普通に言われる枯渇した概念としての「意志などは存在しない」[186]と言いながらも、他方で、あの「生成する世界」を「権力意志」[187]とあえて呼ぶのも、この真なる世界を見続けていたからこそであろう。

二、しかし、さらに、この真なる「生成する世界」の中に、人間自身もまた組みこまれて、人間自身という「権力意志」をみずから生きている。この「権力意志」は「自己保存」の欲求となって現われ、その「有用性」のために、固定した枠組を作り出し、「価値評価」を行なって、「真理への意志」を生きざるを得なくなる。そしてそこに、様々な「存在する世界」の「虚構」を作り出してゆかざるを得ない。つまり、「遠近法的仮象」を作り出して、虚安の「真理」を「真だと思い」こんで生きざるを得ない。——しかしそうだとすると、この「虚構」の世界も、まさに、ただ「〝真理〟」と称されているだけのものではなく、それなりの成立の必然性を承認されたもの、そうした意味で許容されざるを得ないもの、それどころか人間がその中を生きる以外にはない以上は、人間にとっての真の世界となりはしないであろうか。実際ニーチェは、こうした「誤謬」としての「真理」「なしでは」人間は「生きられない」のだと語り(188)、こうした「〝仮象性〟」こそがむしろ「実在」であり「実在が存在する形式」であり、この「〝仮象性〟」の「世界」こそわれわれにとっての「真の」世界であって、われわれはその中を「生きる」のだ(189)、と言うのである。この「生成する」「仮象的」な「世界」こそは、「現実的」(190)なものだとされるのである。してみれば、真なる存在する世界という「虚構」を生きるのは、必然の過程として承認されるわけである。それはやはり「虚構」であり「誤謬」でありながらも、われわれが現実にその中を生きている「真」の世界だというわけである。ここには、「現実性」としての「真理」が現われている。けれども、むろん、このように、「遠近法的仮象」の世界がその成立上の必然性によって「現実的」に「真」であると承認されるその度合いは、さきの、あの、遠近法的解釈の根底にあってそれを生み出すゆえんの根源的な生成の権力意志の世界が「真」であるとされる程度ほどには、全面的ではないはずであろう。なぜなら、後者の「真」が蔽いない根源的なものの顕われであるとすれば、前者の「真」は、それにもとづけられて派生し結果し成立してきた人間的な世界における第二次的な「現実性」としての「真」だからである。

三、この第二次的な「現実的」に「真」な「世界」を動かしているものは、人間的な「権力意志」

のなす「価値評価」であり「自己保存」であり、したがって「有用性」であり、様々な「解釈」の試みであろう。その結果そこに存在すると称される様々な虚構の諸領域が形成されてくる。「生にとっての価値」(191)のゆえに、様々な文化形成物が構築されてくる。例えば、われわれ人間は「合理的思考」を「放棄できない」(192)がゆえに様々な「概念」等を用いて「論理学」的に思考し、「学」を形成するが、その学は「手段」(193)として「有用性」を保有するはずである。――そうだとすれば、ニーチェは、これらの文化形成物の成立を承認したわけであろうか。恐らく、そうしたものが、如上によって必然的に人間という特定の生物種族において現実的に成立している事実は承認しているはずである。ただ、それらがもともと有用性のために、手段として虚構されたにすぎない点の暴露が、ニーチェにおける眼目である。だから、ここで「真理」とは「有用性」であるとされる。この彼の言い方が、プラグマティックに響くとしても、その主張の狙いは、全く別個であり、むしろそれなるが故に、それは本当の「真理」ではない(194)という破壊的批判に主軸があること、言うまでもない。したがって、そこに、「有用性」のための「手段」以上に、「真理の標識」や「実在性の標識」を見るならば、それは「誤り」(195)に陥る。ニーチェのこうした学問批判において特徴的なのは、学の発生論的起源の探索とその素姓洗いという視角である。発生の事実根拠と、妥当の権利根拠とを区別する考え方から見れば、こうした見方は一方的と映るであろう。発生が有用性にあったとしても、それらが「妥当し」、「命法」として成立しているとすれば(196)、その内的構造は、それとして存立するはずである。しかしそうした「真」なる「内的構造」の探究としての認識論に、ニーチェは関心を抱かない。いずれにしても、こうした「〝真理〟」は、その身元調査からして、虚妄として暴露される。

四、しかしさらに、こうした、もともと「遠近法的仮象」の中を動いている、「〝仮象性〟」という「現実的なもの」の中から、なおも隔たった「虚構されたもの」、仮象的なものとして、「形而上学的」な意味での「〝真の世界〟」(197)が思い描かれてくる。しかも、そうした「虚構」を「鼓吹する」ものとしての「ルサンチマン」という「心理」が、その際重視される。「病的な、絶望した、彼岸的なものにしがみつく生」にとって、こうした意味での「〝真の世界〟」は、「デカダンスの論理」として、必然的であると見なされる。――こうした虚構物を構築するのが、むろんのこと、形而上学者であり、キリスト教的道徳であり、デカダンスであったことは、付言するまでもない。ここにおいて「真理」とは、「彼岸」であり「背後世界」であろう。ニーチェは、もちろんこうしたものの虚妄性を発くわけだが、その際にやはりさきの場合と同様、形而上学者の「心理」を尋ねる問いかけが、重要な意味をもっていて、形而上学それ自体の内的構造の解明は背景に押しやられている。ニーチェにとっては、こうしたニヒリズムの「論理」と「心理」の分析が、関心の的だったからである。

――もしも、ニーチェの説く「遠近法」の問題の中に以上のような諸層を弁別することが何ほどかの正当性をもつとすれば、ニーチェの見たニヒリズムの問題現象は、本当には幅広く根深いものであったことが、知られる。(一)人間は、根源的に、いわば宇宙論的な「生成の世界」、その「権力意志」の「永遠回帰」の世界の中におかれている。その「蔽いない顕わな姿」である「真理」の大海の中に、その一環として生きている。その世界の前では、すべての「意味」は空しい。「意味」を超え出た生成の永遠回帰のみがそこにあり、そこでは「すべてのものは行き、すべてのものは帰りくる」(198)。そうした生成し回帰する「存在の車輪」(199)が、隠れない真理として見届けられる。(二)さて、この大海の中で、みずからも一つの「権力意志」として生きる人間は、しかし「現実」には、「遠近法」にすぎない「意味」の企投を生きざるを得ない。様々な解釈の試図なしでは生きられないのが、人間の「現実的」な「真理」である。しかしそれが同時に正しくは「遠近法」にすぎず、「無意味化」され得る虚妄性を宿したものであることを知り取らねばならない。(三)それゆえ、例えば、「有用性」という「真理」における「学」は、その「現実的」世界の中で必然的に成立してはくるが、それが「無意味」を背負わせたものであることが洞察されていなければならない。(四)また「背後世界」を「真理」と見る「形而上学」という「意味」の企投も、病的な人間において必然的に成立してくるが、それの「無意味化」も宿命的である(200)。——人間的世界の、こうした「意味」と「無意味」の交錯という「現実」を明察した上で、しかし強さにおいて生きるべき人間は、もともと人間がその上におかれていた、そのおのれ自身の根源に潜む「生成の世界」の必然にしたがって、根源的な意味での「権力意志」として、その「意志力」において、いわば、おのれを引受けつつ、おのれへと生成すべく、あるがままのおのれに対して肯定を言い、おのれと人生を愛惜して、「これが——人生だったのか」「よし! それならば、もう一度!」と、永遠回帰を生きるよりほかにない。すなわち、おのれの存在の根源的意味の企投を生き抜くよりほかにない。それは、宇宙論的な「生成の世界」の大海に委ねられ、意味を超出した無意味と交錯した、おのれの生の絶えざる取返しと、その非力で力強い「運命愛」の生き抜きそのものにほかならぬであろう。ニーチェがニヒリズムの問題に連なって本当に見ていたものは、こうした人間存在の諸相と、その根源を貫くロゴスであったはずである。単に、形而上学的意味の無意味化としてのニヒリズムではなく、形而上学を生み出すニヒリズム、さらには人間的生の生成の根底に巣喰う、意味と無意味の根源的現象そのものであったのである。そして、この問題現象は、われわれが既に述べてきたニヒリズムの問題現象と直結しているものであることは、もはや、縷説を必要としない明らかな事柄であるであろう。

(1)　F. Nietzsche, Der Wille zur Macht〔以下 WzM と略〕, Kröners Taschenausgabe, Bd. 78, 1959, S. 10(Fr. 2). ——以下、この『権力意志』からの引用指示は、WzM の略号に、断片番号を付記して行なう。
(2)　WzM, 15, 55.
(3)　WzM, 55.
(4)　WzM, 55.
(5)　WzM, 585.
(6)　WzM, 12.
(7)　WzM, 12.
(8)　WzM, 12.
(9)　WzM, 4.
(10)　WzM, 4.
(11)　WzM, 12.
(12)　WzM, 12.
(13)　WzM, 4.
(14)　WzM, 4.
(15)　WzM, 4.
(16)　WzM, 55.
(17)　WzM, 12.
(18)　WzM, 55.
(19)　WzM, 55.
(20)　WzM, 15.
(21)　WzM, 13.
(22)　WzM, 37.
(23)　WzM, 3.
(24)　WzM, 15.
(25)　WzM, Vorrede.

(26) WzM, 28.
(27) WzM, 21.
(28) WzM, Vorrede.
(29) WzM, 22, 23, 24.
(30) WzM, 22, 23, 24, 55.
(31) WzM, 23.
(32) WzM, 22.
(33) WzM, 22.
(34) WzM, 24.
(35) WzM, 23.
(36) WzM, 15.
(37) WzM, 9.
(38) WzM, 38.
(39) WzM, 10.
(40) WzM, 11.
(41) WzM, 112.
(42) WzM, 17.
(43) WzM, 112.
(44) WzM, 38.
(45) WzM, 43.
(46) WzM, Vorrede.
(47) WzM, 1041.
(48) WzM, Vorrede.
(49) WzM, 1041.
(50) WzM, Vorrede.
(51) WzM, 3.
(52) WzM, 5.
(53) WzM, 469.
(54) WzM, Vorrede.
(55) WzM, 12.
(56) 本書一五三—五四ページ。
(57) WzM, 15.
(58) WzM, 13.
(59) WzM, 43.
(60) WzM, 12.
(61) WzM, 12.
(62) WzM, 12.
(63) WzM, 586.
(64) WzM, 12.
(65) WzM, 481.
(66) WzM, 481.
(67) WzM, 600.
(68) WzM, 517.
(69) WzM, 520.

(70) WzM, 481.
(71) WzM, 480.
(72) WzM, 480.
(73) WzM, 521.
(74) WzM, 506, 508.
(75) WzM, 511.
(76) WzM, 510, 499.
(77) WzM, 506.
(78) WzM, 511.
(79) WzM, 506, 507.
(80) WzM, 507.
(81) WzM, 552.
(82) WzM, 606.
(83) WzM, 590.
(84) WzM, 590.
(85) WzM, 503.
(86) WzM, 477.
(87) WzM, 534.
(88) WzM, 518.
(89) WzM, 493.
(90) WzM, 493.
(91) WzM, 497.
(92) WzM, 535.
(93) WzM, 493.
(94) WzM, 535.
(95) WzM, 535.
(96) WzM, 542.
(97) WzM, 514.
(98) WzM, 472.
(99) WzM, 477.
(100) WzM, 477, 523.
(101) WzM, 523.
(102) WzM, 489.
(103) WzM, 524.
(104) WzM, 489.
(105) WzM, 491, 492, 500.
(106) WzM, 505.
(107) WzM, 529.
(108) WzM, 480.
(109) WzM, 477.
(110) WzM, 481.
(111) WzM, 485.
(112) WzM, 482.
(113) WzM, 485.

(114) WzM, 488.
(115) WzM, 529.
(116) WzM, 488.
(117) WzM, 529.
(118) WzM, 488.
(119) WzM, 488.
(120) WzM, 529.
(121) WzM, 480.
(122) WzM, 499.
(123) WzM, 515.
(124) WzM, 522.
(125) WzM, 521.
(126) WzM, 521.
(127) WzM, 516.
(128) WzM, 516.
(129) WzM, 584.
(130) WzM, 610.
(131) WzM, 555, 556.
(132) WzM, 556.
(133) WzM, 480.
(134) WzM, 552.
(135) WzM, 568.

(136) WzM, 567.
(137) WzM, 567.
(138) WzM, 579.
(139) WzM, 578.
(140) WzM, 585.
(141) WzM, 585.
(142) WzM, 592.
(143) WzM, 552.
(144) WzM, 583.
(145) WzM, 12.
(146) WzM, Vorrede.
(147) WzM, 3.
(148) WzM, 12, 585.
(149) WzM, 22.
(150) WzM, Vorrede.
(151) WzM, Vorrede.
(152) WzM, 7, 13.
(153) WzM, 585.
(154) WzM, 7.
(155) WzM, 13.
(156) WzM, 585.
(157) WzM, 585.

(158) WzM, 13.
(159) WzM, 55.
(160) WzM, 23.
(161) WzM, 23.
(162) WzM, 585.
(163) WzM, 23.
(164) WzM, 585.
(165) WzM, 23.
(166) WzM, 585.
(167) WzM, 111.
(168) WzM, 1055.
(169) WzM, 585.
(170) WzM, 14.
(171) WzM, 20.
(172) WzM, 1041.
(173) WzM, 1062.
(174) WzM, 1067.
(175) WzM, Vorrede.
(176) 本書二一六―二一七ページ。
(177) F. Nietzsche, Also sprach Zarathustra, III Teil, Der Genesende, IV Teil, Das trunkene Lied, Kröners Taschenausgabe, Bd. 75, 1960, S. 240-46, S. 352.
(178) F. Nietzsche, Die fröhliche Wissenschaft, Kröners Taschenausgabe, Bd. 74, 1956, S. 231 f.
(179) WzM, 13, 15.
(180) WzM, 1041.
(181) WzM, 585.
(182) WzM, 12.
(183) WzM, 542.
(184) WzM, 1041.
(185) WzM, Vorrede.
(186) WzM, 488.
(187) WzM, 1067.
(188) WzM, 493, 535.
(189) WzM, 568.
(190) WzM, 579.
(191) WzM, 493.
(192) WzM, 522.
(193) WzM, 610.
(194) WzM, 497.
(195) WzM, 584.
(196) WzM, 516.
(197) WzM, 568.
(198) F. Nietzsche, Also sprach Zarathustra, III Teil,

Der Genesende, S. 241.

(199) F. Nietzsche, op. cit., S. 241.

(200) 以上のように、ニーチェの言う「真理」に、「蔽《ア》いな《レ》い《ー》顕《テ》わな《イ》姿《ア》」と「現実性」と「有用性」と「背後世界」の四義を、区別することができるように思われる。

第七講　存在信念と運命意識

決して没することのない者を前にして、ひとはどう身をくらますことが出来るといふのだ。
——ヘラクレイトス
（田中美知太郎訳）

一　ニヒリズムの問題現象

主体としてのおのれは、おのれからして、おのれへと向かい、生成する。おのれとは、おのれの存在の根源的な意味の企投である。その当のものが、それ自身からして、それへと向かう、その当のものにもとづけられて、その当のものが取り纏められ可能化されるゆえんのものが、意味の根源的現象にほかならないからである。しかし、そのような根源的意味の企投には、その企投を無みする無意味の力がつき纏い、その無化の地平をそれ自身が内含している。人間存在とは、その存在の根源的な意味の企投であるとともに、それの無意味化であり、その無意味化の中での根源的な意味の企投である。それゆえ、おのれは、主体的におのれ自身へと生成するときに、まさしく、おのれの根源的意味を問題化せずにはおれないのであり、そして同時にその意識は、当のおのれの無意味化に直面する意識にほかならない。このように、おのれの存在が、当のおのれの存在の根源的意味の企投でありつつ、しかも無意味化の力に当面せざるを得ず、だからこそまたなお一層張りつめた仕方でおのれの存在の根源的意味を問題化せずにはおれないという事態が、ほかでもない、ニヒリズムの問題現象であり、内面性の現象学としての哲学にとっての根本問題である。ニヒリズムという無の現象は、根源的には、単に諸々の「意味づけられた内容」に関してだけ起こるのではなく、そうしたものをまさに「意味づける作用」に関して、それに宿命的につき纏い貫通する問題現象として、出現する。「意味づけ－意味づけられた」ものとしての、つまり「意味し－意味された」ものとしての、人間存在の根底に巣喰う意味に纏わる無化の現象が、ニヒリズムの問題現象にほかならない。ニーチェにおいて一般にニヒリズムが、とりわけては形而上学的意味の無意味化として位置づけられながらも、そうした意味を剝ぎ取ったあるがままの生存を生きるおのれ自身は、生成する世界の中を流動的に生々と生きつつ、おのれ自身の運命を肯定して、おのれの存在の根源的意味の企投を不断に取返し、繰返しては、生き抜いてゆかざるを得ず、しかも、そうしたおのれの存在の根源的意味の企投は、あるがままのおのれの非力さを引受けた、無意味化された世界の中での力強さであり、そしてまたそうした生き抜きは、様々な意味づけられた諸内容を形成しながらも、それらのものの虚妄性と無意味を洞察した生きざまであるのでなければならなかった。このような、根本的な意味における、「意味し－意味された」ものとしての、人間存在の根底に生起する、意味の企投とそれの無意味化という、ニヒリズムの問題現象を、幅広く根深い形で、洞察しているのが、ニヒリズムをめぐるニーチェの諸想の真相であったと考えられる。このような意味で、根源的なニヒリズムの問題現象は、生成するわれと世界の存在そのものの無化ではなしに、そこに起こる意味に関しての、すなわち「意味づけ－意味づけられた」ものとしての意味全体に関しての、無化であり、かつまたその無意味化の中での意味の企投に結びついて出現する無化であり、それは、人間存在の根底に巣喰う不可避的な現象として、安易に超克されたり無視されたり看過されたりすることのできない根深さをもって、そこに根を張り住みついていると言わなければならない。主体としてのおのれの存在は、当のおのれの存在の根源的な意味の企投を生き抜くものであり、しかもその企投の無意味化を背負った、無化の非力さに貫通された、それでいて、いなそれだからこそまさに一層張りつめた、力強い、宿命的な、おのれ自身への生成であり、貫徹であるよりほかにはあり得ないものなのである。

二　存在信念と運命意識

さて、ここで、私は、どうしても、次のことを注意しておかねばならない。既に何度か繰返し予示しておいたように、ニヒリズムの問題現象とは、意味に纏わる無化であり、無化的な意味そのものの根源的現象であった。それは、おのれの存在を生き、そこで世界の存在が展開する、その、おのれと世界の生成する存在の只中で起こる根本的現象であり、決して、そのおのれと世界の存在が無に化するということを説くものではなかった。もしも、おのれが文字通り非存在となり、世界も非存在とななるならば、そのときには、一切が非存在となるわけであるから、ニヒリズムの問題現象すらもが、消滅してしまうのである。ニヒリズムという無化の現象は、存在の只中でのみ起こる。しかも、おのれの存在の只中でのみ、そしてそのおのれの存在と結節した世界の存在の只中でのみ、出現するのである。それというのも、そのおのれの存在とは、単に静止的凝固的存在ではなく、当のおのれ自身の根源的な意味の企投として、生成し、おのれ自身からおのれへと向かって、おのれ自身を全うしようとする運動であるべく構造づけられており、この、おのれ自身の根源的意味の企投に関して、それの無意味化が必然的につき纏い、そうした無意味化を宿した意味の企投としてのみ、つまり無化的な意味の企投としてのみ、それはある、というところにこそ、まさに、ニヒリズムの問題現象は、成立するからである。ニヒリズムは、存在の無を言うのではなく、むしろ、意味の無を言うのであり、意味の無への着目と同時に、実は、まさしく、存在が存在している事実を、蔽いない、疑いない事態として、承認する思想である。

一体、なぜ、おのれの存在の根源的意味の企投に、それの無意味化が、付着せざるを得なかったのであろうか。第一に、おのれは、おのれの存在の根源的意味の企投の「先に」、そのおのれの意味の企投ではどうにもならない、それを超え出るものとしての、当のおのれの「非存在の偶然」を、「超意味」として了解せざるを得なかった。そうした超意味に纏いつかれたおのれの意味の企投とは、おのれには「知られざる」「死の限界」によって遮蔽されたおのれの「存在の姿」を「知り取る」ということを含んでのみ成り立つ。非存在に「晒された」ものとしてのおのれの存在の姿が、そのとき強烈におのれの意味の企投の中に「刻印され」ているのである。第二に、おのれは、おのれの「背後に」、おのれの意味の企投ではどうにもならない、それが陥没せしめられるような、没根拠という、当のおのれの「既存在の偶然」を、「没意味」として了解せざるを得なかった。そうした没意味に纏いつかれたおのれの意味の企投とは、おのれには「知られざる」「被投的事実性」に委ねられたおのれ自身の「存在の姿」を「知り取る」ことを含みこんでいる。既存在に「委ねられた」ものとしてのおのれの存在の姿が、そのときおのれに鋭く「映じて」きているわけである。第三に、おのれは、おのれの「周囲に」、おのれの意味の企投によって直ちに抑えこむことのできない「他存在の偶然」を、「逆意味」として了解せざるを得なかった。そうした逆意味に纏いつかれたおのれの意味の企投とは、おのれには「知られざる」「事物や他者との遭遇や交渉」に捲きこまれたおのれ自身の「存在の姿」を「知り取る」ことにほかならない。他存在に「絡まれた」ものとしてのおのれの存在の姿が、そのときおのれには不可避的なものとして「引受けられて」いるのである。第四に、おのれは、おのれの「内部に」、おのれの意味の企投の全体化から絶えず逃げ去ってゆこうとする、おのれ自身のもはや非ずいまだ非ざる「異存在の偶然」を、「非意味」として了解せざるを得なかった。そうした非意味に纏いつかれた中でそれを超克するおのれ自身の意味の全体化の企投は、おのれには「知られざる」「おのれ自身の時間的飛散」へとおき入れられた当のおのれの「存在の姿」を「知り取る」ことを含んでいる。異存在の多様の流れのうちに「組み入れられた」ものとしてのおのれの存在の姿が、そのときおのれには回避できないものとして、「承認されて」いるのである。——このように、おのれの存在の根源的意味の企投という、おのれ自身の「存在」は、その「非存在」や「既存在」や「他存在」や「異存在」に、「晒され」、「委ねられ」、「絡まれ」、「組み入れられ」たものであるべく、構造づけられている。しかも、それらの非存在、既存在、他存在、異存在とは、おのれには「知られざる」「死の限界」、「被投的事実性」、「事物や他者との遭遇的交渉」、「おのれ自身の時間的飛散」であり、そうした「知られざる」諸存在の中に構造づけられたおのれの「存在の姿」を「知り取る」ということが、そこにはある。「知られざる」諸々の存在の諸相の中に、おのれの存在が構造づけられているという事態が、おのれに、「刻印され」、「映じ」、「引受けられ」、「承認され」ていて、まさに「知り取られている」。それらのものが、「知られざる」ものでなく「知られた」ものとして「知り取られ」るならば、――それが、叡知的直観であろう――、おのれは、神になるであろう。その由来や行方や出現や去来の「知られざる」存在の諸相の中に構造づけられたおのれの「存在の姿」を「知り取る」ことが、人間であるということであり、おのれであるということである。おのれが完全に掌中に抑えこんでいず、隅々まで根拠づけたのではない、むしろ、おのれへと贈られてきた、存在の偶然の中に、おのれが存在することを知り取ることが、人間であるということである。この「知られざるもの」の「知」の上に、おのれの存在の根源的意味の企投が、展開する。だからこそ、それは、それ自身の無化を初めからそのうちに包みこんでいる、無化的な意味の企投となる。意味が無意味化の力によって無みせられ、その無みする力の了解を含んだ非力で無力な意味の企投として、おのれの存在の根源的な意味の企投があるということの根底には、「知られざる」存在の只中におのれが存在することを「知り取る」という事態が潜んでいる。だからこそ、またそれは、強烈な謎の意識、問題の意識を生むのであり、おのれの存在の根源的意味を問う意識となって展開し、それが同時にまたおのれの無意味に直面する意識を背面に宿すのである。

ニヒリズムの問題現象は、意味に纏わる無の現象であるが、実は、それは、まさに、おのれにはどうすることもできない「知られざる」存在が、おのれの思惑を超え、おのれに贈られ、おのれにおいて生起することの「知」にほかならない。それは、おのれを超えた何物か「知られざる」ものの存在を告げている。おのれの掌握を超え出る「知られざる」存在が存在することを、それは、明示している。そのものは、このおのれを、おのれとして、この世界に投げ出し、そのおのれの行く手を極限において遮り、おのれへの生成の途次で、おのれならざる事物や他者との出逢いにおのれを宿命づけ、おのれ自身の飛散をおのれに送り渡す。このような「知られざる」存在が存在し、おのれはその中において存在し生成し、おのれ自身の根源的意味を生きるべく、構造づけられている。そうしたおのれは、こうした「知られざる」存在の偶然と贈与に委ねられて、それによって無みせられるおのれ自身を「知り取る」。こうした、おのれを超出した、おのれの背後と行先、おのれの周囲と内部の、「知られざる」存在の力を、まさにニヒリズムの問題現象は、告知している。ニヒリズムの問題現象は、意味の無化を介して、実は、生成する存在の「知られざる」力を、「生成の無垢」を、証示しているのである。それは、おのれが、「知られざる」存在の大きな力とその流動の中に委ねられた、非力な、しかし、その贈られた存在の偶然を生き抜くべく定められた豊穣を孕んだ存在であることを、明示しているのである。

おのれが、おのれにはどうにもならない「知られざる」存在の贈与の中におき入れられていることを、そのままに「知り取る」ことを、ここでは、「存在信念」と呼んでおこう。それが、「存在」信念であるのは、それがおのれの存在の姿、ひいては世界の存在の姿にかかわる根源的な知であるからであり、しかしそれが存在「信念」であるのは、それが、「知られざる」ものを「知り取る」特別の「知」であるからである。「知られざる」ものを「知る」ということは、知ではない知であり、知の限界における知である。それは「知識」にはならないものである。そのような特別の「知」は、まさに、「知られざる」ものを、そのままに、認め、承服するという「知」、すなわち一種の「信」である以外にはない。そうした意味で、これを「存在信念」と呼ぼう。それは、おのれの存在の根源的意味の企投を超出し、それを無みする力を認め、おのれを存在の諸相の只中に贈り届けた「知られざる」存在を、端的に承認する「信念」である。一方、この「知られざる」存在の只中にあって、おのれは、おのれの存在の根源的意味を企投し、しかもそれが無みせられる構造を根本的に包みこんでいるというおのれの存在構造を、「運命」と呼ぼう。おのれは、おのれの「運命」を生きる以外にはないものである。おのれが「運命」であることの意識は、おのれの意味と無意味の意識である。まさしくそれは、ニヒリズムの意識である。おのれ自身のなにゆえを問い、その謎に直面する意識である。おのれであるとは、おのれ自身の運命意識である。このおのれ自身の運命意識は、その根底に、存在信念を宿している。また、逆に、存在信念のあるところにのみ、このおのれ自身の運命意識が成熟する。したがって、ニヒリズムの問題現象を看取る明察は、おのれ自身の運命意識を導き、存在信念に直結する。ニヒリズムの意識は、単なる虚無の意識ではない。それは、たしかに、意味と無意味の意識ではある。しかしそれは、突きつめれば、むしろ、強烈な存在信念であり、激しいおのれ自身の運命意識である。

ニヒリズムの無は、意味の無意味化という、無である。それは、存在の無化ではなく、意味の無化であり、無化的意味という事態の存立のことである。しかし、このことを存在の次元で捉え直せば、それは、おのれには「知られざる」存在が存在することの告白にほかならず、おのれを超え出た存在の力に対する存在信念を帰結せずにはいない。それは、「知られざる」ものである。おのれの行先と背後、おのれの周囲と内部において、その行方と由来、その出現と去来の根源を見通せない、むしろおのれに贈り届けられた、「知られざる」存在の力の只中に、おのれはおかれている。それは、おのれの完結的な知の中に、集約し切ることのできないものである。おのれは、こうした、おのれへと振りかかってくる、知られざる、存在の偶然の中に、おき入れられ、組み入れられている。それは、おのれの根源的な意味の企投によって覆いつくすことのできないものである。この存在の偶然と贈与に晒され、突き破られ、無みせられるという形においてしか、おのれの存在の根源的意味の企投は、あり得ない。だから、それは、無意味化を宿し、無意味化につき纏われた、根源的な意味の企投である。しかし、おのれは、このおのれ自身の無みせられる無化の地平の中に立った根源的意味の企投を生きるよりほかに、どこにも生きるという事態をもつことができない。そのおのれ自身を引受けて生きざるを得ないという意識が、おのれ自身の運命意識である。そして、それがまた、おのれの主体性の意識にほかならない。これが同時に、ニヒリズムに直面する意識であり、おのれのなにゆえと謎を問う意識である。それは、それゆえ、その根底に、おのれに贈り届けられ、おのれにおいて生起する、おのれを超え出た、知られざる存在の働きに対する、知の限界における知を、すなわち、存在信念を、含んでいるのである。

運命意識とは、屡々、そうしたものが扱われる悲劇の装置において、おのれの昂揚した企図が、何らかの偶然に弄ばれて、挫折に帰するという形において考えられることが多い。しかし、それだけでは決してない。むしろ、おのれの根源的な意味の企投が、知られざる存在によって貫かれ、その知られざる存在の真相が、おのれの企投の果てに、おのれに見えてくるということが、運命性ということの本質を形造っている。運命の悲劇とは、自由意志の挫折であるというよりは、仮象の暴露である。おのれの存在の根源的な意味の企投によって、すべてを覆いつくせると思っていた倨傲が、その底を貫き流れる知られざる存在の力によって、掘り崩される、ということが、運命性という事態を構成する。運命性は、その底に、知られざる存在の力を、告知する。その存在の偶然と贈与によって追越され、無みせられるおのれ自身の根源的意味の企投を、おのれ自身はしかし生き抜くよりほかになかったという運命意識が、運命劇の根幹をなすのである。だからこそ、その運命意識は、なにゆえにこのようであって、あのようにではないのか、なにゆえにそもそも何かがあってむしろ無ではないのか、と問うのである。運命意識は、おのれの存在のなにゆえに向かう意識であり、それは、無意味化を背面に宿した意味の企投の貫徹であるとともに、知られざる存在に対する畏怖に充ちた存在信念を指し示すのである。

自己の存在の根源へと眼を向け、おのれの主体性の究極を問いつめていった思想は、常に、最後には、こうしたおのれ自身の運命意識と、それに深く結びつく知られざる存在の働きに対する存在信念とを、帰結したように思われる。

三　キルケゴール・ニーチェ・ハイデッガーの場合

一、キルケゴールは、既に年若い頃に、「私は自分自身を内面的に理解するにはまだ非常にほど遠いとはいえ、私は、知られざる神を崇拝してきた」と書いている(1)。この「超越的な支え」は、しかし、同時に「隠された」ものであり、だから「知られざる神」と表示され、こうしたものに「根づいて」、彼は思索を進めた(2)。やがて彼は、この「知られざる神」に関する「思惟の最高の逆説」を語るようになる。すなわち、「あらゆる情熱の最高の力」は「自分自身の没落を欲すること」にあり、だから「悟性の最高の情熱」も、「自分自身では思惟できないものを発見しよう」として「躓き」を欲することになる(3)。この、悟性が逆説的な情熱において躓きを欲するそのもの、それは、悟性には把握できないものであり、まさに、「知られざるもの」である(4)。そしてそれこそが、「神」と名づけられる(5)。この「知られざる神」に突き当って、悟性は打ち砕かれる。言い換えれば、悟性がそれまで内在的な想起の真理の中で安眠をむさぼっていた状態が、そのとき瓦解するのであり、その際にこそ初めて、「瞬間」が決定的意義をもち、ひとは、「不真理」から「真理」へと高まり、「時間の充実」が出現する(6)。ここにいたってこそ、本当の「主体性」が成立する。「自己が自己自身に関係ししかも自己自身であろうと欲するに際して、自己が、自己を措定した力の中に自覚的に自己をもとづける」(7)という、真の主体性は、ここにおいて初めて成り立つ。彼はこのあり方を「信仰」(8)と名づけた。ここには、「主体性」と、それが基づく「知られざる」存在への「存在信念」とが、「信仰」と「神」という形で、表現されていると見ることができよう。

二、ニーチェも、若い折に、「知られざる神」を歌った(9)。それは、「私の魂の中に深く喰いこんだもの」、「嵐のように私の生を貫いて吹きさすらうもの」、「捉え難いもの」、「私と血で繋がったもの」である。そこに、「十字架に架けられたもの」とは違った、「ディオニュソス」の影を看取ることは(10)、許されるであろう。しかもその詩に先立つ二年前の文章に見える、「運命」と「自由意志」をめぐる思想を、それに結び合わせることも、そう見当違いのことではないであろう(11)。そこでは、「運命」と「自由意志」をそれぞれ別個に切り離して捉える考え方が抽象的なものとして、批判される。「運命」とは、ただそれだけでは「素材のない力」にすぎず、まことには、「個人的運命」として、「様々な出来事の連鎖」において、つまり、人間が「行動して自分の出来事を作り出す」という仕方で「その人自身の運命」が「規定され」るという具合にのみ、あり得るものである(12)。一方、「自由意志」も、それだけでは「意識的に行動する能力」として抽象的であり、本来それには「無意識的行動」も絡んでいる(13)。われわれの「魂の活動」は絶えず持続していて、「意志の方向」を進んでいる(14)。「無意識的行動」の際にわれわれを導いている「原理」が「運命」である(15)。そうだとすれば、「運命」と「自由意志」との「厳密な差異」は消失して、この二つの概念は「個性という理念」の中に溶けこむであろう(16)。「自己活動的な」「内的な」「力」や、「個別化」して「全体から離れ」「絶対に無制限的に」働く「原理」、つまり「自由意志」の側面と、「外的な印象」や、「全体的発展との有機的結合」を「強要」する「運命」の側面とは、互いに結び合うことになるであろう(17)。「運命のない、絶対的な意志の自由」は、人間を「神」にしてしまうし、「宿命論的原理」は、人間を「自動機械」にしてしまう(18)。「桎梏のない」、「恣意的な」、「無限に自由な」、「彷徨する」、「精神」である「自由意志」は、「必然性」の姿においてそれに対抗する「無限の力」である「運命」なしには、本来はあり得ないのである(19)。それどころか「自由意志」とは「運命の最高の力」そのものにほかならない(20)。だからこの二つのものを取りこんだ「高次の原理」があるのであって、その前では、「あらゆる差別が一つの大きな統一性の中へと融合して流れこみ、すべてのものが発展、段階となり、一切のものが一つの巨大な大洋へと注ぎ入って、そこでは世界のすべての発展の梃子が統合し融解し合ってふたたび見出され、万物帰一となる」(21)のである。このような思想が、後年に「運命愛」の考え方に発展したと言ってもよいであろう。「事物における必然的なものを美しいものと見ること」を学び、「肯定を言う者」となり(22)、「必然的なもの」を「愛する」ようになること(23)、これが、「運命愛」であり、それは「私の愛」(24)「私の最後の愛」(25)「私の道徳」(26)「私の最も内奥の本性」(27)と呼ばれる。「人間における偉大さを現わす私の定式」が「運命愛」であり(28)、それは、「あるがままの世界に対して、ディオニュソス的に肯定を言う」(29)ことにほかならない。それは、あの「自由意志」と「運命」とが融合したもの、つまりは、私と、私には捉え難い「知られざる神」との合体と具現であろう。そこでは、生成の無垢である永遠回帰と権力意志が、そのままにおのれに引受けられて、おのれ自身の運命愛における円現が、成就されるわけであろう。ここには、おのれ自身の「運命」意識と、その根底のあの「存在信念」が、肯定的に合体統合した境涯が表現されていると見ることも、決して誤りではないであろう。

三、ハイデッガーにおいて、実存の本来的全体性は、「先駆的決意性」として規定される。そこでは、現存在が頽落的に逃避し没入していた「世界内部的存在者」は「無《ニヒツ》」になって、むしろその根底のおのれの赤裸々な「世界内存在」自身がありありと立ち現われてくる「不安」の根本情状性が(30)、漲っている。その不安の気構えの中で、「実存の非可能性」という「現存在の絶対的非性《ニヒテイツヒカイト》」(31)としての「死」の「可能性」に向かって、「先駆」がなされる(32)。そのことと結びついてのみ、おのれの「責めある存在」を引受けそれとして実存しようとする「決意性」が、本来の徹底した姿で出現する(33)。「責めある存在」とは、おのれがおのれを現存在へともたらしたのでは「非ず《ニヒト》」、企投において一つの可能性しか選べず他の可能性を選び得るものでは「非ず《ニヒト》」、頽落的な「非本来的現存在」という「非《ニヒテイ》性《ツヒカイト》」に陥り得るものであるという、徹頭徹尾「非力さ《ニヒテイツヒカイト》」に貫かれた「非力な根拠存在」であるということである(34)。この「責めある存在」としてのおのれ固有の存在可能が、「決意性」において、引受けられ企投される。しかも死への「先駆」と結びついてこそ、それは、本来の徹底した全面的な姿で現われ出る。「先駆的決意性」こそは、「現存在の実存的に本来的な全体存在可能」(35)である。しかもそこには、「決意性」を促す良心の呼び声の「沈黙」の「語り」の「聴取」がある(36)。このように、不安の気構えにおいて、世界内部的存在者の崩れ落ちる「無《ニヒツ》」を介しながら、おのれの死という

「絶対的非性《ニヒティッヒカイト》」を了解しつつ、おのれ自身の「非力さ《ニヒティッヒカイト》」を引受けて本来的全体的に実存しようとする、沈黙の中で語り明かされる、おのれ自身の固有なあり方への聴従と覚悟こそが、ハイデッガーにおいて取り出される、実存の本来的全体性にほかならない。ここには、われわれの言う、無意味さを宿したおのれの存在の根源的意味の企投という事態に、深く通ずるものがあると言ってよいであろう。

しかも、ハイデッガーにおいて、このような現存在は、「おのれを伸び拡げ」つつ「伸び拡げられ」て、いわば生誕と死の「間」そのものとして、その「特有な動性」において存在するのだが(37)、その「現存在の生起《ゲシェーエン》」の「歴史性《ゲシヒトリッツヒカイト》」の次元においてこの問題を捉え直すならば、右の「先駆的決意性」における現存在の「生起」こそは、「本来的歴史性」であり、これこそが実は「運命《シックザール》」ということにほかならない(38)とされるのである。すなわち、現存在は、先駆的決意性において、死へと先駆するが、その死の壁に「突き当って打ち砕かれて」、おのれの「事実的な」「現」に既にある「世界の中への自己の被投性」へと「投げ返される」のであり、このようにして被投性の中で見出される「相続された可能性」「伝来の可能性」を「おのれへと伝承する」ことにおいて初めて、現存在は、現在の状況を「眼差しつつ《アウゲンーブリック》」本来的にそれへとかかわってゆき得るのである(39)。これが、「運命」であり、「本来的歴史性」である(40)。「死への先駆」によって、偶然的などうでもよい諸可能性がことごとく追い払われ、悦楽や軽率や逃避の種は刈り取られ、現存在は、その「有限性」において、「おのれの運命の単一さ」の中に立つことになる(41)。単なる事件の重なり合いが、運命を作り出すのではなく、逆であり、もともと現存在が、「運命」として存在しているからこそ、運命的な打撃に見舞われることにもなる。「運命」において現存在は、「おのれの有限的な自由という固有の威力」においてあるとともに、「おのれ自身へと引渡されてあるという無力」においてある(42)。「運命」とは、「おのれ自身の責めある存在への、沈黙した、不安の気構えからする自己企投という、無力で、逆境にもおのれを用意した威力」(43)である。ここには、さきにわれわれの語った、おのれの存在の根源的意味の企投を生きるおのれ自身の運命性が、明確に言い表わされていると見ることができるであろう。

ところで、このような、現存在の本来的全体性の生起である「運命」は、しかしハイデッガーにあっては、一体その果てにおいては、どのような帰結をもたらしたであろうか。それは、結局、「転回」した思索の境涯を導いたのであった。もともと、「運命」を帰結した思索自身が、「存在一般」の「意味」を明らめようとする意図から発したものであった。この思索は、その後、「現存在の開示性」を超え、「存在の露顕性」に迫ろうとして(44)、「存在者全体」と「一体をなし」ながらそれを「拒否しつつ指示する」「無」の問題に突き進み、そこで「なにゆえにそもそも存在者があって、むしろ無ではないのか」という、無と存在をめぐる問いを問うこと、さきにも触れた通りである(45)。この「無」は、実は「存在者の側から経験された存在」(46)であることが、その後告白され、この「無」と「存在」の関連を深く思索したその果てに、遂には、「存在」は「存在者」として「おのれを送る《シッケン》」と同時に「おのれを退ける」という、「存在の運命《ゲシック》」の思想が披瀝されるようになって行った(47)。それどころか、さらにその後には、そのような「存在」さえもが、もっと奥深い「エルアイクニス」のうちから、「拒み叶えさせない」という「時間」の中で、人間のところに手渡されてくるということが言われるようになり[48]、そうした「エルアイクニス」は、もはや、「存在といった種類のものではないもの」とまで語られるにいたっている[49]。ともかく、このように、現存在の「運命《シックザール》」の根底に、おのれを送るとともに秘匿する存在の「運命《ゲシック》」が見出されて、存在はおのれを顕現しつつ秘匿するという真理においてあるとされ、さらにその根底には「エルアイクニス」ということが見届けられるようになって行ったのである。こうしたハイデッガーの考え方のうちには、われわれがさきに見た、あの、おのれの存在の根源的意味の企投としての自己の運命意識の根底に宿る、「知られざる」存在の働きに対する存在信念と符牒し合うものが、ありはしないであろうか。われわれの述べた「運命意識」と「存在信念」が、ハイデッガーにおいては、現存在の「本来的歴史性」である「運命」と、それを突き破ってその根底で支配する「存在の運命」ないし「エルアイクニス」といった形で立ち現われてきているのだと見ることは、恐らくは、全く許容されない牽強附会であるとばかりは言い切れないものをもつように思われる。自己の運命性と、それを超え出る知られざる存在という、二つの側面は、固く結び合って成立しているのであり、だからこそ、その一方にのみ偏する考え方は、必ずや「転回」を強いられざるを得ないのである。この二つの契機は、絡み合い、織り合わされているのであって、おのれの存在を生き抜く根源的意味の企投は、それを超え出る知られざる存在の地盤の上でのみ、展開され、また後者は、絶えず前者を無みし、超出しながら、しかしみずからの影を、前者のうちに深く投げかける、というような具合に、両者は深く交錯し合っているのである。

四　存在の先行的事実性

ニヒリズムの無は、意味に関する無であって、決して、存在が無に化していることを謂うものであることはできない。むしろそれは、意味の無意味化の根底に、意味を無みする、意味の枠組に集約し切れない、知られざる存在の働きがあることを、承認する思想なのである。存在はあくまでも存在していて、決して無ではない。ニヒリズムの問題現象への着目は、人を、傲岸不遜な我執へと導くどころか、むしろ、存在への畏敬を人に教える。人は、おのれの存在の根源的な意味の企投を生きるよりほかにないが、それを超え出る知られざる存在の中に、自分がおかれていることを知り取ることが、意味と無意味の意識を帰結させるのであり、ニヒリズムの問題現象を構成する。ニヒリズムの意識は、知られざるものへの畏れを、人に教える。畏怖にみちた存在信念に支えられてのみ、本当の運命意識は成り立つのであり、鋭い運命意識は、固い存在信念を導いてくる。自己に徹した考え方は、決して狷介固陋な我意に閉じ籠ることを招来するものではなく、逆に、おのれの存在の根源的意味の企投という非力で力強い有限的運命を超え出、それを無みする、知られざるものに対する、開かれて打ち砕かれた、謙譲と悠揚と放念を、そして、そうしたおのれ自身の没落の中で現われるより大きなものに対する肯定と恭順と畏敬を、指教するのである。「没落してゆく者を私は衷心からの愛をもって愛する。なぜなら彼らは、超え出てゆくからである」と、かつてニーチェは語った(50)。おのれを超え出た、知られざる存在の中へと、脱自的《エクスターティッシュ》に、おき入れられ、その中に、みずからを離れて外に立つ《エク・シストー》、ということが、真の意味で、実存《エクシステンツ》することにほかならない。実存は、おのれの存在の根源的意味の企投であるよりほかにないが、それは、それを超え出、無みする、知られざる存在の次元の開けのうちにおき入れられていることを知り取る存在信念なしには、本当はあり得ないのである。なぜなら、おのれの存在の根源的な意味の企投は、無意味の地の上にのみ可能であり、無みする力との拮抗なしには、およそ意味の問題化は、不可能だからである。

実存の運命意識といった問題圏域には密接な関係を有しなかったフッサールでさえも、その晩年には、意味の志向性が働く根底に、「受動的な先所与性」の「領域」、すなわち「存在する」「世界」という「全般的地盤」、その存在する世界を確実に存在するものとして信憑する「信憑確実性の様態における」「世界意識」、そうした「世界信憑という全般的地盤」、その「臆見の領域」が存することを、承認するにいたった(51)。むろん、フッサールの主眼は、この「存在する世界」の「存在」の「事実性」と「先行性」を、知にならない知としての「信憑」において掘り下げることにあったというよりは、それを「地平」の問題性を介して、やがては、意味の成立の問題群へと引き入れてゆくことの方にあったと言うべきであろう(52)。しかし、ここには、意味の企投を生きるおのれの根底に、存在する世界の先所与性を見た、一つの看過できない指摘があることは、疑いを容れない。

ニヒリズムの無を意味の無と解することは、こうして存在の事実性の承認を帰結する。いな、そうした解釈のみが、初めて、存在と意味、意味と無意味の関連に関して、事態の正しい解明をもたらしてくれる。存在が無になることが、断じて、ニヒリズムではない。そのようなことは、主張することが不可能である。無化の現象が現われるのは、おのれと世界の存在の真只中においてのみである。この存在そのものが、知られざる、より大きなものとして、おのれを、存在の諸相の只中に投げ入れ、遮り、様々なものとの交渉に宿命づけ、おのれを飛散させ、こうして、おのれの存在の根源的意味の企投を、超え出、無みしつつ、支え、それをおのれに贈り届け、おのれをおのれとして生起せしめる。このものによって無みせられるという、無化の地盤の上でのみ、おのれの存在の根源的意味の企投は、成立し、張りつめ、またそのようにそれ自身が意味の企投を生きつつ、知られざる存在によって無みせられるという、無化と非力さの性格を、それは、みずからに貫通させているのである。おのれは、このような仕方において、存在の只中にあり、おのれの意味を問題化する。その問題化は、無意味を背面に宿し、知られざる存在を指し示す。こうした自己の運命意識と存在信念の中でのみ、初めて人間の営為の諸相が展開し得るのであり、またそのことの了解が可能になってくることができるのである。

（1） Vgl. K. Jaspers, Vernunft und Existenz, 1949, S. 20.
（2） K. Jaspers, op. cit., S. 20.
（3） S. Kierkegaard, Philosophische Brocken, übersetzt von E. Hirsch, E. Diederich, 1960, S. 35.
（4） S. Kierkegaard, op. cit., S. 37.
（5） S. Kierkegaard, op. cit., S. 37.
（6） S. Kierkegaard, op. cit., S. 7–20.
（7） S. Kierkegaard, Die Krankheit zum Tode, übersetzt von E. Hirsch, 1957, S. 10.
（8） S. Kierkegaard, op. cit., S. 81.
（9） F. Nietzsche, Dem unbekannten Gott, in: Götzendämmerung, Ecce Homo, Gedichte, Kröners Taschenausgabe, Bd. 77, 1954, S. 457 f.

(10) F. Nietzsche, Ecce Homo, in: op. cit., S. 409.
(11) F. Nietzsche, Fatum und Geschichte, 1862; Willensfreiheit und Fatum, 1862, in: Jugendschriften, Musarion Verlag, 1922, S. 60–69.
(12) F. Nietzsche, op. cit., S. 68.
(13) F. Nietzsche, op. cit., S. 68.
(14) F. Nietzsche, op. cit., S. 69.
(15) F. Nietzsche, op. cit., S. 68.
(16) F. Nietzsche, op. cit., S. 69.
(17) F. Nietzsche, op. cit., S. 69.
(18) F. Nietzsche, op. cit., S. 69.
(19) F. Nietzsche, op. cit., S. 65.
(20) F. Nietzsche, op. cit., S. 66.
(21) F. Nietzsche, op. cit., S. 66.
(22) F. Nietzsche, Die fröhliche Wissenschaft, Kröners Taschenausgabe, Bd. 74, 1956, S. 276.
(23) F. Nietzsche, Die Unschuld des Werdens, I, Kröners Taschenausgabe, Bd. 82, S. 357.
(24) F. Nietzsche, Die fröhliche Wissenschaft, S. 276.
(25) F. Nietzsche, Die Unschuld des Werdens, I, S. 357.
(26) F. Nietzsche, op. cit., S. 357.
(27) F. Nietzsche, Nietzsche contra Wagner, in: Kröners Taschenausgabe, Bd. 77, 1954, S. 72; Ecce Home, in: op. cit., S. 399.
(28) F. Nietzsche, Ecce Homo, S. 335.
(29) F. Nietzsche, Der Wille zur Macht, Kröners Taschenausgabe, Bd. 78, Fr. 1041, S. 679 f.
(30) M. Heidegger, Sein und Zeit〔以下 SZ と略〕, 7. Aufl., 1953, S. 186 ff., 276 f., 343 f.
(31) SZ, S. 306.
(32) SZ, S. 262.
(33) SZ, S. 305 ff.
(34) SZ, S. 283 ff.
(35) SZ, S. 305.
(36) SZ. S. 272 ff.
(37) SZ, S. 375.
(38) SZ, S. 384.
(39) SZ, S. 385, 383 ff.
(40) SZ, S. 384 f.
(41) SZ, S. 384.
(42) SZ, S. 384.
(43) SZ, S. 385.

（44） M. Heidegger, Vom Wesen des Grundes, 3. Aufl., 1951, S. 12 f.

（45） M. Heidegger, Was ist Metaphysik?, 6. Aufl., 1951, S. 22–38.

（46） M. Heidegger, Vom Wesen des Grundes, S. 5.

（47） 詳しくは、前掲拙著『ハイデッガーの存在思想』一五八ページ以下参照。なお、前掲拙著『ハイデッガーの実存思想第二版』六六四―九〇ページ参照。

（48） Vgl. M. Heidegger, Zeit und Sein, in: Zur Sache des Denkens, 1969.

（49） M. Heidegger, op. cit., S. 22, 49.

なお、詳しくは、拙稿「〈存在と時間〉から〈時間と存在〉へ」（『現代思想』青土社、昭和四十九年十一月号所収）を参照されたい。

（50） F. Nietzsche, Also sprach Zarathustra, III Teil, Von alten und neuen Tafeln, Kröners Taschenausgabe, Bd. 75, S. 221.

（51） E. Husserl, Erfahrung und Urteil, 3. Aufl., 1964, S. 24, 25, 44.

（52） 詳細は、別の機会に譲る。簡略には、前掲拙稿「本質・還元・現象――フッサール、ハイデガー、メルロー＝ポンティ――」参照。

三　自己への生成とその全体

第八講　人間的営為の諸相、および深淵と没落

一切の生命に纏いつく深く打ち毀し難い憂愁。
――シェリング

一　無意味の二種類

おのれを超え出た、知られざる存在の地の上で、おのれの存在の根源的意味の企投は成り立ち、そのことによって、世界が展ける。それは、おのれの運命意識に貫かれた企投である。しかしそれはその根底に存在信念を宿している。この存在信念は、おのれの意味の企投が、無みせられる働きと場面のあることを了解している。このような意味と無意味の拮抗の中で、人間と世界の諸相の基本的なものが、展開してくる。

おのれを無みする知られざる存在の働きがおのれにおいて出現し生起する局面は、極限的な無意味と、具体的無意味という、二つの無意味が、現われる場合であった。この二つのものは、絡み合っていて、決して離ればなれにあるものではない。おのれを没根拠のうちから被投性へと投げこみ既存在

の偶然を生起せしめた没意味と、おのれを死の限界において非存在の偶然へと晒す超意味の働きを行なうものが、同時にまた、おのれを事物や他者との遭遇や交渉という他存在の偶然に組み入れる逆意味の働きや、おのれをおのれ自身の時間的飛散という異存在の偶然に捲きこむ非意味の働きをも、出現せしめるのである。それらは、みな、知られざる存在の無みする力の出現である。それらを、そうした無みする力の無意味と了解しながら、おのれは、おのれの存在の根源的意味の企投を生きるのである。しかし、そうした無みする力の出現は、極限的であるか、或いは具体的であるかの差異によって、やはり、そこに相違を生じてくるのである。逆意味や非意味を送り届けるその同じ無みする力が、とりわけ極限的には、没意味や超意味を顕わにし、また没意味や超意味を垣間見せながら、とくに具体的には、その力が、逆意味や非意味を、おのれに体験させる。おのれの存在の根源的な意味の企投は、それに拮抗する無意味の、この極限的と具体的という、相互に絡み合った同じ力の出現の、その特殊的二相のいずれかに着目して、それと対抗するとき、そこに、その根源的意味の企投の、「意味づけ-意味づけられた」全体的作用の様々な諸場面が、成立してくるのであり、そのかぎりにおいて、やはり、この無みする力の極限的と具体的の二つの現われは、緊密に結び合いながらも、区別されることが妥当なのである。

二　極限的無意味に対して

おのれが知られざる存在の力の中におかれて、それによって追越され無みせられるという無意味化の事態が、最も鋭く際立って、したがって極限的な鮮烈さにおいて、出現してくるのは、むろん、極限的な無意味の場面においてである。なぜならそのとき、おのれを無みする力が、おのれには絶対にどうにもできない極限的な形で、出現してくるからである。おのれが被投的に没根拠の上に既存在しているという没意味や、おのれが死の限界によって遮られて非存在に晒されるという超意味は、おのれには、もはや絶対にどうすることもできない定めである。むろん、こうしたどうにもできない無みする存在の力は、他存在や異存在の形をとっても現われ、逆意味や非意味として、おのれの存在の根源的意味の企投に了解されてくるのではあるが、しかしその場合の無みする力の出現は、絶対的極限的な様相を帯びてはいない。というのも、それらは、具体的に体験されて、おのれの存在の根源的意味の企投を実質的に構成する諸要素にさえなっており、だから、それらは、おのれの生起という歴史を構成する歴史的な無意味であるとも言われ得たのである。これに対して、さきの極限的無意味は、そもそも、おのれに具体的に出会われる無意味ではないのである。それは、そもそもの初めにおいて、おのれがどうしようもない形で――というのは、その当のことが、どうにか処理できるそのほかのおのれのすべての場面を根源的に出現させ、支えるのだが、まさにこのおのれの出現そのものは、しかしそのおのれにはどうにもできない被投的事実性として、ひたすらおのれ自身に引受ける以外にはない絶対的出来事だからであるが――、そうした絶対的極限的な形において、おのれが既に存在してあるという没意味として現われるとともに、かつまた、そうしたおのれが、おのれにはどうにもできない形で、非存在に晒され、死の限界に直面させられるという、超意味として現われるからである。それゆえ、これらの没意味や超意味において、おのれを無みする知られざる存在の力は、最も極限的絶対的な姿で、おのれ自身に銘記され、刻印されてくるのである。ただし、繰返すようだが、その同じ無みする力が、同時に、具体的歴史的に、おのれのうちに、逆意味や非意味をも刻みこんでくることは、言うまでもない。しかし、逆意味や非意味の姿においても、無みする力を銘記させるその知られざる存在の働きは、最も際立った鮮烈な様相においては、没意味と超意味において、その畏怖すべき相貌を、極限的絶対的なありさまのうちで、おのれに告知してくるのである。

具体的歴史的な無意味を伴いながら、しかしとりわけては、極限的な無意味のうちに、おのれを顕わにしてくる、無みする知られざる存在の力に対して、おのれは、その無意味化の力を了解しながら、しかし、おのれとしては、そのおのれの存在の根源的意味の企投を果たすよりほかにはないであろう。ことのほかこうした極限的絶対的な無意味化の力に直面して、おのれは、おのれの存在の、あくまでも「意味づける」根源的な企投の作用を図って、そこに基本的に、三つの、「意味づけられた」内容を、打ち樹てようとするであろう。

第一に、こうした無意味化する「知られざる」存在の働きを、知られざるままにとどめずに、それを「知られた」もののうちに取りこんで、高次の「知」的意味づけの中で有意味化されたものたらしめようと、おのれは、その根源的意味づけを敢行するであろう。それは、おのれを超え出た存在そのものの全体を、すなわち、おのれを投げ出し、おのれを非存在へと回収する、超越的な存在の力を——むろん、この存在の力は、同時に具体的歴史的に、他存在の豊穣な地平や異存在の飛散をも送り届けるものであるが、とりわけ極限的には、おのれにはどうにもならない絶対的な姿で、おのれの既存在と非存在を生起せしめる超越的な力であり、そうしたものを――、まさに絶対的な意味づけにおいて、絶対的に意味づけられた知的体系のうちに掌握し尽くそうとする試図となって現われる。というのも、そうした乗り超えられない無意味によって無化されることは、おのれには耐え難いからであり、その無化に拮抗して、これを絶対的な形で、抑えこもうと、おのれは企図せずにはおれなくなるからである。それが、「哲学的形而上学」にほかならない。哲学的形而上学は、知られざる存在の全体を、絶対的な知的意味づけの中に掌握して、存在と一体化した意味づけられた内実を展開し、このことによって、おのれ自身の絶対的な位置を確保しようとするものにほかならない。それは、存在と知の同一性の貫徹という、意味づけ－意味づけられた絶対的世界の構築の企図である。哲学的形而上学は、あの「存在信念」を「信念」のままにとどめずに、知られざる存在を「知」の中に絶対的に取りこもうとする、それ自身「存在信念」の上に成り立った一つの冒険的な企図である。しかし――、こうした哲学的形而上学は、もともと、知られざる存在を、あえて、意味づけられた絶対知へと取りこもうとする暴挙であった以上、それの徹底は、必ずや、知られざる存在の承認という形での、自己の体系の瓦解と挫折にいたるべきものである。これの大規模な展開の様相の近代における一事例が、ドイツ観念論の成立・展開・終焉という事態であったように考えられる。

第二に、右の試図とは違って、この無意味化する「知られざる」存在の力に直面して、おのれは、その根源的な意味の企投を行なうに当って、それを絶対的な知的意味づけの中に取りこむことをなさずに、まさにそれを、「知られざる」ままにとどめて、その「知られざる」ものを、「知られざる」ままに、「知り取り」つつ、――すなわち、あの「存在信念」にもとづきつつ――、しかも、それに名を与え、表象を加え、そこにおのれを超出した何者かの存在者の意志を看取して、それによっておのれが乗り超えられることを率直に承認し、それどころか、さらには、そうしたおのれを支配する超越的なものを畏怖しつつ仰ぎ見、それへの憧憬と服従、それに嘉《よみ》せられた救済への希求において、そのものを讃え、その前にひれ伏すとき、そこに、「宗教」という意味づけられた世界が、構築されてくる。宗教は、おのれを絶対的に超え出るものを、未知ではあるが一つの表象において思い描き、そのものへの帰依を告白し、そのもののもとへの恭順な参入において、おのれの無意味化を超えた意味を、信じこもうとする企てにほかならない。それは、おのれを無化する知られざる存在の力への畏敬において、そのものへと帰りゆき、無意味を超出した永生を祈念する、一つの「信仰」という意味づけの企投である。しかし――、そうした宗教的信仰は、あの「存在信念」そのものと同じではない。それは、表象において久遠を希求し、救済を希望する、それ自身「存在信念」にもとづけられて現われる、一つの意味づけ‐意味づけられた企図にほかならない。しかも、それは、信仰者にとってのみ成立する意味づけられた世界にすぎない。

第三に、あの無意味化する、おのれを超え出た、知られざる存在の力を前にして、おのれは、とりわけ、おのれの偶然的な既存在と非存在において、おのれ自身が超え出られ、没落させられる運命においてあることを知る。運命意識の根底には、存在信念がある。おのれを超え出た存在の力の湧出によって、おのれが生の豊穣の中に投げこまれ、また没落させられることの、不安と喜び、生と死は、おのれに、多様な情動を呼び起こし、おのれを、戦慄と動揺と惑乱の、華麗で儚《はかな》い諸々の気分と情緒的感動の波間に漂わせるであろう。それは、甘美と同時に苦悩であり、歓喜であるとともに悲哀である。この、存在信念に裏づけられた、没落の運命意識において、おのれの生の瞬間を繋ぎ止めようとするとともに、それを没落の定めに委ね、解放しようとして、情動の旋律と多彩な絵巻物の華麗な連続という生の姿を、そのまま歌いあげ描き語ろうとするとき、そこに「芸術」という意味づけられた世界が構築されてくるであろう。芸術という意味づけ－意味づけられた世界の根底には、没落の運命に委ねられた生の豊穣を、その過ぎゆく甘美さにおいて繋ぎ止めようとする意欲がある。歓びと悩みと怖れに彩られた生の律動を、増幅された形で、奏で再現し語り明かそうとする、無意味化の宿命に委ねられた予感からする、超克への意志がある。それが、美に取り憑かれ蠱惑された者のなす根源的な意味づけの働きにほかならない。しかし――、こうした芸術意欲とそれにもとづけられて成立する意味づけ－意味づけられた芸術的世界は、むろん、そうした創造的行為を生きる芸術家によってのみ、切り拓かれはするが、知られざる存在の湧出による没落と、そこからする情緒的惑乱の甘美と苦悩は、人間そのものにあらゆるところでいつでも体験される事態であるから、こうした芸術的な意味づけ－意味づけられた領野の成立の根は深く、それの創造と享受の萌芽は、多様な仕方で、絶えず茎を伸ばし、花を咲かせようと用意を整えていると言わなければならない。

――このように、とりわけ極限的な無意味に直面して、その無意味化の定めに晒されながら、おのれは、おのれの存在の根源的な意味の企投を、「哲学的形而上学」、「宗教」、「芸術」といった、意味づけ－意味づけられる世界の構築という形で遂行する可能性を保持する。むろん、「哲学的形而上学」の意味づけられた内容は、それ自身が崩壊の定めを背負っているが、しかし、人間は絶えずこの絶対的な哲学的形而上学への知的希求を抱くものである。また「宗教」の世界は、「信仰」を前提にしてのみ成立する意味づけられた領域であるが、人間に「存在信念」が根源的であるかぎり、そこからこの宗教的信仰にいたる道程はそう遠くはなく、それゆえにこのものの成立の根もまた深いのである。さらに「芸術」は、没落する運命意識を負った人間が、不断に、その創造と享受の萌芽をおのれのうちに感受せざるを得ない、魅惑的な意味づけ－意味づけられた世界として、その成立のあまねき基盤を、人間的生そのものの中に、所有していると言わなければならない。これらの人間的営為の諸局面は、その根底に、ひとしく、知られざる存在によって乗り超えられるという無意味化を感得する人間のなす、根源的な意味の企投を秘めている。そこには、知られざる存在と、その上でおのれの運命を生きざるを得ないおのれとの、意味と無意味の交錯の根源的現象がある。それゆえ、これらの諸営為を生み出す根源には、ニヒリズムの問題現象があったのだと言わなくてはならない。

三　具体的歴史的無意味に対して

しかし他方で、おのれは、右のようにとりわけ極限的な無意味の出現に抗して、おのれの存在の根源的意味の企投を行なうだけではなく、おのれに具体的に出会われる無意味に対して、それに絡まれ組みこまれながら、おのれの存在の根源的意味の企投をも行なうものである。むろんのこと、あの極限的な無意味を送り届けるのと同じ知られざる存在が、おのれに、具体的な無意味をも送り届ける。しかし、とりわけ後者の無意味は、前者のように、もはやどうにもならない絶対的な無化の力としておのれに振りかかってくるものではなく、むしろ具体的におのれに日毎体験され味わわれ、こうしておのれの生成の生起という歴史を構成する必須の契機ともなっているような、歴史的具体的な無意味である。それは、おのれが絶えず様々な事物や他者という他存在との遭遇や交渉、それとの対決や格闘という逆意味に取り囲まれ、そうした中でおのれは、おのれの時間的飛散という非意味の分裂を超えておのれからおのれへと生成するという事態において、成立している。こうした逆意味や非意味という具体的歴史的無意味が、知られざる存在の背景の中から、おのれの存在の根源的意味の企投に出会われ、それを攪乱し多様化させ、変転と閲歴を強いるがゆえに、おのれは、それらに抗して、おのれの存在の根源的意味の企投を、まさに統一的に全体化して、一層張りつめた姿で、企図せざるを得ないのである。このような局面において出現する、意味づけ－意味づけられた世界に、これまた三種の次元を区別することが可能であるように思われる。

第一に、おのれは、おのれがそれとの遭遇や交渉に宿命づけられている他存在のうちの、事物という他存在のもつ逆意味に抗して、おのれの存在の根源的意味の企投を果たさざるを得ない。この場合の事物には、他者という事物性も含まれる。他者もまた時に一個の事物と見なされることが可能だからである。おのれは、おのれの周囲に、様々な事物が、その事物存在性において、存在し、おのれがそれに囲まれ、それとの関係や交渉や必要において、それと宿命的に結ばれていることを知っている。そうした事物がおのれの周囲に存在することは、おのれにはどうにもならない事実性であるが、これはしかし、おのれの存在と具体的に固く組み合わされた、おのれに不可避の、また不可欠の、それでいて完全には見通し難い、知られざる存在の背景から、浮び上がってくる、奥行きの深い、重々しい、事実性である。この逆意味を前にして、おのれの存在を生きるとき、おのれは、この諸事物の事実性を、考慮に入れ、おのれの意味のうちに取りこんでゆかざるを得ない。こうした意味の企投が、広義において、「認識」の営為である。おのれに体験される、これらの事物のどうにもならない事実性を、自然性と呼ぼう。おのれは、「自然的事象」を「認識」の行為において捉え、これをおのれの存在の根源的意味の企投の中に組みこんで、広義の「技術」的営為を行使する。しかし——、こうした逆意味の意味化は、具体的に絶えず取返され確証され検討し直されるものであるから、このようにして成立した、意味づけ‐意味づけられた、「自然的事象」の「認識的技術的」世界は、不断に更新されてゆく定めをもつし、また、それらは、究極的には、知られざる存在の背景の上で成立するものであるから、決して当の自分を絶対化することの不可能なもの、知られざる存在の上でのみ成り立つ限界を帯びたものであることを忘れてはならない。

第二に、右の、おのれに遭遇し出会われる他存在のうちの、他者——他なる人間——のもつ逆意味に直面して、おのれは、やはり、おのれの存在の根源的意味を企投せざるを得ない。この場合、他者は、事物と全く別個に出現するわけではなく、事物と組み合わさった中で、おのれに出会われる。おのれも他者も、事物、すなわち「自然的事象」と不可避不可欠な仕方で結び合わされている以上、そうしたものなしの他者との出会いはあり得ない。しかし、おのれに遭遇する他存在のうちに、事物と他者を区別することは、やはり意義をもつ。というのは、他者は、事物と違って、おのれと意思を疎通させ、おのれと確執したり和合したり、その逆意味としての出現の度合いにおいて、事物とは異なった奥行きと次元を具えているからである。この自然的事象性を背景にした、他者との交渉連関の全体の中で、おのれが築く根源的な意味の企投が、広義において、「実践」である。その「実践」の中で、──それはむろん「認識」と嚙み合っている──、「歴史的社会」の世界が、切り拓かれる。切り拓かれるといっても、そこで突如、おのれの実践によって、それが生み出されるというわけではない。この他者との交渉連関もまた、おのれに具体的に出会われるところの、しかしどうにもならない事実性を具えているからである。しかし、そのどうにもならない性格は、自然的事象のそれと違い、おのれの実践によって拓かれ、またそれを介してそれが動き進展するのであり、こうして、おのれの実践を含みこみつつ、その歴史的社会は、事実性の重みにおいて、展開してゆく。おのれは、こうした他者との交渉関係を軸とした歴史的社会の逆意味の中に、おのれの存在の根源的意味を、整序し樹立しようとするのである。──しかし、このようにして成立する、意味づけ－意味づけられた「歴史的社会」の「実践的」世界は、不断の進展の渦中にあり、知られざる存在の背景の上に成立する以上、それの絶対的な完結、終末論的な完成は、望むことが、原理的に不可能である。

第三に、おのれは、こうした他存在の逆意味との交渉連関の中で、豊穣と多様、分裂と多岐を経験しながら、まさに、当のおのれ自身の存在の根源的意味を企投する。そのおのれは、既にあるおのれを引受けつつ、おのれへと向かって、おのれの多様化の媒介を経めぐりつつ、生成する。その生成は、おのれからおのれに向かっての生成であり、それゆえ、同時におのれへの還帰である。おのれへの生成は、おのれを離れ、捨て、おのれと別物に成るということではない。それはむしろ、多様化の媒介を経めぐりながらの、おのれ自身の開花であり、成就であり、達成である。しかしそれは、決して単純に無媒介的に達成されるものではない。他存在との絡み合いという否定的媒介を経ながらの生成である。ということは、おのれが、もはやかつてのおのれでは非ず、いまだ真のおのれでは非ずという、おのれの異なった時間的諸相の飛散という異存在の非意味を媒介としてのみ、おのれは、おのれであり、おのれと成る、ということである。このおのれ自身の非意味としての時間的飛散の只中を通じてのみ、おのれの存在の根源的意味が成就される。このおのれ自身の生成が、「実存」という場面にほかならない。――しかし、この「実存」という、おのれ自身の意味づけ‐意味づけられた生成の全体は、その背後と行先において、既存在と非存在という、没意味と超意味を宿し、それによって追越されるという宿命を背負っている。しかしそうした有限性の中で、おのれは、他存在と絡み合ったおのれの異存在を、その分裂と豊穣、多様性と全体性とにおいて、非意味を超克した、おのれ自身の存在の根源的意味の全体化の企投として、円現させようとするのである。

――このように、とりわけ具体的無意味に取り捲かれ纏いつかれながら、おのれは、おのれの存在の根源的意味の企投を、「自然的事象」の「認識的技術的」営為、「歴史的社会」の「実践的」営為、そして当のおのれ自身の「実存」の行為という形で展開して、そこに意味づけ－意味づけられた諸領域を開拓するのである。もちろん、「認識的技術的」営為は完結せず、またみずからを知られざる存在の上にもとづけないとき、それは、恐るべき転倒を生み出す。「実践的」営為も、みずからを完成した終末論的場面を夢想するとき、おのれの奈辺に位置するかを忘却した倒錯に陥る。しかしこれらの営為は、逆意味に抗した根源的な意味の企投として、おのれにとっては、おのれの存在を構成する具体的契機をなすものである。そうした逆意味に絡まれた中で、おのれは、おのれの非意味を超えて、「実存」の根源的意味を成就しようとする。しかし、その根底には、あの知られざる存在による追越しが、控えている。けれども、おのれは、このおのれの存在の根源的意味の企投を生き抜くよりほかにない。こうして、これらの様々な諸領域の営為の根本には、意味と無意味の根源的現象が、貫通しているのである。

四　いくつかの注意

さて、意味と無意味の交錯の中から、以上のように、人間の行なう諸々の営為の諸局面が成立してくることを、見た。これらの諸局面の根底には、根本的に、意味と無意味、すなわち、おのれの存在を生きる運命意識と、それが知られざる存在によって追越されることを知り取る存在信念とが、横たわっている。このニヒリズムの問題現象が、右のように、人間のなす諸営為とその諸領域を成立させてくるのである。しかし、ここでわれわれは、いくつかのことに留意しておかなければならない。

一、右に粗描した意味と無意味の拮抗から生ずる人間的生の諸局面の考察は、もちろん、その成立のごく基礎的な論理の論及にすぎない。これらについてはもっと立ち入った究明がなされなければならないのは、明らかである。しかしその試みは、ここでは断念せざるを得ない。ここで肝要なのは、例えば右の素描におけるような具合に、あの人間存在の根底に巣喰うニヒリズムの問題現象にもとづいて、人間的営為の諸相やその活動の諸領域の成立の根が解明されて、人間存在とその世界の展開の仕組みが了解され得る基盤が獲られるという、事実である。これは、ニヒリズムの問題現象が哲学の根本問題であったかぎり、当然であり、それは、哲学の基礎的諸問題の洞察へと発展し得、哲学史的諸問題にも繋がり、こうして様々な哲学的問題性を包括的に追究する視野をも拓き得る底のものであるわけである。しかし、ここでは、哲学の体系の樹立が問題であるのではないので、右のように、哲学の根本問題としてのニヒリズムの問題現象が、広範な哲学的論題へと展開し得る素地を含んでいるという指摘でもって、満足しなければならない。

二、右のような、人間的生の諸局面の成立の理解の際に、それを導いている明察そのものは、一体、どの局面に属するのか、という問いが、提出され得る。しかし、この明察が遂行され得る場所は、むろんのこと、それらの諸局面と同一次元上には、存することはできない。それは、まさに、おのれの存在の根源的意味の企投を生き抜いて、それが無みせられる諸場面のあることを了解しつつ、それにもとづいてそれらの諸局面が成立することを熟知しまたその諸局面の中でみずから生きながら、そのおのれである運命意識とそれを超え出る存在信念において、おのれと世界の存在のロゴスを見取っている「内面性の現象学」の立場そのものにほかならない。この立場において、まさに、それらの諸局面が明察されながら、取り纏められ、おのれと世界のロゴスが実を結ぶのである。

三、そのことは、さらに次の重要な論点を導いてくる。右のように、たしかに、おのれは、おのれの意味の企投とそれを無みする無意味の中で、おのれの非力な存在を様々な様相において生きるのだが、その際、それを支えるものと、それに支えられて出現するものとを、区別しなければならない。言い換えれば、「意味づける」ものと「意味づけられた」ものとの相違である。例えば、とりわけ極限的な無意味に抗して、おのれは、おのれの意味づける働きにもとづいて、哲学的形而上学や宗教や芸術などの、意味づけられた世界や領域を構築する。また、とりわけ具体的な無意味に抗して、おのれは、認識や実践の諸領域を開拓し、またみずから実存的に生きる。このようにして、哲学的形而上学や宗教や芸術や、さらには多様な学問的認識や論理、歴史的社会や道徳的政治的経済的諸領域やが、意味づけられた世界として、それら固有の意味的存在において、成立してくる。しかもそれらは、決して離ればなれに成り立つわけでもなく、また単層的なものとして成立するのでもない。それらは相互に交差し、またそれぞれの内部で重層的な意味づけ－意味づけられた構成を作り上げてゆく。しかし、これらすべてを根底で支えるのは、当のおのれの、意味づける作用である。実際、この地点に立脚した「内面性の現象学」によって、それらの意味づけ－意味づけられた諸領域全体の展開もが見通せたのである。右の意味づけられた諸領域の成立の根底にあるものは、当のおのれの存在の根源的な意味の企投という働きである。ただし、その際に、単独なおのれの意味づけの作用が、いわば虚無の中から突如、それらの諸領域の意味づけられた諸局面を、創り出すのでもない。おのれはむしろ、それらの諸領域の中に既に何ほどかかかわっていて、そのうちから、おのれの意味づける作用とあいまって、それらの諸領域の意味が、おのれを通して、拓けてくるのである。したがってまた、おのれは、単に、根底にあって支えるところの、意味づける作用だけであるのでもない。おのれ自身が、意味づけつつ意味づけられるのである。意味づけと意味づけられたものとは、相互に滲透し、侵蝕し合う。だから、おのれ自身の実存は、決して、それだけで孤立し切断されてあるものではなく、それらの諸領域との交錯の中でのみ、意味づけ－意味づけられつつ、生成し、展開するわけである。しかし、そうはいっても、第一次的な、根源的意味づけの次元と、その上で成立した意味づけられた領域の中での再度の意味づけ、さらには無限に重層化してゆく意味づけ－意味づけられた諸領域の中での意味づけとは、区別され得る。第一次的な、すなわち、それ以上その意味づけの根をみずからの根底にもたないような、根源的な意味づけの基体は、まさに、おのれの存在の根源的意味の企投を生きる、当のおのれである。おのれという、根源的に実存する当のものである。なぜなら、このものを軸とし、このものを介してのみ、あの第二次的な諸々の意味づけ－意味づけられる諸領域も、おのれにとって、開示され得、意味をもって、ないしは意味ないものとして、現われ得るからである。そして、この実存するおのれは、根源的におのれの運命を生きるのであり、そのおのれは、おのれを超え出る知られざる存在によってみずからが無みせられるという存在信念の中で、そのおのれの運命を生きるのである。それゆえ、人間的生の諸局面が多様にまた重層的に展開し、世界が展かれる中で、それらの根底に、それらを支える、第一次的根源的なものとして、運命意識において実存するおのれが存在信念において知られざる存在の上を生き、またその無みする存在に晒されながらおのれの存在の根源的意味をおのれが生きるという、根本事態が、潜んでいるのである。それこそは、意味と無意味の根源的現象、ニヒリズムの問題現象にほかならない。それゆえ、実存する根源的なおのれと、知られざる存在、おのれの根源的な意味の企投と、それを無みする存在、おのれの運命意識と、その根底に潜む存在信念、つまり、意味と無意味、という、この根本事態が、人間的生の諸局面の根底に巣喰うのである。

四、だからこそ、おのれは、おのれを無みする存在の極限的絶対的な力を乗り超えようとして哲学的形而上学を敢行したり、宗教的信仰の中でそれに服従の証しを立てたり、芸術意欲の中でそれに追越されるおのれの没落を迎い入れつつ繋ぎ止めようとしたり、或いは、おのれの周囲に浮び上がる知られざる存在の具体的な力の中に、認識や実践を通して、意味的秩序を整えようと努めるのである。そして、そのような意味づけ－意味づけられた諸領域の営為をくぐり抜け、それに媒介されながら、おのれ自身の運命を実存的に生きるのである。しかし、どのように生きようとも、知られざる存在を乗り超えることはできない。おのれとは、おのれの存在の根源的な意味の企投という存在である。そのおのれの存在は、知られざる存在の中に根づいている。そのおのれは、この知られざる存在によって、追越され、無みせられ、没落せしめられる、運命を背負っている。この、存在信念と運命意識において存在するおのれこそは、一切の営為の根底にあって、それらを支え、またそれら諸営為による諸領域が開拓されるゆえんの、究極の第一次的根源的な基体である。それこそが、根源的に実存するおのれである。その実存するおのれにとっては、意味づけ－意味づけられた形でそのおのれのうちから成立し、それ固有の意味において存立する人間的生の諸領域の諸形成体も、畢竟、根源的なおのれではあらざる他存在の一種なのである。

五、それゆえ、他存在という、事物や他者、すなわち、自然的事象や歴史的社会は、単にそれだけとして存在するのではなく、そこには意味づけ－意味づけられた、諸々の意味の沈澱が深くよどんでいる。単に諸事物や他人が、意味なしに、おのれに出会われるのではない。既にそこには諸々の意味が沈澱している。その中には、単に、学問的認識や技術的営為や様々な政治的道徳的法律的経済的実践による意味づけ－意味づけられた沈澱が、含みこまれているだけでなく、哲学的形而上学や宗教や芸術における意味づけ－意味づけられた沈澱も、深く堆積している。文化形成体のあらゆるものが、そこには、見通し難い澱《おり》りとなって濁りと曇りを生じさせ、おのれの根源的意味に絡みつき纏い、それを混濁させ攪乱し多様化させる逆意味として、拡がっている。そのような意味的沈澱の重層的媒体の中で、自然的事物や他者が、出会われ、おのれと結び合い、葛藤を生み、役立てられ、廃棄され、作りかえられ、和合と確執をもたらし、修羅場を展開させる。しかも、その中には、おのれ自身から生み出された、様々な新たな意味づけ－意味づけられた文化形成体の流動的全体もが、属している。こうした他存在の中での、意味の整序とそれの無意味化という、具体的な歴史的生起が、生の現実を形成するのである。おのれとは、この他存在の媒介と否定を経めぐってのみ、おのれとして実存し得るのである。おのれとは、根源的第一次的には、存在信念の中に立つ運命意識であるが、この運命意識を生きるおのれの具体的生成は、こうした他存在の逆意味の媒介を経めぐっての、おのれ自身への生成なのである。そしておのれ自身の多様な異存在を貫き通ってゆくおのれ自身への生成なのである。

六、してみれば、おのれ自身への生成は、根本的に二つの動性を秘めて成り立っていることが明らかである。一方は、実存しつつその運命意識においてあるおのれが、どのように生成の過程を経ようとも、やがて必ずそれに直面して追越される極限的無意味の中にさしかけられ、いな、既に初めからさしかけられていたという側面である。それは、おのれの深淵と没落に面座する側面である。既存在と非存在、その没意味と超意味に、おのれの存在の根源的意味の企投が、立ち向かうという側面である。しかし他方で、おのれは、そうした運命意識と存在信念を根底に含みつつ、具体的に、様々な逆意味の中を、非意味を超えながら、生きるわけである。ただしこの場合に、その逆意味は、もはや決して単層的ではない。逆意味は、根源的には、自然的事象や他者との遭遇と交渉という形において出現するが、それだけでなく、そうしたものとの交渉の中からおのれが創出しまた参与する認識的実践的な諸々の意味形成体も、その逆意味の中には含まれるのであり、さらにはそればかりか、あの極限的無意味に直面して産出される形而上学的宗教的芸術的な様々な意味形成体も、そこには属しているのである。こうしたものとの交渉や参画や開示や構築の媒介を経めぐりながら、おのれは、おのれへと生成する。しかしそうした生成の究極において、おのれはおのれの深淵と没落に向き合う。けれども、それに向き合いながらも、具体的には、おのれは、あの意味的沈澱を含んだ複雑な他存在の逆意味の媒介を経めぐってのみ、おのれとして生成し、おのれの時間的飛散の異存在からくる非意味を乗り超えつつ、おのれをおのれとして歴史的に全体化しようとする。おのれの具体的歴史的全体化は、その根底に、深淵と没落を宿し、また深淵と没落は、その上に、おのれの生成の円現という否定的媒介を貫き通った具体的歴史を開花させている。深淵と没落においてある根源的第一次的なおのれは、その根源的な意味の企投を展開して、まさに具体的歴史的な意味づけ－意味づけられた諸形成体の媒体をくぐり抜けつつ、その意味づけ－意味づけられた全体的作用を繰り拡げて、おのれへと生成する。根源的なものと、それの具体的歴史的生成やその開花とは、表裏一体をなしている。それゆえ、歴史的生成の根底には、深淵と没落が、すなわち、罅隙《かげき》が、口を開いている。歴史的生起は、根底において、穴を穿たれているのである。そこには、知られざる存在の影が落ちてきているのである。しかしその知られざるものの翳りの中で、おのれは、おのれの具体的歴史を、否定的媒介を経めぐりながら、生き抜き、その生成の全体化を達成しようとする。そこに逆意味や非意味、さらには多様な意味形成体の媒介が入りこむのである。こうした媒体の中で、奈落に境を接しながら、おのれの全体を生きるということが、おのれであるということにほかならない。知られざる絶対的なものの影と触れ合いながら、おのれの生成の現実を、媒介の多様による飛散を超克しながら、全体化しようとするところに、おのれと世界の歴史が展開してくるのである(1)。

五　哲学的形而上学

このように、おのれは、深淵と没落に接しながら、そこにさしかけられた危いおのれの生の現実を、全き生成の歴史として、否定的媒介の多様をくぐり抜け、おのれの時間的飛散を超え出つつ、成就し、円現させようとする。深淵と没落の意識は、とりわけ、あの極限的無意味に直面し、おのれの既存在と非存在において、おのれを無みする知られざる存在と向き合う、鮮烈な存在信念と運命意識の中で、立ち現われるわけである。しかしそれと同時に常におのれは、おのれの具体的歴史性を、逆意味の媒介を経た非意味の超克において、おのれの多様で豊穣な生成の全体の中で、具現しようとする。それは多様で意味の沈澱を伴った他存在とかかわり、おのれ自身の異存在をくぐり抜けてゆく、おのれ自身の生成と実現において、成立する。深淵と没落の意識だけから、おのれは成り立つのでもなく、一方、おのれ自身の具体的生成のみによって、おのれは、絶対的な確固たる完結を達成し得るのでもない。生成の現実は、深淵と没落に境を接し、またその上で、この生成の歴史的全体性が、繰り拡げられる。生成の全体は、奈落にさしかけられており、また、その奈落の上に、おのれの存在の根源的意味が、具体的全体として、展開する。この二面性を伴った、意味と無意味の中で、おのれの生は成立する。ここにのみ、おのれであることの真の現実がある。

けれども、右の二面性のうちの前者、すなわち、おのれが、知られざる存在によって追越され、深淵と没落に委ねられたものであることを、そのままに承認することは、やはり、おのれにとっては何としても堪え難いことであろう。だからこそ、ひとは、そこに、形而上学的瞑想を織りこみ、宗教的信仰の楔を打ちこみ、芸術的創造と享受による一体感の実現を希求する。今、宗教と芸術のことは暫くおけば、哲学的形而上学とは、まさに、絶対的なものの把握によって、知られざる存在をも、知の意味づけの中に取りこもうとするものであり、そのことによって、あの深淵と没落の上に確固たる橋を架け、これを乗り超えて、おのれの絶対化を企図しようとするものである。

前に触れたように(2)、カントは、いわばこの知られざる存在の偶然を、そのままに、反省的判断力の立場において、承認していた。しかし、カント以後のドイツ観念論は、この知られざる存在の偶然をも乗り超えて、これを絶対的意味づけの中に取りこもうとする巨人的試図を展開した。現にフィヒテは、この偶然を乗り超えるところに、哲学の課題を見た。「哲学は一切の経験の根拠を示すべきである」(3)。「経験」とは「必然性の感情を伴った表象の体系」(4)である。しかし、「この必然性の感情」やそれを伴った「表象の体系」の「根拠は何か」(5)。この「問いに答える」のが、「哲学の課題」であり、「この課題を解こうとする」のが、「知識学」である(6)。けれども、およそ、ひとが「根拠」を問うのは、「他様であることが前提されるもの、偶然的と判定されたもの」においてである(7)。また逆に「根拠」を問う者にとって、その当のものは、その問いによって「偶然的」となっている(8)。ということは、フィヒテにとって、今や、必然性の感情をもって連結されている経験的世界の全体が、その必然性にもかかわらず、偶然的と映じてきているということである。だからこそ、この偶然的な経験的世界全体を根拠づけようとするのである。しかも、その際、みずからは「経験の外に」(9)立って、これを根拠づけるのである。このようにして、カントの偶然性をも乗り超える絶対的な意味づけへの道が拓かれ始めた。この道程は、初期のフィヒテから前期のシェリングを通じて、ヘーゲルにおける完成へといたる。そこで、哲学は、「理性」による「思弁」の試図(10)となり、「思弁の原理」である

「同一性」(11)の絶対的展開となって開始される。しかもそれは、単なる「同一性」でなく、「同一性と非同一性の同一性」であり、それが「絶対者」にほかならない(12)。理性は、有限的特殊性への囚われからおのれを解放して、おのれ自身へといたり、絶対者を対象としつつ、おのれ自身に身を委ねる。「思弁」とは、「唯一の普遍的な理性の、自己自身に対する、働きかけ」(13)である。理性は、諸対立や有限者や部分や分裂をくぐり抜け、それらからの自己回復において、無限なる絶対者の絶対的同一性を取り戻す。しかも、対立のみが意識され同一性が意識されない「信仰」(14)と違って、それは、有限者と無限者との同一性を意識している「知」(15)である。理性の無限性の中に、有限者は取りこまれて綜合せられるのである。このようにして主客を通じた「同一性と非同一性の同一性」としての「絶対者」が、「理性」の「思弁」において、分裂を介した自己回復の中で、おのれを顕わにし、絶対知のうちで捉え尽くされてゆくことになるのである。

けれども、それは、もともと知られざる存在を、絶対知の中に取りこもうとする冒険的試図であった。それゆえ、そうした試図の最後には、ふたたび、知られざる存在が、知や理性をも無みする力において、意識されざるを得ないであろう。そのことは、例えば晩年のシェリングにおいて、反ヘーゲルの意識の下に、明示されてくる。哲学の課題は、理性的概念の展開でもって尽きるのではない。本当の哲学的思惟は、なにゆえそもそも何かがあって、無ではないのかという問いを問い、存在するという事実の測り知れなさを想うところから開始する(16)。この「底なしの無の深淵」(17)の前に立つことによってのみ、知恵への愛が生ずる。しかし、この「単に現実存在するだけのもの」の前に立つとき、

「思惟は沈黙し」、「理性そのものは屈服し」、「思惟から由来する一切は、打ち砕かれ」てしまう(18)。この「没根拠的に現実存在するもの」の「前にあっては、理性は沈黙して立ち、それに呑みこまれ、それに対しては理性はさし当りもはや無にすぎず、何ものもなし得ない」(19)。それは、「人間的理性にとっての深淵」(20)である。そこには、ただその「捉え難さ」(21)だけがある。それを前にしては、理性は、「じっと、凝固して、いわば呆然自失して」(22)立ちつくすだけである。このような、存在そのものの測り知れなさを味わって、理性の及び難さを感得するところにのみ、真の積極哲学は開始する。理性的概念の自己展開でことたりると見なす消極哲学は、その限界を露呈される。こうした、存在そのものの不可測的な事実性やその暗さと重みを語るシェリングの傾向性は、しかし、むろんのこと、晩年にのみ現われるものではなく、つとにその中期以来のものであった。既にそこで、およそおのれを顕現開花させる存在者の根底には、必ずや、暗い「実存の根拠」があるとされていたのである(23)。神も、人間も、みな、この暗い根拠をおのれのうちに宿していると言われたのである。そうした、「凝縮の力こそ、あらゆる事物の本来的に働く開始なのである」(24)。こうした「存在」は、「思惟」から見れば、「どうにもできない力」であり、だから、「存在」は、その「捉え難さ」、「一切の思惟に対する活動的な抵抗」、「能動的な暗さ」、「暗闇への積極的な傾向性」において、思惟には説明し難いもので、それゆえひとはこうしたものを哲学から取り除いてしまいたがるが、しかし、「一切の思惟に積極的に対立し活動的に抵抗する原理」の存在を否定する者は、「実在性そのもの」を否定することになるのである(25)。このように語っていたシェリングの言い廻しのうちに、理性的な知の意味づけの中に取りこむことの不可能な、知られざる存在の無みする力の自覚を看取することは、容易であろう。ドイツ観念論の形而上学は、その最後の境位において、こうした存在の先行的事実性に突き当って、その絶対的意味づけの限界露呈において、転回を余儀なくされるのである(26)。

ドイツ観念論直後の十九世紀前半の哲学的諸状況は、その事実を明示する。ヘーゲル左派の擡頭も、この時期に属する。そして、十九世紀後半から現代にかけての、生哲学、現象学、実存哲学等の登場は、その根本において、こうした存在の先行的事実性の中に立って、歴史的に生きる生と実存の実相をありのままに凝視するところに成り立つのである(27)。

六　野生の世界

さて最後に、右のように、人間はおのれの根底において、深淵と没落にさしかけられ、存在の先行的事実性の中に根づけられ、そのうちに呑みこまれるものであるという事態は、人間を理性や光の中でのみ捉える見方がもつ一面性を、結局は教示せずにはいないであろう。人間と世界は、絶対的な意味づけの中で確定され得るものではなく、その足下に、危い奈落を隠しているからである。その根底に、無意味の力を宿しているからである。意味と拮抗する無意味の存在に、その正しい位置を与え返さぬとき、人間の存在は、歪曲させられる。人間の相貌は、意味と無意味、必然と偶然から、でき上がっている。人間は、おのれの没落を引受け、おのれの無意味のうちに沐浴し、その生成の無垢に洗われてこそ初めて、おのれの本質に到達し得る。「人間の偉大さをなすものは、彼が一つの橋であり、目的ではないことにある。人間のうちに愛され得るものがあるとすれば、それは、彼が超え出てゆき、没落するものである点にある」(28)。ニーチェはそう言う。人間は決して自己完結的なものではない。おのれを超え出るものの中に、おのれを委譲し、おのれを没落せしめ、このおのれの没落を欣快として迎い入れるところにこそ、人間の大きさがある。ニーチェは、没落する者を、「衷心の愛をもって愛し」(29)たのである。実際また、おのれを超え出、無みする力の中におのれを没落せしめる心根のあるところにのみ、おのれの強い意味的構築力も張りつめ得るであろう。創造の力は、没落への愛のうちからのみ、汲み取られ得るのである。おのれの没落を引受けて、生成の大海に遊んでこそ、おのれの新鮮な生命も蘇り得るのである。

理性や秩序や意味の夢想をいかに機織ろうとも、人間の存在の根底には、それだけでは律し切れない、諸々の深淵が、怪しい影を投げかけてきているのである。完全に透明にはなり切れない野生の世界が、そこには根を張っているのである。ヤスパースの言うように、「昼の法則」の根底には、「夜の情熱」がある(30)。フィンクの語るように、「労働」と「戦い」に明け暮れる生の前景の背後には、「愛」と「死」があり、また「戯れ」の局面がある(31)。メルロ＝ポンティの説くように、生きた世界の根底には、「〝野生の〟原理」、「大地」、「われわれの思考と生の〝地盤〟ないし〝根源〟」が潜むのである(32)。むろん、「問題なのは、どこにおいても意味であり」、「人間を通して実現される、大いなる存在そのものの組み合わせと構成」ではあるが、そこには、根源的に、「野生の世界」と「野生の精神」が巣喰うのである(33)。メルロ＝ポンティは、こうした事態を、フッサールやシェリングのうちに見て取った。

実際、シェリングによれば、「われわれが現に目撃している世界」のうちでは、「すべてが規則と秩序と形式である」が、「しかし依然として根底には無規則的なものが潜んでいて」、他日それが突如として爆発するかもしれず、「秩序や形式」が「根源的なもの」ではなく、「最初無規則的であったもの」が「秩序化された」ように見えるのである(34)。この暗い根底のゆえに、「すべての有限的生命」には「悲哀」が纏いつき、そこから「全自然の上に拡がる憂愁の翳り」が淵源するのである(35)。

中期のシェリングによれば、詳しくは、人間的精神は、三つの勢位から成り立つとされた(36)。第一は、人間的精神が「実在的世界」に向かっていてそれから「解放され得ず」にそれに囚われている「精神の暗い原理」である「情念《ゲミュート》」の勢位においてある場合である(37)。第三は、人間的精神が、その「最高の浄化」、その「最も純粋な精神性」という「理念的側面」において現われた場合(38)、すなわち「心《ゼーレ》」においてある勢位で、これこそは、人間における「本来的に神々しいもの」、「超人格的なもの」である(39)。両者の中間に、第二のものとして、人間的精神が、「理念的世界」と「実在的世界」の中間に立って、自由をもって両世界の紐帯を回復したりないしはその分裂を持続させたりする勢位があり(40)、これが狭義の「精神《ガイスト》」であり、人間における「本来的に人格的なもの」「意識性の本来的勢位」(41)である。

ところで、これら三つの勢位は、さらにそれぞれの内部で、また三つの勢位に細分される。「情念《ゲミュート》」の第一勢位は、「人間本性の最も暗くそれゆえに最も深いもの」である「憧憬《ゼーンズフト》」で、これが最も深く現われるのが「憂鬱《シュヴェアムート》」であり、およそ一切の生命には、「おのれではどうにもできないおのれから独立したもの」が「おのれの根底に」潜むゆえに、「憂愁」が纏いつくのである(42)。「情念の第二の勢位」は、情念の中でのいわば精神の勢位に対応するものであって、精神は、みずから燃え出る炎としてあくことない存在への欲動であるから、「精神の最も深い本質」は、「欲動《ズフト》、欲望《ベギールデ》、欲情《ルスト》」(43)であるが、これが、この「情念」の中では、「単なる欲望と欲情」(44)の姿をとって現われる。「情念の第三の勢位」は、「感情《ゲフュール》」であり、これが「情念の最高のもの」、その「最も素晴らしいもの」である(45)。こうした三つの勢位において情念は現われるが、情念は人間の「実在的」な面を形作るゆえ、「どんなに偉大な精神も、情念なしでは、不毛であり、何ものも生み出せずまた創り出すことができない」(46)。ただし、学を感情にもとづけることはできないので、感情は、最高の勢位ではあるが、最も低次の情念のそれにすぎないからである。

さて、「情念」の上に、狭義の「精神」の勢位があるが、ここでは精神の一般的本質である存在への欲望が、「意識化された欲望」として現われてくるのであり、これがすなわち「意志」にほかならない(47)。「意志」こそは「精神の本来的に最内奥のもの」である。この「意志」は、二面性をもち、一つは「人間の個体性に関係した」「実在的な面」で、これが「我意」であり、他方は「普遍的ないし理念的な面」であって、これが「悟性」である。そこで、「意志」も三つの勢位をもつことになり、第一が、「我意」「自我主義」の勢位で、これは悟性なしでは盲目である。第三が、最高の勢位で、「悟性」である。この二つのものから、中間的な第二の勢位として、「本来的意志」が生じ、これは、「自由」をもって働く。「精神」は最高のものではなく、病気に罹り、誤謬、罪、悪を犯し得るものである(48)。

さて、それでは、人間的精神の最高の勢位である「心」に関しては、どうであろうか。「心」は、人間のうちの「本来的に神々しいもの」「超人格的なもの」、そして「学」そのもの、「善性」そのものである(49)。こうした「絶対的に神々しいもの」として、それは、そのうちにもはや何の段階をももっていないが、しかし、「下位のものと様々に関係し、こうして種々の表出の働き」(50)をなすのである。しかしそれを理解するには、「心」と下位のものとの連関が断絶した場合に生ずる「病気」のことを知っておかねばならない。

「情念」から「精神」を通って「心」に通ずる「間断ない連係」、ないしは、「心」から発して「情念」に及ぶ「間断ない導き」が、「中断される」と、そこに「病気」が生ずるのである(51)。第一に、「憧憬」が「感情」を制圧し、いわば情念の中の心に当たる「感情による導き」が「中断される」と、「情念の病気《ゲミューツクランクハイト》」(気鬱病)が生ずる(52)。第二に、「悟性による導き」が「中断される」と、「愚鈍《ブレートジン》」が生ずる。この二つの病気は、悟性に導かれないので、享楽に耽るだけで、あまり害がない(53)。ところが第三に、「悟性と心との間の導き」が「中断される」と、「最も恐ろしい」「狂　気《ヴァーンジン》」が、「現われてくる」(54)。およそ、「人間的精神」とは、「悟性なきものからできている悟性」であり、その「基盤」は「悟性なきもの」にある(55)。「悟性の基盤」そのものが「狂気」なのであり、「狂気」はその「必然的な契機」をなすのである(56)。普通に「悟性」と称されているものは、「統御された狂気」にほかならない。「狂気を自分のうちにもたない人間は、空虚で不毛な悟性の人間である」。「力強く、生きいきとした」「悟性」自体が、「支配され、抑えられ、秩序づけられた狂気」なのである。ところが、こうした「悟性なきものからできている悟性」である「人間的精神」そのものが、より高次の「心」に対してはこれまた一つの「悟性なきもの」なのであり、その結果、「心」から分断された「人間的精神の最も深い本質」とは、「狂気」にほかならないことになる。むろん、この「狂気」が「心」によって「支配されれ」れば、それは、「精神的感激と活動性一般の根拠」にはなる。けれども、「悟性」が「われわれの本質の深みのうちにまどろむ狂気」を制御できないばかりでなく、「情念」やさらにはその「悟性」という「精神」さえもが、「心の優しい感化なしに」働くと、「原初的な暗い本質」が出現して、あくどい「意志」の「狂気」という「恐ろしい徴候」が現われる。これに反して、「情念」の上に「精神」が立ち、「精神」が「心」に服するときにこそ、「本来的な人間的自由」が可能になる。「精神」が「心」に服して行動すれば、善であるが、「情念」や自分自身に従って行動すれば、悪となる。

さて、このような病気の場合と違って、逆に、「心」が下位の勢位と様々に関係して、そこに種々の表出の働きを生み出す場合があるのである(57)。第一に、「心」が、「下位の勢位の実在的なもの」、つまり「憧憬と、自我力ないし我意」に関係して働くと、そこに「芸術と詩歌」が生まれる。第二に、「心」が「感情と、悟性」に関係して働くと、そこに「最高の意味での学」つまり「哲学」が生ずる。この場合、「高次の心に服従した悟性」が、「理性」と称される。「悟性」と「理性」は「同じもの」だが、「悟性」には「活動的、行為的な面」があるのに対し、「理性」には「受容し、身を委ねる面」があり、「理性」は「真理の受取り手」であり「そこに心の霊感が書きこまれる書物」であり「真理の試金石」である。あらゆる産出には暗い原理が必要だが、哲学の場合、暗い原理は、「感情」である。そこで、

「心と、理性と、感情」とから、「真の哲学」は成り立つことになる。第三に、「心」が、「意志と、欲望」に関係して働くとき、そこに、「心の道徳的体制」つまり「最高の意味での、徳」が生ずる。第四に、「心」が全く純粋に、一切の特別な関係なしに全く無制約的に働くとき、そこに「宗教」が、すなわち、「情念と精神の内的な最高の至福」としての「宗教」が生ずる。そして、このように四様の現われ方をする「心」の「本質」とは、畢竟端的にいって、「愛」であるとされるのである。

シェリングのこのような人間論は、まことに興味深い。ここには多くの論ずべきことがあるが、しかし当面の連関においては、何よりも、それは、人間のうちに、暗い実在的なものの影を正しく位置づけ、捉えている点において、鋭さをもつ。人間そのものが、その基盤において、「狂気」を宿した存在者であるという指摘は、われわれの言う、無意味な存在の力の中におかれた人間のうちに潜む怪しい翳りを射当てた洞察であると見なければならない。人間は、その根底において、暗く激しい情念であり、強く鋭い意志であり、悟性は、こうした活性の統一体にほかならないのである。そしてそれは、澄明な愛の心に導かれないとき、病気と誤謬と罪と悪に陥る熾烈で貪婪な欲求の権化となって現われ出るのである。気鬱病と愚鈍に陥り、狂気に走る恐ろしい活力を秘めた存在者が、その基盤における人間という存在者なのである。もちろん、シェリングの求めたのは、それを心によって貫き照らす光の輝きであり、それによる暗きものの変容であった。そこに、芸術と哲学と道徳と、そして最高の宗教的愛の境涯が望まれた。そうした意味と秩序の輝きが、暗き淵の中から、望見されている。けれども、反面において、彼は、無意味と狂気に貫かれた野生の世界の根源性を認めている。この没落と深淵、実在的なものの暗い凝縮力、そのどうにもならない激しい無根拠の基盤を、彼は、正しく、見抜いていた。人間のうちには、「最深の深淵」と「最高の天空」が存在すると言われるゆえんである(58)。そこには、「暗い原理の全威力」と「光の全勢力」とが、同時に存在するのである(59)。それはそのまま、意味と無意味の同居にほかならないであろう。理性や意味や秩序にのみ人間の本質を見る浅薄皮相な考え方は、ここでは完膚なきまでに破砕されている。人間は、その根底において、奈落にさしかけられた、暗闇を宿した、存在者なのである(60)。しかも、それでいて、その奈落の底には、高い光輝く蒼穹の澄明さが、その影を落としているのである。

よく知られたように、シェリングには、「実存するかぎりの存在者」と「たんに実存の根拠であるかぎりの存在者」という有名な区別がある(61)。ここで「実存《エクシステンツ》」というのは、文字通り、おのれを外《エク》に顕わしておのれを開花円現させて存立《シストー》する存在者、つまり顕存者という意味である。そうした顕存者こそ、本当の「存在者《ザイエンデス》」である。けれどもそうした顕存者が成立するためには、——それが神であれ、人間であれ——、およそ、すべて、そのためには、その存在者は、おのれの根底に、おのれの「実存の根拠」を、つまり暗く激しい生まんとする憧憬に溢れた「根拠」を、もたねばならない。この「根拠」は、いまだおのれを顕現させていないものであるから、その意味で、シェリングはこれを、「非存《ニヒトザ》在者《イエンデス》」と呼び、これが結局、古くから哲学において言われる、「メー・オン」とか、「無」——創造が始まったゆえんの「無」——にほかならないのだ、と語っている(62)。このシェリングの意見は、哲学において言われる「無」が、存在の無ではなく、むしろ「存在者」を生もうとする暗い根拠の活動として、むしろ「存在そのもの」(63)であるという点の指摘において、——つまりは、無を説くニヒリズムがあるとすれば、それは、存在の無の主張ではあり得ないという見解に繋がる意味において——、興味深いものであるだけではない。そうした、顕存し開花した、意味と秩序を具えた「存在者」の根底には、「無」が潜み、「非存在的なもの」が巣喰うという点の指摘においても、深甚なる興味を喚起するものであろう。ただし、むろんその「無」や「非存在的なもの」は、全くの無いものではなく、それどころか「存在そのもの」であり、強く激しい実在的な力なのである(64)。ただそれに、まだ「言葉」が、つまり「統一」が(65)、換言すれば意味や秩序が、顕在化した形で顕存するまでにいたっていないだけなのである。シェリングは、神も、人間も、世界も、自然も歴史も、すべてが、こうした、いわば、意味と無意味、存在者と非存在者、顕存と根拠との、交錯から成り立っていると見たと、言ってよいであろう。むろん、ドイツ観念論の哲学者シェリングが、暗い根拠だけを究極のものと見たことなどあろうはずもなく、最終的には、すべては、光の澄明に貫かれた存在者の顕存の中に統合されて行く(66)と考えられているのである。けれども、右のようなシェリングの考え方のうちには、意味と秩序の根底に無意味と没落を見る当面のわれわれの指摘に何ほどか繋がるものがあることも、たしかであろう。こうした意味で、人間と世界の存在の根底には、究め尽くし得ない謎が——つまり「実在性の捉え難い基底」「決して割り切れない剰余」(67)が——巣喰っていると言うべきである。シェリングはこれを、彼独自の形而上学的視野と概念装置によって、展開してみせたわけであった。

（1）　私は以前からずっと、こうした二極性の中で思索を進めてきた。私の様々な論稿や論著の中には、だから、この二極性が、いつも、比重を変えたり、均衡を求めながら、現われてきているはずである。この点について、好意ある読者の理解が獲られれば、幸甚である。後出注(27)参照。

(2) 本書六一ページ以下。

(3) J. G. Fichte, Erste Einleitung in die Wissenschaftslehre〔以下 W と略〕, 1797, in: WW I, hrsg. von I. H. Fichte, S. 423, 424.

(4) W, S. 423.

(5) W, S. 423.

(6) W, S. 423 f.

(7) W, S. 424.

(8) W, S. 424.

(9) W, S. 425.

(10) G. W. F. Hegel, Differenz des Fichte'schen und Schelling'schen Systems der Philosophie〔以下 D と略〕, 1801, Philos. Bibl., 1962, S. 4, 5, 11, 23.

(11) D, S. 4.

(12) D, S. 77.

(13) D, S. 11.

(14) D, S. 23.

(15) D, S. 19.

(16) F. W. J. Schelling, Einleitung in die Philosophie der Offenbarung oder Begründung der positiven Philosophie〔以下 O と略〕, in: WW, 6 Ergänzungsbd., hrsg. von M. Schröter, S. 7.

(17) O, S. 8.

(18) O, S. 161.

(19) O, S. 164.

(20) O, S. 164.

(21) O, S. 165.

(22) O, S. 165.

(23) F. W. J. Schelling, Philosophische Untersuchungen über das Wesen der menschlichen Freiheit, 1809, in: WW(Originalausgabe), VII, 357.

(24) F. W. J. Schelling, Die Weltalter, hrsg. von M. Schröter, 1946, S. 50.

(25) F. W. J. Schelling, op. cit., S. 50 ff.

(26) 前掲拙著『ハイデッガーの実存思想第二版』七九ページ以下、八五ページ以下参照。

(27) これらの詳細については、ここでは触れない。これに関連した拙著および拙稿を、以下に挙げておく。(1)現代哲学のごく大把みな概観については――、「現代の思想的状況」(原・伊藤・岩田・渡辺共著『西洋思想の流れ』東京大学出版会、昭和三十九年、所収）。（２）現代の歴史意識については――、「歴史の進歩について」（成城大学文芸学部研究室編『成城文芸』至文堂、昭和三十三年、所収）、「現代西欧の歴史意識」（哲学会編『歴史の哲学』有斐閣、昭和三十七年、所収）。（３）ヘーゲル左派については――、「個人と社会」（児島洋編『哲学への12の視点』理想社、昭和四十年、所収）、「マルクス主義」（岩崎武雄編『哲学』有信堂、昭和四十年、所収）。（４）現象学については――、「現象学的還元について」、「本質・還元・現象――フッサール、ハイデガー、メルロー＝ポンティ――」。（５）実存哲学については――、「ドイツにおける実存哲学」（鬼頭・鈴木編『現代哲学の流れ』小峰書店、昭和四十年、所収）、「実存哲学と人間」（哲学会編『哲学雑誌』有斐閣、昭和三十三年十二号所収）、「現代人の内面」（『理想』昭和三十六年七月号所収）、「実存的存在論について」（哲学会編『哲学雑誌』有斐閣、昭和三十六年、所収）、「哲学の擁護」（『思想』昭和三十七年十一月号所収）。（６）とくにハイデッガーについては――、『ハイデッガーの実存思想第二版』、『ハイデッガーの存在思想』、「ハイデッガーの諸学への影響」（『理想』昭和四十五年五月号所収）、「〈存在と時間〉から〈時間と存在〉へ」等。（なお、「ハイデッガーの存在の思索をめぐって」（哲学会編『哲学雑誌』昭和三十一年十二月号所収）、「ハイデッガー」「最近の動向」（『講座現代の哲学、実存主義』有斐閣、昭和三十三年、所収）、「初期のハイデガー」（『理想』昭和三十三年十月号所収）、「ハイデッガーの一書翰について」（『実存主義』昭和四十一年四月号所収）も付記しておく）。

(28) F. Nietzsche, Also sprach Zarathustra, Vorrede, Kröners Taschenausgabe, Bd. 75, 1960, S. 11.

(29) F. Nietzsche, op. cit., Von alten und neuen Tafeln, S. 221.

(30) K. Jaspers, Philosophie, 2. Aufl., 1948, S. 762 ff.

(31) E. Fink, Oase des Glücks, 1957, S. 18.

(32) M. Merleau-Ponty, Signes, 1960, p. 225, 227.

(33) M. Merleau-Ponty, op. cit., p. 228.

(34) F. W. J. Schelling, Philosophische Untersuchungen über das Wesen der menschlichen Freiheit〔以下 WF と略〕, 1809, in: WW(Originalausgabe), VII, 359.

(35) WF, VII, 399.

(36) F. W. J. Schelling, Stuttgarter Privatvorlesungen〔以下 SP と略〕, 1810, in: WW(Originalaus-

gabe), VII, S. 465–73.
(37) SP, VII, 465.
(38) SP, VII, 465.
(39) SP, VII, 468.
(40) SP, VII, 465.
(41) SP, VII, 466.
(42) SP, VII, 465 f.
(43) SP, VII, 466.
(44) SP, VII, 467.
(45) SP, VII, 466.
(46) SP, VII, 466.
(47) SP, VII, 467.
(48) 以上、SP, VII, 467 f.
(49) SP, VII, 468 f.
(50) SP, VII, 471.
(51) SP, VII, 469.
(52) SP, VII, 469.
(53) SP, VII, 469.
(54) SP, VII, 469.
(55) SP, VII, 469.
(56) 以下は、ずっと、SP, VII, 470 f.
(57) 以下は、ずっと、SP, VII, 471 ff.
(58) WF, VII, 363.
(59) WF, VII, 363.
(60) なお、拙稿「悪の問題局面」(『理想』昭和四十七年六月号所収)参照。
(61) WF, VII, 357.
(62) WF, VII, 373, 390 f., 404; SP, VII, 436.
(63) SP, VII, 436.
(64) なお、F. W. J. Schelling, Die Weltalter も参照せよ。
(65) WF, VII, 361.
(66) WF, VII, 403 ff. なお、拙稿「シェリング『世代論』覚え書き——(その一)『自由論』から『世代論』へ——」(『実存主義』昭和五十年四月号所収)参照。
(67) WF, VII, 360.

第九講　他者性の媒介を経た自己性

絶対的な他在における純粋な自己認識。
——ヘーゲル

一　媒介を経てゆく生成

おのれは、おのれの存在の根源的意味を企投する。しかし、おのれは、とりわけおのれの既存在と非存在において、おのれの意味の企投を無みする知られざる存在の力に出会い、おのれの存在が、深淵と没落に境を接していることを知り取る。おのれの存在の根源的意味の企投が、没意味と超意味によって穴を穿たれ、亀裂を宿し、破れることを、おのれは了解しているのである。むろん、この裂け目を覆うべく、形而上学や宗教や芸術の意味の網目をその上に投げかけることも、可能である。しかし、それらの試図そのものが、こうした極限的無意味の了解の上に成立するものである以上、それらによって、この極限的無意味を出現させる知られざる存在を覆い尽くし、吸収し尽くすことは、もともと望みないことである。おのれは、究極的には、おのれを無みし得る知られざる存在への存在信念において、深淵と没落にさしかけられたおのれ自身を、その運命意識において、生き抜くよりほかにないのである。おのれの存在の根底には、意味をも無みする極限的な、どうにもならない知られざる存在の秘密が、根をおろしているのである。

けれども、おのれは、そうした奈落の上にさしかけられたおのれの存在の根源的意味を、具体的歴史的には、おのれの全体として、とりわけて、他存在や異存在とかかわり、逆意味や非意味をくぐり抜けながら、達成し、円現させようとする。おのれの具体的歴史性は、こうした形でのみ、存在する。

おのれは、おのれの既存在を引受け、おのれからして、おのれへと向かって、おのれの存在の根源的意味を企投する。しかもその企投の果てに、おのれの非存在による超意味を、先取りしながら、である。けれども、こうした極限的無意味にさしかけられた中で、おのれは、具体的歴史的に、おのれの生成の全体を生き抜く。しかしその生成は、いわば直線的に、一挙に達成されるものではない。おのれへの生成は、絶えざる迂路を経ての生成である。おのれは、あの知られざる存在の背景の中から、おのれの周囲やおのれの内部に、現われ、押し寄せ、犇めくところの、様々な他存在や異存在との交渉や閲歴を介してのみ、おのれへと生成する。むろん、この他存在には、単層的な他者や事物が属するだけではなく、おのれがかかわりまた形成した様々な意味的沈澱や文化形成体もが含まれている。したがってまた、おのれの異存在には、単なる時間的飛散の中のおのれだけでなく、そうした様々な意味的形成体にかかわったおのれもが、その異相において、含まれている。

おのれは、まず何よりも、広義におけるおのれならざる他のものとの遭遇と交渉を経めぐってのみ、おのれとなり得る、ということが、おのれへの生成には、帰属している。それは、当然であろう。おのれをおのれとして、記しづけ、弁別し得るためにも、既に、おのれならざる他のものを、前提しなければならないからである。こうした他存在との関係を通してのみ、おのれは、おのれであり得る。そうしたものとの関係なしには、おのれは、おのれであることが、そもそもできないからである。おのれとは、おのれならざる他存在との絶えざる交渉連関を介してのみ、おのれであり得る。他存在とは、おのれではない否定性を帯びている。こうした、おのれではない他存在との否定的媒介を経めぐってのみ、おのれは、おのれであり得る。他存在の否定的媒介の中を、志向的に生き抜くことによってのみ、おのれは、おのれであり得る。おのれは、孤立した不動の一点に、固定して存在するような事物的存在者ではない。他存在の否定的媒介に開かれ、それとかかわり、そうした媒介を貫いて生成する運動性において、おのれはある。

けれども、おのれは、このような他存在との交渉連関を生きながら、その否定的媒介を経めぐりつつ、おのれであろうとする。そのように、おのれ自身へと生成し、おのれへと還帰することがなければ、おのれは、その否定的媒介の中で崩壊して、もはやおのれではあり得なくなってしまうからである。だからこそ、他存在は、根本的に、おのれの根源的意味に対する逆意味の符牒を帯びているのである。しかし、おのれが、このように、他存在との交渉を介して、おのれへと還帰するということは、既にあったおのれへと単純に逆戻りすることではない。それは、あるべきおのれへと向かって生成することである。そのあるべきおのれは、そのときには、いまだおのれでは非ざるものである。このいまだ非ざるおのれが志向的に将来において望まれながら、おのれは、おのれへと還帰する。そのとき、それを望むおのれが現にあることはどうにもならず、また、望まれるおのれが、いまだおのれでは非ざるものでありながらも、現にあるおのれと全く異なったものでないことも、事実である。そのときいまだ非ざるおのれは、現にあってそれでは非ざるおのれとの連続性の上にのみ、実現されようとする。しかも、この現に、ということは、既に、ということを含んでいる。現にあってそれでは非ざるおのれの背後には、既にあったおのれが控えている。ということは、もはや現在のおのれでは非ざるおのれの既往が控えているということである。しかも、そうした既往の一番根底には、あのどうにもならない既存在の偶然と深淵が巣喰っている。この既存在の深淵にまで達するおのれの既往の、もはや現在では非ざる非意味の符牒を帯びたおのれのかつての異存在を引受けつつ、おのれは、現在の今、他存在に絡まれながら、将来のいまだおのれでは非ざるおのれへと向かって、生成しようとしているのである。おのれは、既往と将来に開かれ、そこでのおのれへと志向的に関係しつつ、現在の今、他存在の否定的媒介を経めぐりながら、おのれの生成の全体を生き抜こうとしているのである。おのれとは、このように、おのれでは非ざる非意味の符牒を纏ったおのれの異存在を閲歴しながら、その多様化を通じた同一的全体性として、おのれを円現するのである。おのれは、おのれからして、おのれへと生成し、そのようにして、おのれへと帰る。おのれとは、自己還帰的生成の全体であり、生成してゆく自己還帰の全体である。

してみれば、おのれの具体的全体とは、他存在に開かれつつ、異存在を貫いてゆく、生成する自己還帰である。他存在にかかわることとは、とりもなおさず、おのれの異存在を閲歴してゆくことであり、おのれの異存在を経てゆくことは、他存在と交渉してゆくことと結びついている。いわば、おのれは、横と縦の志向性を生き抜く全体である。そしてそれが、おのれであることの時間性であり歴史性である。おのれは、時間における歴史的生成の多様化と全体化を生き抜く、生成そのものである。そうした中でのみ、おのれの存在の根源的意味の企投が成就する。それは、逆意味と非意味を含んだ全体としてのみ円現するのである。

ただし、むろんのこと、こうした生成する全体は、究極的には、没意味と超意味によって、穴を穿たれている。おのれの存在の根底には、深淵と没落が、身構えている。けれども、この亀裂に晒された危い存在の只中で、おのれの存在の根源的意味の全体が、逆意味と非意味を含んだ、多様性と統一性において、生成し、開花する。そこにのみ、おのれの具体的歴史性が存在するのである。

二　ヘーゲルの場合

ここでいくつかのことに触れておかねばならない。

おのれが具体的歴史的におのれであり得るのは、右のように、他存在の否定的媒介を経めぐり、つまりはおのれ自身の異存在をくぐり抜けて、いわば、その否定の否定としての、自己還帰の生成の運動においてのみ、であり、このような媒介を経ないおのれは空虚なおのれでしかないというかぎりにおいて、そのような、媒介の論理、否定の否定の論理に、鋭い着眼を向けて、そこに生きた根源的論理を見届けたヘーゲルの考え方は、高く評価されなければならない、というのがその第一点である。むろん、ヘーゲルには、さきにも見たように、存在と思惟との絶対的同一性を樹立しようとする絶対的な形而上学への志向がある。それは、存在を絶対的意味づけの中に取りこもうとする試図として、崩壊と批判に晒されねばならない側面をももってはいた。しかし、他面において、ヘーゲルのうちに息づく、媒介の思想、つまり否定的媒介を介した自己還帰的な生成の運動の全体の中にのみ、真の生きた実体を見るという考え方は、それを少なくとも生の論理として捉えるかぎり、打ち毀し得ない尊さをもつものだと言わなければならない。

ヘーゲルによれば、「生きた実体」は、「真に現実的には」、「自己自身を定立する運動」であり、その自己が「自己とは別物に成って」しかもその「自己とは別物に成る」働きが「自己自身と媒介される」、という具合に存在するものであり、これが、「主体」であるということにほかならない(1)。それは「純粋で単純な否定性」であり、だから「単純なものの分裂」であり、もしくは、「反対定立の働きを倍加してゆくもの」であって、「互いによそよそしい差別性とその差別性による対立物」を「ふたたび」「否定」し「直して」ゆく働き、そのもの、である(2)。そしてこのようにして自己の「同等性」が「自己回復」されてゆき、「他存在において自己自身へと帰りゆく」ということこそが、そしてそれのみが、「真なるもの」であって、「初めから」「統一性」にじっととどまり続けていたり、無媒介的「直接的な」形でだけ「統一性」であるようなものは、「真なるもの」ではないのである(3)。「真なるもの」とは、「自己自身の生成」であり、「おのれの終極をおのれの目的として前提しそれを最初から所有し、しかもただ完遂とおのれの終極を介してのみ現実的に存在するような、円環」なのである(4)。「生きた実体」、生きいきとした「生」そのものとは、そのようなものにほかならない。「生」とは「永遠に反対定立の働きを行ないながら自己を形成する」ものであって、だから、「分裂」は、「生」にとって「必然的な」その「一要素」なのである(5)。こうした分裂が極まって行った「最高の分離のうちからの自己回復を介してのみ」、「最高度に生きいきとしたありさまにおける」「全体性」が、「可能」になる(6)のである。

真の哲学とは、この、否定的媒介を経ておのれへと生成する生の全体化の論理そのものを、見抜き、それとともに生きることにある。だから、「分裂こそは、哲学の欲求の源泉である」(7)。生の必然的な契機としての分裂が大きければ、それだけそれからの自己回復と再興の運動も大きく、また真に全体的な自己へと生成しようとするものは、最高度の分裂をくぐり抜けて進まねばならない。分裂や対立項にとどまる「制限の力」が「悟性」である(8)が、「悟性の建物が、確固としていて輝かしいものであればあるほど、部分としてのその建物の中に囚われている生は、それから脱出して、自由のうちへと進もうと、一層激しく、努力するであろう」(9)。「このようなこわばってしまった諸対立を止揚することが、理性の唯一の関心事である」(10)。けれども、「この理性の関心は、反対定立と制限一般に反対するといったような意味をもつのではない」(11)。なぜなら、分裂は、それを介した自己還帰においておのれの全体を達成し得る生の展開の必須の契機だからである。だから理性が反対するものは、「悟性による分裂の絶対的な固定化」(12)なのである。この絶対的に反対定立し合っているものも、もとは、

「理性のうちから発現した」(13)からである。「人間の生のうちから、統合の力が消え失せ、諸対立物がその生きた関係と相互作用を喪失してしまって、自立化したときに、哲学の欲求が生じてくる」(14)。「分裂のあるところでは」、「こわばってしまった主体性と客体性の反対定立を止揚し、知性的世界と現実的世界の生成の結果を生成として捉え、その存在を産物として、生産作用として捉えること」は、「必然的な試み」である(15)。「生成と産出の無限の活動の中で、理性は、分離されていたものを統合し、絶対的な分裂を、根源的な同一性に制約された相対的な分裂へと引きおろしてしまうのである」(16)。「文化が広汎に栄え」、「生の外化の展開が多様になれば」なるほど、「分裂の力」も増大し、「おのれをふたたび調和へともたらそうとする生の努力」は、「よそよそしく」「無意味」に見えてくる(17)。けれども、「全体性から意識が脱落して」、「存在と非存在、概念と存在、有限性と無限性への分裂」が大きくなれば、「哲学の課題」は、ひとえに、「存在を非存在へと結びつけて——生成として定立し、分裂を絶対者と結びつけて——絶対者の現象として定立し、有限者を無限者へと結びつけて——生として定立する」ことに存する以外にはなくなる(18)。こうした「絶対者」は「既に存在して」いる(19)。「理性は、諸々の制限から意識を解放することによってのみ、この絶対者を産出するのである」(20)。

したがって「理性」は、一方で、「悟性」を駆って、反対定立した制限の定立を完成させ、「反対定立した客体的主体的全体性の定立の力」として働く(21)。このような「反対定立物の定立」が「孤立した反省」であり、これは「絶対者の止揚」であり、「存在と制限の能力」である(22)。その「反省」は「悟性的」である(23)。けれどもそこには「理性の関与とひそかな活動」が潜んでいる(24)。悟性が無制限的に働くことによって、かえってその規定された存在の「背後」と「前方」に「無規定的なもの」が見えてくるが、この「無」を、つまり、有限的規定的なものに対する「無規定的」「無限的」なものを、悟性はどうにもできずに放置する(25)。「理性」はこのことを見抜いて、「悟性」を「止揚」し、悟性の「定立」を「非定立」たらしめ、その「産物」を「否定」する(26)。このようにして制限された反対定立物が超え出られて、それが「絶対者」へと関係づけられる(27)。「反省」はここにおいて「理性」となり、「絶対者への関係」であり、そのことによって、おのれ自身とその制限された存在のすべてを滅ぼす(28)。けれども、同時に、この絶対者への関係によって、「制限されたもの」はその「存立」を保つ(29)。「理性」はこのようにして「否定的な絶対者の力」「絶対的な否定作用」として現われるのである(30)。この「絶対者への関係」を具えた「反省」が「理性」であり、その「所業」が「知」である(31)。哲学とは、この生きた生成の知をそのままに生き抜く働きにほかならない。

こうした生きた生成は、世界のあらゆるところで働き、「自然的宇宙」をも「精神的宇宙」をも貫いて働く論理である(32)。それゆえ、精神の働きも、こうした媒介を経てゆく自己還帰の運動としてのみ成立する。「精神は、本質的に、みずからの活動の結果である。精神の活動は、直接性を超え出ること、直接性を否定することであり、そしておのれへと帰ることである」(33)。「精神」とは、「おのれへといたり、こうしておのれを産み出し、おのれを、おのれが元来それであるものへと成らしめる活動」(34)にほかならない。こうしたものとして「精神」は「自己自身のもとにある存在」として「自由」であると言われる(35)。おのれがもともとそれであったものが、否定的媒介を経めぐって、おのれとして円現され、おのれである真なる全体を、開けた自由において達成し終えるこの生成の運動のうちに、ヘーゲルは、生きたロゴス、生の論理を見たと言うべきであろう。

むろん、ヘーゲルのうちには、絶対的な形而上学への志向がありはする。けれども、ヘーゲルが単に「諸概念を繫ぎ合わせる」ことを狙わずに、「そのあらゆる圏域における人間的経験に内在する論理を顕わにする」ことを狙ったという「意味において」、「ヘーゲルの実存主義」ということが語られてよいのであり、彼の試みたものは、「生を生き抜いたその吟味」であったと、メルロ＝ポンティは語っている(36)。「絶対知」さえも、「哲学」であるというよりは、「おそらく一つの生き方」である(37)。「ヘーゲルの実存主義」ということの意味は、「ヘーゲルにとって、人間とは、一挙に、おのれの思想を明晰に所有する意識ではなく、おのれ自身に委ねられた生であり、その生はおのれ自身を捉えようとするものである」(38)という点にある。媒介を経た生成の運動の中にあって、不断におのれを取返してゆこうとする生の論理が、たしかにそこには認められるであろう。丁度このヘーゲルの指摘のように、おのれの存在の根源的意味を生きる当のおのれとは、他存在と異存在の媒介を経めぐりながら、そうした否定的媒介を通り抜けてのみ、おのれを具体的歴史的に、生成させ、全体化するものである、と言わなければならないのである。

三　ディルタイの場合

けれども、このように媒介を経てゆく生成の運動の全体を、絶対的な形で完結させてしまうことは不可能である。というのは、この運動の担い手であり、他存在の大きな客体化に参与しているおのれ自身は、知られざる存在によって追越される、深淵と没落に臨む生成だからである。そのようなおのれが、他存在を貫いて生成する絶対的なものと合体したように思いなして、そこに絶対的な形而上学を構想しても、ふたたびその形而上学を取り毀して、知られざる存在は進むであろう。生成の運動全体に関する絶対的形而上学はあり得ない。おのれは、おのれの深淵と没落にさしかけられた中で、他存在の否定的媒介をくぐり抜け、異存在を経めぐって、おのれとして生き抜くよりほかにない。

おのれが、このように、おのれへの生成においてかかわるところの他存在とは、基本的に事物や他者の連関から成り立ち、そこには、形而上学・宗教・芸術はもとより、自然的事象に関する学問的理論的認識や技術、さらには歴史的社会的現実としての政治的法律的道徳的経済的諸関係等が絡んでおり、そうしたものを含んだ多岐にわたった意味的沈澱や文化形成体の錯綜において、それは存在しているものである。それは、あたかも、かつてディルタイが「歴史的理性批判」(39)という形でその認識論的哲学的基礎づけを企図したあの「精神諸科学」が対象にもつような、「歴史的社会的現実」(40)「人類もしくは人間的社会的歴史的現実」(41)であると言ってもよい。むろん、それは「自然的事実」(42)を広汎におのれのうちに含み、それとかかわって成立しているものである。この「自然」の「基底」の上に立って(43)、「精神がおのれを客体化した一切」が「精神諸科学の圏域」に入るのであり(44)、それが「生の客体化」(45)にほかならない。このような「生の客体化」は、「客観的精神」の名で呼んでもよいが、しかしディルタイは、それがヘーゲルにおいて用いられた「意味」とははっきり「区別」するのである(46)。というのは、「ヘーゲルは形而上学的に構成するが、われわれは所与を分析する」(47)からである。「生の実在」をありのままに見、「人間的実存の分析」を行なえば、「脆さとか、暗い衝動の力とか、暗黒とか幻想の悩みとか、一切の生における有限性の感情」が、われわれに迫ってくるのであり、「客観的精神」は「観念的」「理念的」に構成されるものではなく、有限性の悩みに充たされた、その「歴史における現実」にもとづいて、捉えられねばならない(48)。だから、言語、慣習、一切の生形式や生様式、さらには家族、市民社会、国家、法、そしてヘーゲルでは絶対精神とされた芸術、宗教、哲学などもが、すべて、生と歴史の領域をなし、そこに普遍的なものと個別的なものとが嚙み合い、過去の堆積が働き続け、こうしたところにこそ歴史的世界が成り立つわけであるから、それを捉える「精神科学」の「可能性」のゆえんを探って、——つまり、ヘーゲルは「形而上学」的に構成したから、この「精神科学はいかにして可能か」という「問題」は彼にとっては存在しなかったのに対して、この問題を解明しながら(49)——、いわば究極的に生と歴史そのものの「解釈学的心理学的」研究を行ない、「歴史性」を了解しようという企図が果たされねばならないことになる(50)。つまり、「普遍的理性」(51)にもとづいて「生の客体化」は理解されてはならず、生そのものにもとづいて、それは了解されなければならないわけである。

もともと、ディルタイによれば、人間は、おのれの生の背後に廻り得ない。「思惟は、生の背後に廻り得ない」(52)のである。「生は、過去、現在、未来の中で経過してゆく」が、この背後に「無時間的なもの」があるとしても、そうした「先なるもの」は「われわれがまさに体験していないもの」であり

「影の国」であるにすぎない[53]。ディルタイはこうしたところから、「時間を、したがって生そのものを、単なる現象と見なすカントの教説」を「批判」し、生を生そのものから了解することを志す[54]。「生を仮象と見なすことは形容矛盾である。というのは、生の過程、すなわち、過去から生い育って未来へとおのれを拡げるという生の過程の中にこそ、われわれの生の活動連関と価値とを構成する諸々の実在が含まれているからである」[55]。こうした彼の態度は、「人間、社会、歴史に関する個別諸科学の基礎づけ」に際して、その「基礎と連関」を、「形而上学」に依存せずに、「経験」の中に求める方向に向かわしめずにはいないであろう[56]。その「経験」は、しかし、実証主義的な感官的経験ではなく、全人間的経験である。「心的生の全体性」[57]、「意欲し感じ表象する全体的人間」[58]、「意欲し感じ表象する存在者」という「その諸力の多様性における全人間」[59]、そうした「内的経験」「意識の事実」「われわれの意識の制約」「われわれの本性の全体」に立ち戻った[60]、「自己省察」[61]が、彼の採る立場である。したがって単なる認識論的主観と違い、「現実的な血潮」が通った[62]人間の生そのものである。

元来が「歴史的世界の中に、生そのものの多様で深い相貌におけるその表現を捉えようとする鎮め難い渇望」[63]の中で成人し、「歴史学派」[64]の強い影響の下で思索を始めたディルタイは、一方で、この歴史的精神的世界を、自然科学的概念で処理し結局はそれを歪めてしまう「実証主義」[65]にもあきたらず、かといって他方で、ヘーゲル的一元論を継承して心情の要求を一挙に満足させようとする「哲学的形而上学」[66]にも賛同することができなかった。こうして「生を生そのものから了解しようと欲する」「哲学的思索」における「支配的衝動」につき動かされながら、「歴史的世界」に深く踏み入ってその「魂」を聴き取ろうとする彼は、改めてこの歴史的世界に関する認識論的論理学的基礎づけを行ない、その「客観的認識」の「確保」という冷徹な吟味を介して、生の歴史性の探究に向かったのである(67)。というのも、「歴史学派」による「歴史意識と歴史学の解放」には「哲学的基礎づけ」が欠如していたからである(68)。このようにして「歴史的理性の批判」が企図されたことは、言うまでもない。

その結果、精神諸科学が探究の対象とする「歴史的社会的現実」の「全体」の「認識」は(69)、結局、「形而上学」(70)として拒否された。このような全体認識が、当時例えばドイツで「歴史哲学」として、或いは英仏で「社会学」として試みられていた(71)。けれどもディルタイは、さきにも見たように、例えばヘーゲル的な形而上学的構成を拒むのである。そうした「歴史哲学」は、「天才的直観」(72)にすぎず、また「社会学」は、「歴史に関する自然主義的形而上学」(73)であって、ともに正しい「理論的考察」(74)ではない。ディルタイによれば、「歴史の真の意味を言い表わすような、歴史の究極の簡潔な言葉は、存在しない」(75)。「歴史的経過」は、「一つの定式や一つの原理の統一」(76)に還元できないのである。「歴史を解明する唯一の補助手段」は「個別諸科学」(77)であり、この前進してゆく諸科学の包括的駆使にもとづいて、漸次歴史的社会的現実の全体認識へと近づいてゆけるだけである。結局、「歴史的社会的現実」の全体を、終末論的に捉え尽くす超越的歴史観は、拒否されるわけである。「歴史の意味は、時代の連関の中で結合された一切の諸力の意義関係のうちにのみ、求められる」(78)という、内在的歴史観が、ディルタイの採る立場なのであった。したがって「歴史的世界」は、「それ自身から理解される」べき、「活動連関《ヴィルクングスツザンメンハング》」の「全体」としてのみ、あるのである(79)。そしてこの「活動連関」の錯綜した絡み合いは、「個人」から発して、「文化の諸体系」と「社会の外的組織」を通って、「時代」や「人類」の全体に及び(80)、これらの諸連関を個別的諸科学によって把握する試図を通じ、さらにはそれらを認識論的学問論的に基礎づけ直す「自己省察」の企図を介して、歴史的世界の構造が考究されなければならないとされたのである。

けれどもこの場合注意しなければならない。たしかに、「歴史と社会が構成されるゆえんの要素」は、「個々人」ではある(81)。しかし、それは「精神身体的全体」としての「生統一」であり(82)、既述のように「意欲」「感情」「表象」などの「心的生の全体性」を具え、「その諸力の多様性における全体的人間」であり、こうした個人は、決して孤立したものではなく、絶えず事物や他者とかかわって生きる「生の交渉《レーベンスベツーク》」(83)においてあるとともに、その諸体験を「時間性」(84)において生き抜く「生の連関《レーベンスツザンメンハング》」としてあるのである(85)。しかもそこには必ず「意義《ベドイトウング》」という「生と歴史的世界に固有のカテゴリー」(86)が働く。いわば個人は、横に「生の交渉」の中に捲きこまれ、縦におのれの時間的な「生の連関」を生き抜き、しかも「偶然」と「運命」に晒され(87)ながら、おのれの生を一つの「意義」において捉えつつ、「個人の生経験」(88)を体験するのである。こうした「自己自身にもとづいた個人的生存における個々人が、歴史的存在者である」(89)。そこに「無限の生の豊かさ」(90)が展開される。けれども、そうした個人の生は、個人だけの次元にとどまらずに、実は、「一般的生経験」(91)と深く嚙み合っている。「歴史や社会に先行する事実としての人間」は「発生的説明のなす虚構」(92)であって、個人は「社会的現実の連関の中でのみ現われる」(93)のである。だから個人は、個人を超え出るような「諸連関の交差点」(94)でさえあるのである。というのも、人間は「了解」の働きをもっていて、これによって相互了解や共同性を作り出し(95)、こうして様々な「生の交渉」の中に立っていたからである。しかもそうした「精神」の活動は、直接的な了解にとどまらず、絶えず、「外化」と「表明」を行ない(96)、「表現」を産み、こうして「生の客体化」を形成し(97)、そうした「生の客体化」の「了解」という間接化され媒介された形で展開してゆくからである。このようにして個人を超え出る「諸連関」が作り出され、いわば生と歴史の「観念的《イデール》な種類の主体」(98)が作動し始め、「文化の諸体系」や「社会の外的組織」が独立した実在性において展開するようになる。「社会と歴史の本性を構成するところのものは、自己自身の生存の発展を目指すかぎりの個人から始まって、文化の諸体系と共同体へ、そして遂には人類へといたるような全連関にほかならない」(99)。だから、「歴史の中で言表される論理的主体は、個人であるとともに、共同体であり、また諸連関である」(100)。

「文化の諸体系」とは、「人間性の要素に立脚したしたがって持続的な目的が、個々人における心理活動を相互に関係づけ、こうして一つの目的連関へと結びつける場合」に成立する「持続的成体」のことである(101)。例えば「想像力」という「人間性の個別的要素」にもとづいて芸術的活動が営まれ(102)、これが個人を超えた「目的連関」として成立するとき、そこに「芸術」という「文化の体系」が「持続的成体」として成立する。「体系」とは「人間性の要素に根ざし、個人を超え出るような目的連関」(103)のことである。人間性は知覚・思想・感情・意志等と多岐多端にわたった要素を含むから(104)、文化の体系も種々あることになり、「宗教」「芸術」「法」「道徳」「言語」「学問」等といった形態において成立する(105)。これらのものは、人間本性に根ざした個人の目的活動を根拠にしながらも、個人から独立した持続を外界に占め、「客体性」(106)として存立し、「恒常的」「永続的」(107)な「成体」として成り立っている。また個人は一つの体系にだけ参与しているのではなく、「多数の体系の交差点」(108)である。このようにして、個人のもつ人間性の共通した普遍的諸要素に立脚して、個人を超えた目的連関が成立し、個人はこうした客体性の媒介の中で、内在的目的を追究する。しかし他方、こうした「文化の諸体系」は「社会の外的組織」と深く「関係」(109)している。というのは、人間が目的活動をする場合、それは、何らかの結びつきや強制においてのみ可能である。もともと人間は、一方で、「共同感覚・社会衝動」「共同体感情」「連結と共同体の感情」をもち、自然的同種性によるそれや「利害関係の連帯性」から、団結するばかりでなく、他方で、「意志の間の支配と依存の関係」において、強制的な形で団結を行なうものである(110)。こうした「意志統一の団結の中にある構造」(111)は、「文化の諸体系」とは別物であり、このように「持続的な原因が諸々の意志を一つの全体における結合へと統合する場合――この際、この原因が自然的分岐のうちにあることもあれば、人間性を動かす目的のうちにあることもあるが、その場合――」が、「社会の外的組織」である(112)。そこに「諸共同体、団結、支配関係や意志の外的結合のうちで成立する結合体」(113)などが生ずる。「文化の諸体系」が、どちらかと言えば内的な自由な目的意識に支えられて成立する連関だとすれば、「社会の外的組織」は、まさに外的な自然的ないし人為的な拘束力を具えた規制秩序として成り立つわけである。それは、「共同体、外的拘束、社会における意志の従属等の諸状態」(114)である。つまり、家庭から、企業、共同体、国民、教会、政治団体、施設等々の様々な組織の中に、人間は組みこまれているわけである(115)。ここには「権力感情と圧迫、共同と独立の感情、外的拘束と自由の混合」(116)があり、複雑な形で、「外的拘束」や「人格および事物に対する支配と依存の関係」や「共同体の諸関係」が拡がっているのである(117)。ディルタイは、「文化の諸体系」と「社会の外的組織」とを結ぶ接点に、両者の「未分化の統一」として「法」を考えた(118)。というのは、「法」は一方で、個人の「権利意識」に支えられた「目的連関」であるとともに、他方で、その「目的連関」は、「確固とした普遍妥当的な調整における諸意志の外的拘束」を目指し、その調整を介して「個人の権力範囲が、その相互関係や、事物世界への関係や、全体意志への関係において規定される」から、である(119)。つまりそれは「全体意志の機能の性質」と「文化体系の性質」とをともに含むからである(120)。ともかくディルタイは、このようにして、個人を超えた諸連関が、「文化の諸体系」や「社会の外的組織」として存立し、こうした「生の客体化」の中に媒介された姿においてのみ、人間的生は展開すると考えた。そして個々人は、「時代の連関」(121)の中で結合されたこれらの諸関係の有意義性のうちでのみ、おのれの活動を実現できると見たのである。

むろんディルタイは、「人間の全存在が、団体の中に入りこまず」、「解消されず」(122)、「個人」が「その究極の深み」において「独立」(123)であることを知っており、「個々人のうちには、神の手の中にのみあるような或るものがある」(124)と言っている。「人間が、その孤独な魂のうちで、運命と戦いながら、良心の深みにおいて生き抜くものは、その人間にとって存在するのであって、世界過程や社会の何らかの組織のために存在するのではない」[125]、と彼は言っている。「社会の外的組織」はもちろん、「文化の諸体系」や、さらには世界史的なものを超え出たところに、その単独な姿における、人間の絶対的な実存が潜むことをディルタイは見ていた。人間は、おのれの「時間性」[126]を生きる。「具体的時間」は、「実在性の充実」「生の充実」「時間充実」である「現在」が、絶えず「過去」へと沈下し、また「未来」が「現在」となってゆく、その「現在の休みなき前進」である[127]。人間は、この「われわれの生の絶えざる崩壊性」[128]を「意義づけ」[129]つつ生き抜く。しかし同時に「われわれは、偶然と呼ぶものと絶縁することは決してできない。われわれの人生に素晴らしいものもしくは怖ろしいものとして意義をもってきたものは、偶然の扉を通していつも入ってきたように思われる」[130]。こうした「偶然」と「運命」の入りまじった中で、しかもそれをわれわれの「性格」[131]によって刻印しつつ、人間は、おのれのいわば絶対的実存を生きるのである。

けれども、そのおのれは、「生の交渉」を介して、「生の客体化」と交差し、「文化の諸体系」や「社会の外的組織」に組みこまれ、絡まれ、その「諸連関の交差点」として生きる以外になく、こうして「時代の連関の中で結合された一切の諸力の意義関係」[132]の中におかれているのである。ディルタイは、精神諸科学が「歴史的社会的現実」として探究するものが、このようなものであることを予示しつつ、精神諸科学の認識論的基礎づけを果たそうとするとともに、解釈学的心理学的に解明される人間的生の「構造連関《シュトルクトゥールツザンメンハング》」やそれが歴史において働く「活動連関《ヴィルクングスツザンメンハング》」の究明において[133]、歴史的世界の構造の「規則性」(134)を明らかにし、歴史の「意味」(135)を捉えようと企図したわけである。その試みには、さらに、精神科学独自の「了解」という方法についての重要な反省も含まれる。けれどもそれはさておき、当面のかぎりにおいて、右の如く、個人は、「歴史的社会的現実」の中にあって、常に「文化の諸体系」や「社会の外的組織」にかかわり、その否定的媒介を通ってのみ、おのれとして実存し得るとディルタイは考えていたのであり、この指摘は忘れ得ない重要性をもつ。

おのれは、おのれへと生成する只中において、絶えず、こうした他存在の客体性の媒介を経てゆくのであり、時にそれに呑みこまれ、時にそれに逆らい、そうした「歴史的社会的現実」の錯綜の中で、おのれとして、おのれの諸体験の異存在を全体化しつつ、生き抜くものである。この客体性の媒介を経ない主体性は空虚である。真の主体性は、客体性の媒介の中で、生成の運動を生きるのであり、その媒介の中で、おのれの他存在を介してのみ、おのれと成ってゆくことができるのである。おのれの他存在とは、おのれの疎外である。しかし疎外を介さないおのれはあり得ない。疎外と他存在から全面的に脱却しきった解放された人間は、あり得ない(136)。おのれの他存在を引受けた中で、おのれへと生成し、おのれへと還帰する不断の生成と運動の中にのみ、おのれの具体的歴史性はあるのである。

四　ハイデッガーの場合

さて、右の問題点との連関において、ここで、ハイデッガーの考え方のうちに潜む或る論点について、簡単に触れておかねばならない。ただし、この論点については、別の機会に簡略にもまた詳細にも述べたことがあり(137)、実は綿密に見てゆくと、種々の問題性と絡んでいてきわめて重要な問題性を帯びており、決して単純なものではない。しかし、当面の問題との脈絡において、そのごく基本的な若干の側面だけが簡略に言及されねばならない。

ハイデッガーによれば、現存在の「存在」は「気遣い《ゾルゲ》」であり、その「存在意味」は「時間性」である。「気遣い」とは、「おのれに先んじながら」、「既に(世界の)内に存在し」、しかもそれが、「(世界内部的に出会われる存在者の)もとで存在する」という仕方「として」あるような、そうした「現存在の存在論的な構造全体」を締めくくる「形式的に実存論的な全体性」である(138)。「気遣い」は、三つの契機を包蔵した統一的な構造全体性である。すなわち、それは、「おのれに先んじ」ておのれの存在可能を了解し企投する「実存性」であるとともに、世界内存在として「既に存在する」という被投性を背負った「事実性」であり、こうした「被投的企投」が、世界内部的存在者との出会いという「もとでの存在」「として」あるような、そうした構造のことである。この存在構造が、その存在意味において時間性として捉えられれば、第一の「おのれに先んずる」「実存性」は、「おのれをおのれへと到来せしめ」「自己へと向かう」「到来」にもとづき、第二の「既に存在する」「事実性」は、おのれが「既在しつつ存在する」というおのれに「還帰して向かう」「既在性」にもとづき、第三の「もとでの存在」は、世界内部的存在者を「出会わしめる」という「現成化」にもとづくことになる(139)。ともかく、ハイデッガーにおいて、被投的企投としての現存在は、常に、世界内部的存在者と「出会って」それと交渉関係をもつというありさま「として」現に存在するのである。(ただしハイデッガーは、このほかに「語り」というあり方を現存在の構造契機と見ているが、これは、現存在の存在に喰い入る重要な契機であるにもかかわらず、「気遣い」という統一的構造や「時間性」そのものの中には組み入れられていない。)また、右のように現存在が「世界内部的存在者」に「出会う」場合に、その「世界内部的存在者」は、大部分「用在者」と考えられているが、そこには、「他者」という「共同現存在」との「出会い」も絡んでいると考えられねばならない。現存在は、「用在者」や「共同現存在」に、「配慮的」にまた「顧慮的」に「気遣う」ものであり、この二つのことは、深く結びついているからである。

ハイデッガーが捉えた現存在のこうした存在構造やその存在意味は、当面の文脈におき換えて言うならば、おのれは、おのれの被投性を引受けつつ、おのれへと生成し、しかもその際常におのれならざる事物や他者とかかわり、その媒介を経めぐりつつ、おのれを全体化するというあり方においてある、という事態と深く嚙み合った問題性をなしていると言ってよい。むろん、ハイデッガーは、単純に「事物」とは言わず、そこに「用在者」と「物在者」を分けるとか、おのれの「全体性」といってもそこに綿密な「死」や「良心」の分析を織りこんでいるとか、「生成」とか「媒介」とかという考え方はハイデッガーにはないとか、さらには、そこに「本来性」「非本来性」をめぐる諸問題やその他数多くの方法論的内容的諸問題が結びついていて、分析の緻密さと概念・用語の微妙な駆使にこそハイデッガーの本領があるのだから、このように問題を簡略化して語ることは本来は許されないことである。しかし、ここでは、ハイデッガーを解説したり論究したりすることが狙いではなく、われわれの考え方を追っているのであり、それを側面から明らかにする一つの類比的な対照を敢えてするだけのことである。ただし、どうしても断わっておかねばならないのは、右のような類比化を言うとき、一つの大きな差異が緩和され、力点がおき換えられる惧れがないかどうか、という点である。というのは、ハイデッガーにおいて、たしかに現存在は、被投的企投でありつつ、同時に、世界内部的存在者の「もとでの存在」「として」あるが、この「もとでの存在」が「さし当り大抵」は「非本来的」な様相において現われ、だから「平均的日常性」において現存在は、配慮や顧慮の気遣いに没頭しておのれを喪失し、こうして「気遣い」や「時間性」も「非本来的」となるがゆえに、だからこそ、それを打ち毀して、その根底に潜む無気味な実存の様相を取出し、こうして「本来的」「全体的」な実存の姿を解明することの方に、ハイデッガーの力点があったのではないか。だから、彼にあっては、おのれは、おのれならざる事物や他者との媒介を経めぐって生成するのではなく、むしろ、そうしたものからおのれを「取戻す」ということが、肝心な眼目として、分析の根底にあったのではないか。そう考えられもするからである。たしかにその通りである。けれども、他面において、ハイデッガーは、現存在の本来的全体的なあり方を取出したあと、現存在の存在意味として「時間性」を剔抉し、これにもとづいて、結局は現存在の実存の本来性と非本来性の全体が可能になるゆえんを解明しており、そこには、現存在のあり方全体を見直す姿勢が認められる。むろんそこにも種々の問題はある。しかし、そうした全体的な考察からふりかえって考えるならば、単に現存在は、おのれならざる世界内部的存在者への「非本来的」な埋没からおのれを「取戻す」という側面ばかりでなしに、逆に、現存在は、そうした世界内部的存在者とどのように「本来的」にかかわり出会うのかという側面の問題も、当然問題化されてよいはずである。そして、その問題を考えるならば、結局、おのれは、おのれならざる世界内部的存在者との媒介を経めぐって生成する運動性においてあり、本来性と非本来性をともに含んだ、生成の弁証法の只中を実存する以外にはないことが、帰結されてくるのである。

右にも予示したように、ハイデッガーは、実際、世界内部的存在者の「もとでの存在」を、「さし当り大抵」の「平均的日常性」においては、「頽落」と捉えている。この「頽落」が、「非本来性」にほかならない。それどころか、「平均的日常性」においてばかりでなしに、多くの場合、「気遣い」そのものが、「実存性」や「事実性」と同時に「頽落」を含み、これら三契機から成立するものであるとさえ、ハイデッガーは述べているのである(140)。すなわち、現存在の存在構造である「気遣い」に含まれる「もとでの存在」そのものが、常に「非本来的」な「頽落」であるかのようにさえ、語られているのである。けれども、もしも厳密な意味で、そうだとすれば、現存在は、その構造上本質的に、「非本来的」な「頽落」をその一契機として含むことになるから、決して全面的に、「本来性」に到達することができなくなってしまうであろう。ところが、ハイデッガーは、現存在の本来的な全体存在可能を語り、本来性が成立することを述べているのであるから、あの「もとでの存在」は常に本質的に「非本来的」な「頽落」と等置されるものではなく、その本来的な現われ方をももつものであると言わなければならないであろう。そして実際その通りなのである。

ここで注意しておかねばならないが、「本来性」と「非本来性」とは、いわば価値的な区別では全くないという点である。「本来性」では存在の度合いが高く、「非本来性」では「存在」が「少なく」、「存在の度合い」が「低い」と見てはならないのであって、むしろ「非本来性」の方が、「多忙、興奮、利害、享楽力」に富んだ「現存在」の「最も充実した具体化」を示すのである(141)。この二つのあり方は、「本来性《アイゲントリッヒカイト》」に含まれる「自己本来に固有《アイゲン》」という事柄から捉えられるべきであって、実際ハイデッガーは、「本来的なもの《アイゲントリッヒェス》」のことを「自分自身固有のもの《ジッヒ・ツー・アイゲン》」と言い換えている(142)。であるから、「本来性」とは、自己本来固有のあり方において実存しようとすることであり、一方「非本来性」とは、自己本来の固有性を喪失し、自己本来固有ではないものに気を奪われ、そこに没頭埋没しているあり方のことなのである。『存在と時間』は、実際上は、或る意味で、「事実的現存在の根源的全体」を、「本来的実存と非本来的実存という可能性」に関して「解釈し」、究極的には「時間性」の「根拠」からこれをいわば「〃基礎づけ〃」てみることを狙ったものである(143)と言っても、決して過言ではない。

　右と連関してもう一つ注意しておかねばならないのは、ハイデッガーが、右の「本来性」と「非本来性」という「二存在様態」だけではなしに、それらのいずれでもない「それらの様相的無差別《インディフェレンツ》」というあり方があるように述べている(144)点である。それがどのようなものであるのかを尋ねるならば、それは、現存在分析がそこから出発すべき、「特定の実存という差別」をもたない、「無差別的なさし当り大抵」における、「現存在の日常性という無差別」、「平均性」という「日常的無差別」のことである(145)以外にはないことが明らかである。けれども、この「平均的日常性」における「無差別的実存」は、「或いはまた」「非本来的実存」とも言い換えてもよい(146)ものであり、実際、「日常的存在」

は非本来的な「頽落」になるのである(147)。すると、「無差別」のあり方は、結局は存在せず、それは非本来的なあり方にほかならないことになるであろう。けれども他方において、この「平均的日常性」において存在するものは、「精密な諸構造」において捉えられ得、その「諸構造」は、「現存在の本来的存在といったようなものの存在論的規定と区別されない」ようなものでもあると、ハイデッガーは言っているのである(148)。してみれば、ハイデッガーが方法的手続きの必然性からして、――このことはここでは述べる余裕がない――、「平均的日常性」の「無差別」に分析の手懸りを求めたとき、その「無差別」とは、元来、「本来性」にも「非本来性」にもともに通ずる、現存在の「形式的」な存在構造のことであったろうと思われるのである。だから実際、例えば「気遣い」は、さきにも挙げたように、現存在の存在論的な構造全体の「形式的」に実存論的な全体性、なのであった。しかしこの「形式的」な「無差別」は、「さし当り大抵」は、「平均的日常性」における「無差別」となって現われ、それは、「実質的」には、非本来的であることが、ほとんどなのである。

さて、そうした「非本来性」とは、「頽落」のことにほかならない(149)。「頽落」は、「配慮的に気遣われた〝世界〟のもとに」「埋没」するということと、その埋没がそうした形を採る「世人の公衆性への自己喪失」との二つを、含む(150)。つまり、「用在者」に「配慮的に気遣い」、「世人」としての「他者」に「顧慮的に気遣い」、それらに気を奪われて、自己本来固有のものを失っているあり方である。頽落の右の二つの構成契機には、若干の性格の違いがある点を、或る識者は剴切にも指摘しているが(151)、けれども結局、ともに共通して、自己本来の固有性の喪失や忘却を含んで成り立っているのである。だからこそ、「本来性」は、その「頽落」からおのれを「取戻した」、自己本来の固有性に立ち還って実存するあり方のことにほかならない。

けれども肝心なのは、その際の「本来性」が、「〃世界〃」や「他者」から切断されるのではなく、それの「変容」であって(152)、むしろ本来的に「〃世界〃」や「他者」にかかわろうとするものである(153)、という点である。本来的実存といえども、世界内部的存在者の「もとでの存在」をやめるわけにはゆかず、それとかかわってのみ実存し得るのである。なるほど、この「もとでの存在」は「さし当り大抵」は「頽落」となるが、そうした「平均的日常性」はきわめて重要なものであって、すべて実存は「この存在様式から発してそこへと還る」(154)のであり、それは本来的現存在をも「規定し」、実存はそれを「消去」できないのであり(155)、だから例えば、「現存在の本来的実存といえども、配慮的気遣いの中に身をおく」のである、「たとえ、そうした配慮的気遣いが、その本来的実存にとっては〃どうでもよいもの〃にとどまるときでさえも」、である(156)。もちろん、「他者」への「顧慮的気遣い」も、やめるわけにはゆかないであろう。けれども、だからといって、そのとき、「用在する〃世界〃が〃内容的に〃別物になるのでもなく、他者の範囲が取り替えられるのでもない」(157)。ただ、これらが、「おのれ固有の自己存在可能によって規定される」ようになる(158)のである。

けれども、それでは一体、具体的にそれはどのように「規定」されるのであろうか。それは、「瞬《アウゲン》視《ブリック》」という時熟の仕方のうちで示される。「瞬視」とは、世界内部的存在者の「もとに存在」してそれを「出会わしめる」ところの「現成化」(159)という時間性の時熟の、本来的な現われ方(160)にほかならない。「現成化」は、二義的であって、「形式的」には、「出会わしめる」ということであって、これの「本来的」時熟が「瞬視」であるが、一方それは、「非本来的」には、〃世界〃や世人に埋没する「頽落」がもとづく「現成化」でもある(161)。さて、「瞬視」という「現成」は、そうした頽落的なあり方からおのれを取戻しており、だからその意味では「非現成化」、つまり頽落的な「現成化」の反対である(162)。この頽落がもとづく「現成化」は、そこではまだ固有の力を発揮していず「到来と既在性の中に包含されたまま」(163)であり、したがって「瞬視」という「現成」は、「到来と既在性の中に保たれ」(164)ている。それでいながら、この「瞬視」は、「決意性の中に保たれつつ」、「決然として」、「状況」の中で出会われるものに向かっての「現存在の脱出移行《エントリュックング》」である(165)。このようにして、世界内部的存在者が、「偽装なく」「出会わしめ」られる(166)という。つまり、そこで現存在は、「到来と既在性」の中に「保たれ」つつ、「先駆」にもとづいて、頽落からおのれを取戻しながら、そうした頽落的な「現成化」を打ち毀しつつ、烱々たる眼差《アウゲン》しで状況を見《ブリック》つめ、そこへと向かって「脱出移行」しようと身構えるわけである。けれども、この身構えからさらに進んで、その状況の中に飛びこむならどうなるか。そのときには、現存在は、用在者を「配慮的に気遣わ」ねばなるまい。ところが、この「配慮的気遣い」は、すべて、「非本来的時間性」によって成り立つとハイデッガーではされるのである(167)。さらにまたそのときには、他者に「顧慮的に気遣わ」ねばならないであろう。しかしハイデッガーでは、「顧慮的気遣い」の「時間性」は、全然論及されていないのである。してみれば、いかに現存在自身が本来的になっても、具体的にどのようにそのとき現存在は「配慮」や「顧慮」の「気遣い」の中であくまで本来的であり得るのか、その存在論的可能性は、不明瞭のままであり、それどころか、例えば「配慮的気遣い」に関しては、ふたたび現存在はそのときでも、「非本来的時間性」の中にまたもや入りこまざるを得ないように構造づけられているといったふうに、ハイデッガーでは考えられていると、推量せざるを得ないのである。つまり、現存在の自己本来の固有性に立ち還った「本来性」は、やはり具体的に「もとでの存在」においては、そのときでも「配慮的気遣い」の「非本来的時間性」の中に再度入りこまざるを得ないのであり、こうして「本来性」と「非本来性」とは、平行的に対立しながらも、しかも絡み合い、交差するといったふうになっていると言わざるを得ないのである。だから決意した現存在といえども、「現存在は常に既にそしてすぐに恐らくはふたたび、非決意性のうちにあり」、「世人の非決意性はやはりあくまで支配力を揮《ふる》ったままなのである」[168]。もしも本来性が、「実存の真理」であり、頽落的な非本来性が「不真理」であるとすれば[169]、やはり、「現存在は等根源的に真理と不真理の中に身を保つ」[170]のである。だからまた、あの「気遣い」の第三契機である「もとでの存在」が、多くの場合、ハイデッガーにおいて、「頽落」と等置されていたのも、理由がなくはなかったのである。

しかしそうだとすれば、実存の本来性は、具体的には、非本来性と交差し合い、非本来性に陥ってはそこからおのれを取戻し、おのれを取戻してはさらにまた非本来性へと入りこむという、真理と不真理の絶えざる交錯の中にあるということになるであろう。つまり、おのれ本来固有のあり方は、具体的には、それだけで切断されてあるのではなく、他者や事物という世界内部的存在者に囚われ埋没してゆく非本来的な頽落と交差し合い、それとの媒介を経た力動的な生成の中にあると言わなければならない。真理と不真理、本来性と非本来性とが、相互に絡み、転換しながら、弁証法的に、生成する全体の中にのみ、おのれの世界内存在の具体的真理がある、ということになるであろう。

むろんハイデッガー自身は、こうした世界内存在の具体的生成の追究を行なって、遂には「現存在の完全な存在論」つまり「哲学的人間学」(171)を展開することを企てたのではない。むしろこうした生成の根底に、究極的には、無気味さが潜み、非力さに貫かれた実存の真相が秘められている事態の剔出の方に、彼の主要な関心は注がれている。そして、実存の真相の究明よりは、存在問題への視野を拓くという意図の方が優位している。さらに、こうした本来性と非本来性、真理と不真理の交錯は、存在と存在者の顕現と秘匿という次元で捉え直されて行ったのであり、存在問題と絡み合ったこの問題群のうちに、彼のその後の思索の展開の原動力が潜み、また、そこに「語り」という問題もが嚙み合ってきたとも、推量されるのである。そしてこれらのハイデッガー自身の思索の傾斜は、もちろんのこと、それなりの根拠をもっていて、そこに深い思索の境涯が展示されて行ったことも否定できない。それは、われわれの当面での論述にしたがえば、あの極限的無意味に潜む問題性の追究にほかならないと言ってもよいのである。しかし他方において、具体的歴史的には、おのれは、おのれの生成を生きるのであり、そこでは、おのれならざる他存在に絡まれ、その媒介を経てゆく生成の全体としてのみ、おのれは、具体的に世界内存在すると言わなければならないのでもある。

メルロ＝ポンティは、決意した本来的時間性において決定的に非本来性から脱却できるかのように説くハイデッガーの考え方を批判しているが、この批判は、右の事情を考慮に入れるかぎり、至当である。「到来の方から流れてくるような、そして決然とした決意によってあらかじめその到来を所有しきっているような、断固として気散じから脱却しきっているような、そうしたハイデッガーの言う歴史的時間は、ハイデッガーの考え方そのものからして不可能である」(172)。というのは、時間は、脱自であって、現在と既在を含むものであるから、決意がどんなに全く新しい回路をわれわれの生のうちに開いたとしても、その決意はそのあとで「再度取り上げ直され」(173)て行かねばならないからである。いわば、「瞬視」の「瞬間」において、頽落的な「気散じ」から自分を取戻し、決意性をもっておのれの存在可能を断固として切り拓いたとしても、その「決意がわれわれを気散じから脱却させてくれるのは、ほんの暫くの間であるにすぎない」(174)。われわれの中心は「現在」にあり、われわれの決意は「現在」から発する。むろんその決意は「既在」と関係をもちそこから「動機」を汲み取ってきている(175)。こうした「現在」と結びついているわれわれは、「時間を、現在の観点から見ることを全くやめる」わけにはゆかず、したがって「現在」における「気散じ」から全面的に脱却することは不可能であり、だから「非本来性から決定的に離脱する」こともできないのである(176)。それだからこそ、決意を「再度取り上げ直して」ゆく必要があるわけである。「時間」をこうしたいわば決意性による「自発性から導き出す」ことはできない(177)。われわれのうちには、「能動性」と「受動性」が潜み、われわれは「全く能動的であるとともに全く受動的」であり、われわれは「内的な弱さ」をもっていて、「絶対的個体の密度」を所有できないのである(178)。われわれは、「自己への絶対的現存」であるとともに、「継起と多様」を経めぐってのみ「自己自身のしるし」を作り出すことができるのである(179)。言い換えれば、われわれは、「状況内存在」であって、この存在を「われわれは不断にやり直してゆく」以外にはないのである(180)。

こうした見方は、妥当なものを含んでいるのではないであろうか。現存在は、おのれの被投性を引受け、おのれの本来的な存在可能を企投しつつも、絶えず、用在者や他者と交渉し、それとかかわる只中でのみ、すなわちそうした他存在との連関を媒介としてのみ、おのれであり得るのである。本来性は非本来性と交錯し、非本来性も本来性と結び合い、こうした中でのみ、おのれは、具体的歴史的に、おのれであり、おのれの実現であり、おのれへの生成であり、おのれの全体化なのである。フッサールを引証しつつ、そこに認められる「同時性」の考え方を敷衍しながら、メルロ＝ポンティは、身体として実存するおのれが、感覚や知覚において、「開示されつつ隠された」つまり「半ば開かれた」形で「事物」とかかわるとともに、また「他者」と「間身体性」において繋がり、「原初的な世人」を生きるものであると語っている(181)。そこにあるものは、「身体」「事物」「他者」などの、そして「自然」と「精神」などの、「すべてのものが同時的である世界」(182)であり、いたるところに、「繁《プロパ》殖《ガシオン》」「侵蝕《アンピエートマン》」「またがり《アンジャンブマン》」「はねかえり《ルボンディスマン》」があるわけであり(183)、こうして「存在」は、「交差《アントウルラ》」と「交錯《キアスム》」においてのみ成り立つ(184)とされるわけである。むろん、こうしたメルロ＝ポンティの考え方とハイデッガーのそれとを、単純に重ね合わせることは危険である。しかし、少なくとも、そこに認められる考え方との繫がりにおいて、当面、他存在との媒介を経た非本来性との絡み合いの中でのみ、真の本来性はあるのだと言ってもよいのではないであろうか。したがって、事物と他者を前にして、本来的な実存が、単純にまた一挙に、「瞬視」において成立し、それでもう事はすべて畢《おわ》ったというふうであるのではなく、事物や他者との同時的交錯の中で、本来性と非本来性との相互転換の弁証法的生成においてのみ、真の具体的な世界内存在はある、と言わなければならないのである。しかもそうした弁証法は、恐らくは、「綜合なき弁証法」(185)、つまり、完結した終極をもたない、終わりない生成の弁証法であるであろう。

さて、右のように、実存の本来性と非本来性とは、本当は交差し合うものであると考えられねばならないのにもかかわらず、ハイデッガーにおいて両者は、やはり事実上は対立した側面において捉えられる傾向が何としても強いものとしてあったのは、なぜか、という点について、最後に簡単に触れておこう。それは、現存在の世界内存在が根本的には「無気味」で「居心地の悪い」ものであり、だから、現存在はそれから「逃避」して、用在者への没頭やそれと結びつく世人の公衆性の居心地の良さの中へと、「頽落」的に「逃避」せざるを得なくなるのだと、ハイデッガーが考えている点にある(186)のである。現存在の世界内存在は、本当は、単独で、無気味で、居心地が悪く、死に晒されたものであり、この「自己本来固有」のあり方は耐え難いものなので、だから世の中のひとは、そこから「頽落的に逃避して」、非本来性に誘惑される、と見なすところに、その原因があるのである。だから、用在者や他者とのかかわりは、「頽落的逃避」において成り立つので、したがって、このかかわりは、非本来的な、つまり「自己本来固有」のものから眼をそむけたあり方である以外にはないのである。たしかに、「世界内存在」のその「内存在《イン・ザイン》」そのものは、さし当り大抵は、実は、その「内存在」に「もとづけられた」(187)「もとでの存在《ザイン・バイ》」として現われ、それは、用在者や他者と「馴れ親んで存在し」、その「もとで住む《ヴォーネン》」というあり方として現われる(188)。けれども、これは、本当の「内存在」がおのれに見えてくる「不安」の気分の中で「崩壊し」、そこで「無気味な」「居心地の悪い」「内存在」そのものが顕わとなり、この方が「より根源的現象」で、「慰められ馴れ親んだ世界内存在」は、それからの「逃避」という「現存在の無気味さの一様態」にすぎないことが、分かるというのである(189)。こうした「実存」に関するハイデッガー特有の考え方や、さらにはそれと結びついて、現存在本来固有の「実存範疇」を、世界内部的存在者に関する「範疇」とは全く別個のものとして取出すという「存在論的」な意図が重なって、いわゆる「〝世界〟」とのかかわりからおのれを取戻した実存本来固有のものを、そうした用在者や他者などの世界内部的に出会われるものから、区別して捉える傾向が強まって行ったのである。そのために、両者の間に、「頽落的逃避」をおき、その一方に自己固有のものに立ち還った本来性があり、他方にそれから逃避した非本来性があることになったわけである。このことは、実存のあり方のみならず、存在論的な見方全体にもかかわったことなのであるが、今はおく。

けれども、実存の場面で、右の区別をあまりにも鋭くしすぎると、前述の如く、本来性と非本来性とのかかわりに困難が生じてくるのである。本当は、両者は嚙み合い、交錯しているのでなければならない。だから現に、後期ハイデッガーは、あの「住む《ヴォーネン》」ということを、――つまり前期にあっては、世界内部的存在者の「もとに」、無気味さから頽落的に逃避して「馴れ親んで存在する」という「非本来的」な符牒を帯びて捉えられていた「住む」ということを――、「非本来的」なものとしてではなく、「人間であること」と同じこととして捉え(190)、しかも、その「住む」ことは、「いたわり大事にする」(191)ことであり、それは「物のもとにとどまる」(192)こと、ただし「物《ディング》」といっても、「四つなるもの《ゲフィアト》」を「取り集めた」「物」――「物《ディング》」は語源的に「取り集める」ことを意味する――、そうした「物」をその本来の本質に委ねかえしてやることを含んで成り立つものとされるのである(193)。かつては、「頽落的逃避」にもとづいた「非本来的」なかかわりの対象でしかなかった「用在者」が、今や「物」として捉え返され、しかも、「四つなるもの」の本質を取り集めた「物」として、それを「いたわり大事にする」ことが「住まう」ことと結びついて人間存在の本質として説諭されるのである。今その詳細はおこう(194)。ともかく、当面少なくともここには、「物」とのかかわりを回復した実存の姿があることだけは、たしかであろう。「物」とのかかわりを「頽落的逃避」にもとづいた「非本来的」な配慮的気遣いとして捉える考え方は、もはやここには存在しない。かつての無気味で居心地の悪い自己本来固有の実存は、今や「物」との「本来的」かかわりの中に身をおき戻したのである。そして実際このようにならざるを得ないであろう。なぜなら、おのれとは、まことには、事物や他者とのかかわりと媒介においてのみ、おのれであり得るものだからである。ただし、あの無気味さは、だからといって、むろん消失するのではない。人間はいぜんとして「死すべきもの」(195)として捉え続けられるのである。われわれの言い方を用いれば、知られざる存在によって無みせられるものでありながらも、おのれは、具体的には、事物と他者との媒介の中でのみ、おのれであり得るのである。

五　現代哲学の課題との連関

さて、おのれとは、このように、具体的歴史的には、他者性の媒介を経た自己性の達成にあるという事柄が、現代哲学の課題にも繋がる重要な問題性を帯びたものであるという点について、最後に一言触れておきたい。

ここで詳論はできないが、現代哲学は、ヘーゲル死後から開始する。ヘーゲルに先立つ古代、中世、近世の哲学においては、世界、神、人間が、それぞれ中心的な問題群として論究され、古代においては世界という根本視野から、中世においては神という根本視野から、近世においては人間という根本視野から、しかしもちろんのことそれぞれ他の問題群をも包括した形で、哲学的解明が企てられた。これらの問題群全体を包括的に統合したヘーゲルの死後に、しかし、この三つの問題圏域がふたたび分化し、しかも、神の問題は人間の問題に組み入れられ、一方世界の問題は、自然的世界と歴史的社会に分割されるという変容が、それに随伴した。こうして、人間、自然的世界、歴史的社会の三問題群が、相互に嚙み合いながらも、その後の哲学的究明の主要な問題対象を構成し、それと同時にそれに適した方法的接近とそれの再検討を様々な形で要求するようになった。その結果、例えば、人間自身の内面をとくに問題化する実存哲学、自然的世界の科学的認識の問題性に大きな着目を注ぐ実証主義哲学、歴史的社会の矛盾を独自の視角から問題化するマルクス主義などが、一つの代表的思考法として登場するにいたった。それらは相互に絡み、交差し、また対立し、さらにはそれに結びついて種種の新たな方法態度や哲学的考察が擡頭した。今、方法的問題群をおき、対象的な問題場面だけについて言えば、現代哲学の課題は、例えば右の三つの代表的哲学説――さらにはそれと連関した諸哲学――が関心を向ける、三つの主要な問題圏域を、すなわち、人間、自然的世界、歴史的社会、ないし、人間、科学、社会を、包括的かつ統一的に捉える体系的視点の樹立にある。その視点は、しかし、哲学の根本問題が人間自身にあり、その人間が、具体的には、自然的事象や歴史的社会の媒介を経めぐった自己性の達成にあるかぎり、この他者性の媒介を経た自己性の達成という観点のうちにある以外にはない。実存哲学は、自己性を剔抉するが、他者性による媒介という契機を逸し去る傾向を含む。実証主義哲学は、他者性の事実に視界を曇らされて、自己性の問題を見失う。マルクス主義哲学は、自己性と他者性の相剋を超えた普遍人間的解放を志向するが、しかしこの媒介と生成の運動は本当は「綜合なき弁証法」(196)の事態においてあるはずであろう。今それらの詳論はおくが、ともかく、他者性に媒介されつつおのれの自己性へと生成する具体的歴史性を生き、しかもその極限において深淵と没落に晒されたおのれ自身の生と実存のロゴスを見ることを通してのみ、現代哲学の課題は解かれ得るはずである。別言すれば、おのれ自身を見つめる「内面性の現象学」は、世界を見る眼を養い、現代哲学の様々な思惟に触れ合う広汎な次元を拓き得るはずである。

しかし何よりも肝心なのは、哲学的思索にあっては、おのれに見えてくる事態を吟味し直し、捉え返し、それを綿密十全に検討する用意と、それにもとづいて広く深くおのれが知的誠実さにおいて生き抜き得るか否かの覚悟とにある。哲学は、究極において、生きるための知恵であり、実践である。

生の現実を導く知の形成が、おのれ自身の生と結び合いながら、おのれ自身のうちから生い育たねばならないのである。そこにのみ、生きた哲学があるはずであろうからである。

(1) G. W. F. Hegel, Phänomenologie des Geistes, 1807, Philos. Bibl., hrsg. von J. Hoffmeister, 1952, S. 20.
(2) G. W. F. Hegel, op. cit., S. 20.
(3) G. W. F. Hegel, op. cit., S. 20.
(4) G. W. F. Hegel, op. cit., S. 20.
(5) G. W. F. Hegel, Differenz des Fichte'schen und Schelling'schen Systems der Philosophie〔以下Dと略〕, 1801, Philos. Bibl.., 1962, S. 14.
(6) D, S. 14.
(7) D, S. 7.
(8) D, S. 12.
(9) D, S. 13.
(10) D, S. 13.
(11) D, S. 13 f.
(12) D, S. 14.
(13) D, S. 14.
(14) D, S. 14.
(15) D, S. 14.
(16) D, S. 14.
(17) D, S. 14.
(18) D, S. 16.
(19) D, S. 16.
(20) D, S. 16.
(21) D, S. 17.
(22) D, S. 17.
(23) D, S. 18.
(24) D, S. 18.
(25) D, S. 18.
(26) D, S. 18.
(27) D, S. 19.
(28) D, S. 17.
(29) D, S. 17.
(30) D, S. 17.
(31) D, S. 20.
(32) G. W. F. Hegel, Vorlesungen über die Philosophie der Geschichte, in: WW 12, Suhrkamp, 1970, S. 21.

(33) G. W. F. Hegel, op. cit., S. 104.
(34) G. W. F. Hegel, op. cit., S. 31.
(35) G. W. F. Hegel, op. cit., S. 30.
(36) M. Merleau-Ponty, L'existentialisme chez Hegel, dans: Sens et non-sens, 3e éd., 1948, p. 113.
(37) M. Merleau-Ponty, op. cit., p. 112.
(38) M. Merleau-Ponty, op. cit., p. 113.
(39) W. Dilthey, Gesammelte Schriften, I, S. IX.
〔以下ディルタイからの引用指示は、全集の巻数とページ数のみを挙げて行なう〕。
(40) I, 4.
(41) VII, 81.
(42) I, 14.
(43) VII, 119.
(44) VII, 148.
(45) VII, 148.
(46) VII, 148.
(47) VII, 150.
(48) VII, 150 f.
(49) VII, 151.
(50) M. Heidegger, Sein und Zeit, 7. Aufl., S. 398.
(51) VII, 150 f.
(52) V, 5.
(53) V, 5.
(54) V, 5.
(55) V, 5.
(56) V, 11.
(57) V, 11.
(58) V, 11.
(59) I, S. XVIII.
(60) I, S, XVII.
(61) I, S. XIX.
(62) I, S. XVIII.
(63) V, 4.
(64) I, S. XV.
(65) V, 3.
(66) V, 4.
(67) V, 4.
(68) I, S. XVI.
(69) I, 87.
(70) I, 96.
(71) I, 89 f.
(72) I, 104.
(73) I, 105.

(74) I, 92.
(75) I, 92.
(76) I, 95.
(77) I, 94.
(78) VII, 187.
(79) VII, 155.
(80) VII, 153 ff., I, 28–86.
(81) I, 28.
(82) I, 28 f.
(83) VII, 131.
(84) VII, 72.
(85) VII, 140.
(86) VII, 73.
(87) VII, 74.
(88) VII, 132.
(89) VII, 135.
(90) VII, 134.
(91) VII, 132 f.
(92) I, 31.
(93) I, 30.
(94) VII, 134 f.
(95) VII, 141.
(96) VII, 146.
(97) VII, 146 ff.
(98) VII, 135.
(99) VII, 135.
(100) VII, 135.
(101) I, 43.
(102) I, 50.
(103) I, 44.
(104) I, 50.
(105) I, 50, 57 f., 81.
(106) I, 50.
(107) I, 42 f.
(108) I, 51.
(109) I, 52.
(110) I, 66 f.
(111) I, 47.
(112) I, 43.
(113) I, 47.
(114) I, 64.
(115) I, 65.
(116) I, 65.
(117) I, 64 f.

(118) I, 54.
(119) I, 54 f.
(120) I, 57.
(121) VII, 187.
(122) I, 82.
(123) I, 74.
(124) I, 82.
(125) I, 100.
(126) VII, 72.
(127) VII, 72.
(128) VII, 72.
(129) VII, 73.
(130) VII, 74.
(131) VII, 74.
(132) VII, 187.
(133) VII, 154 f., 159.
(134) VII, 172 f.
(135) VII, 172 f.
(136) Vgl. K. Löwith, Max Weber und Karl Marx, in: Philosophische Abhandlungen, 1960.
(137) この論点については、初め口頭で、「九州大学哲学談話会」(昭和三十九年一月十八日)、および「お茶の水女子大学徽音祭」(昭和三十九年十一月二十三日)での講演で述べ、またごく簡略には、前掲拙稿「個人と社会」、「本質・還元・現象――フッサール、ハイデガー、メルロ－＝ポンティ――」の中で書いた。詳しくは、前掲拙著『ハイデッガーの実存思想第二版』三三三―七〇五ページ参照。
(138) M. Heidegger, Sein und Zeit〔以下 SZ と略〕, 7. Aufl., 1953, S. 192.
(139) SZ, S. 325–328.
(140) SZ, S. 181, 191 ff., 231, 249 f., 252, 284, 314, 316, 350.
(141) SZ, S. 43.
(142) SZ, S. 43.
(143) SZ, S. 436.
(144) SZ, S. 53, 232.
(145) SZ, S. 43.
(146) SZ, S. 232.
(147) SZ, S. 166 ff., 334 ff.
(148) SZ, S. 44.
(149) SZ, S. 175 f.
(150) SZ, S. 175.
(151) Vgl. Müller-Lauter, Möglichkeit und Wirklich-

keit bei M. Heidegger, 1960, S. 74.

(152) SZ, S. 130, 179, 267 f.
(153) SZ, S. 188, 263, 297 f.
(154) SZ, S. 43.
(155) SZ, S. 371.
(156) SZ, S. 352.
(157) SZ, S. 297 f.
(158) SZ, S. 298.
(159) SZ, S. 326, 328 f.
(160) SZ, S. 328, 338, 344 etc.
(161) SZ, S. 326, 328, 338.
(162) SZ, S. 391, 397.
(163) SZ, S. 328.
(164) SZ. S. 338.
(165) SZ, S. 338.
(166) SZ, S. 326.
(167) SZ, S. 352 ff.
(168) SZ, S. 299.
(169) SZ, S. 221 f.
(170) SZ, S. 223.
(171) SZ, S. 17, 131, 301.
(172) M. Merleau-Ponty, Phénoménologie de la perception〔以下 P と略〕, 1945, p. 489.
(173) P, p. 489.
(174) P, p. 489.
(175) P, p. 489.
(176) P, p. 489.
(177) P, p. 489.
(178) P, p. 489.
(179) P, p. 488.
(180) P, p. 488.
(181) M. Merleau-Ponty, Le philosophe et son ombre, dans: Signes, 1960, p. 223, 226, 212, 213, 221.
(182) M. Merleau-Ponty, op. cit., p. 226.
(183) M. Merleau-Ponty, op. cit., p. 219, 223.
(184) M. Merleau-Ponty, Le visible et l'invisible, 1964, p. 172–204.
(185) M. Merleau-Ponty, op. cit., p. 129.
(186) SZ, S. 188 f.
(187) SZ, S. 54.
(188) SZ, S. 54, 188.
(189) SZ, p. 189.
(190) M. Heidegger, Vorträge und Aufsätze, 1954, S. 147.

(191) M. Heidegger, op. cit., S. 149.

(192) M. Heidegger, op. cit., S. 151.

(193) M. Heidegger, op. cit., S. 151 f.

(194) 詳しくは、前掲拙著『ハイデッガーの存在思想』参照。

(195) M. Heidegger, op. cit., S. 150.

(196) M. Merleau-Ponty, Le visible et l'invisible, 1964, p. 129.

第十講　内的必然性

運命愛、これこそが今からのちは、私の愛するものであるように！

——ニーチェ

おのれは、他者性の媒介を経た自己性の達成という生成の運動を生き抜くものである。おのれの存在の根源的意味の企投は、具体的歴史的には、このような生成の過程のうちにのみある。もちろんその生成の運動は、極限的な無意味によって遮蔽され、おのれの生成は、知られざる存在に根ざしまた追越される運命においてある。けれども、そうした深淵と没落にさしかけられたおのれの生成を、他存在を媒介したおのれ自身の異存在の全体化として、おのれは、おのれの歴史性を生きるものである。その際むろんのこと、おのれは、その具体的なおのれの存在の根源的意味の企投を、様々な形における意味づけ－意味づけられた諸局面において展開し、形而上学、宗教、芸術はもとより、科学的認識や技術、歴史的社会的な種々の実践的行為としてそれを企投し、こうして意味的沈澱の中における新たな意味的形成体への参与を、多様に、また持続的或いは過渡的に実現し、さらにはそうした意味的形成体と結びついて、他者との人格的行為や交わりの中に入りこみ、事物と繋がり関係しながら、おのれの生を生きるわけである。その多様な諸層と広汎な圏域、それらの重層化や交錯、様々な意味と無意味の出現と確執と崩壊、多岐にわたった見通すことの不可能な生と実存の絡み合いと織り合いをくぐり抜け、貫き通って、おのれは、おのれから、おのれへと生成し、おのれである全体を円現しようとするのである。そうした諸相への洞察と明察を企てて、おのれであることを、覚悟をもって生き抜く知が、哲学であった。

さてしかし、こうした生と実存の諸局面を通じて、根本的に意味と無意味の弁証法的交錯が働き続ける中にあって、おのれが、おのれの存在の根源的意味を企投して生き抜くとき、その根源的意味の発出するまさに根源にあるものは、何であろうか。

おのれは、おのれの存在の根源的意味の企投という、存在である。その存在は、むろんそれを無みする知られざる存在によって追越され、その中に根づく。おのれの既存在と非存在を送り届け、おのれを他存在と異存在の中に送りこむ知られざる存在への信念において、没意味や超意味、逆意味や非意味の出現を了解した中で、おのれは、おのれの存在の根源的意味を企投し、それを生き抜く運命意識においてあった。この存在信念と運命意識の絡み合いにおいて、無意味の中でのおのれの意味が根源的に湧出する。おのれの存在が、その根源的意味において、無意味の背景の中で、成立し、世界が世界となる。そこには、一方で、知られざる形でおのれに「振りかかってくる」存在の「偶然」がある。おのれの既存在と非存在は、どうしようもない形で、おのれに贈られ、生起する存在の「偶然」であり、またおのれの他存在と異存在も、おのれに避け難く振りかかってくる「偶然」であった。おのれの存在の根源には「偶然」が巣喰っているのである。けれども他方において、同時にそこには、その偶然をおのれに引受けて、おのれから、おのれへと生成する、おのれの生成の運動の全体が、拡がっている。おのれに出会われる無意味の出現を了解した中で、おのれであることの根源的意味の企投が、それと結節した世界の存在の意味と連関しつつ、全体化され、展開してゆくのであった。そこでは、おのれへの生成の全体が、その必然の展相を経めぐりながら、運動してゆくのである。おのれである以外にはない必然性を引受けて、変転と閲歴を重ねながら、おのれは、おのれであることの全体を貫徹しようとするからである。おのれとは、いわば、おのれの存在の根源的偶然を引受けた中での、おのれの存在の貫徹であり、おのれであることの「必然」を生き抜く生成の全体である。この、おのれの偶然を必然たらしめる生成の運動の全体の中で、世界が世界となる。おのれと世界の存在は、この偶然を引受けた必然性の貫徹の中でのみ、その意味を成就する。意味の湧出の根源には、無意味が巣喰い、必然性の展開の根底には、偶然が潜む。おのれと世界の生成の円現の底には、深淵と没落が、身を横たえている。しかし、そうした無意味と偶然の只中からのみ、意味と必然性の円環が、達成される。おのれと世界の存在は、この意味と無意味の交錯の中でのみ、言い換えれば、おのれの偶然を必然たらしめ、おのれの必然のうちに偶然を湛え、こうして、必然である偶然、偶然である必然を、達成成就せしめようという、覚悟と情熱のうちからのみ、花開く。

おのれであるとは、おのれの存在の偶然を必然たらしめ、その必然のうちに偶然を宿す生成の全体である。おのれの必然性は、その偶然性の只中からのみ、生い育ち、また、生成するおのれの必然性は、その展相のうちに、偶然性の影を映し出している。偶然を必然たらしめる転化の運動が、おのれが存在し、またそれと結びついて世界が存在することの意味である。けれども、それは無意味と偶然を孕んだ意味の生成である。無意味が意味となり、偶然が必然へと生い育ち、そうして生成した意味と必然性が、無意味と偶然を宿し、それに委ねられている、そうした全体が、おのれが存在することの、そして世界が存在することの意味である。おのれは、この只中にあって、おのれの偶然である必然を、おのれの必然と化す偶然を、生き抜き、貫徹するよりほかにどこにも存在しない。このことがまさに、おのれであることの根源に潜む、無意味にさしかけられた意味であり、意味へと生成する無意味である。おのれとは、無意味と偶然に委ねられた中でおのれ自身の意味と必然を生き抜く貫徹であり、それがまた没落に委ねられたものであることを知り取る覚悟である。おのれは、おのれにとって必然であるものを生き抜くところにおいてのみ、生成する。おのれの必然を貫き通す決意と情熱のみが、おのれを生々たる全体として生成せしめる。おのれを生き抜く必然性のみが、おのれであることの意味であり、そこでのみ、おのれはおのれとなり得る。必然性より強いいかなるものも存在しない。必然性を打ち破る何物も存在しない。けれども、この必然性は、その根底に偶然を宿している。この必然性は、偶然から生い育ち、偶然と織り合わされながら展開し、偶然に委ね託される。必然性が偶然に託され、没落にさしかけられたものであることを知り取る用意もまた、おのれであることを構成する。おのれと世界は、偶然を孕んで送り届けられたその存在を、こうした根源的必然性において、貫き通すところにのみ、生成し、開花し、成就されるのである。

「あらゆる事物の上には、偶然という天空がかかっている。無垢という天空が、偶発という天空が、奔放という天空が」(1)。「すべての生成は、神々の舞踏であり、神々の戯れであると私には思われた。そして世界は解き放たれて奔放になり、自分自身へと逃げ帰ってゆく」(2)。ニーチェは、そう語った。けれども、そうした偶然と奔放の「自由」は、そのまま、「必然性」でもある。「必然性」は、「自由そのもの」であり、「至福に溢れながら自由の刺と戯れる」のである(3)。「偶然」から発しておのれに「振りかかり」、「自由」が含む「刺」となって現われる「すべての困難」は、「転換」されて、「必然性」となる(4)。そこにのみ、「事物における必然的なものを美しいものと見る」「運命愛」(5)が、生い育つのである。「必然性の紋章! 存在の最高の星辰!――そこにはどんな願いも届かず、どんな否定による穢れも染みこんでいない。存在の永遠の肯定。私は、永遠に、お前の肯定である。というのも、私は、お前を愛するからだ、おお、永遠よ!――」(6)。

おのれであることの「自由」は、ただひとえに、おのれであることの「内的必然性」としてのみ、存在し得る。シェリングはかつて語った(7)。何の根拠もなしに意欲し行為する自由は「恣意」にすぎず、一方、内外の規定性によって生ずる行為は、行為ですらなく、単なる「決定論」を帰結するだけである。人間は、「叡知的存在者」として、自由に行為するが、それは、単なる偶発的恣意によってでもなければ、内外の経験的必然性に操られてでもなく、ひとえに、おのれ自身の内的本性にしたがい、それに規定されることによってであり、そのような「絶対的必然性」のみが「絶対的自由」である(8)。「自由なものとは、自分自身の本質の諸法則に則ってのみ行為し、自分の内および外のいかなる他のものによっても規定されないもののことだからである」(9)。こうした自由なる必然性にもとづいてのみ、人間はおのれであり得る。「人間という存在者は、本質的に、それ自身の所業である」(10)。おのれ自身の「知」を養い育て、その「認識の光」に照らされて、おのれであることの本質的な内的必然性を、真直ぐに生き抜く、最高の決断のうちにこそ、本当の「良心的なこと」は実を結ぶのである(11)。そこにのみ厳しさを宿した優美さが花を咲かせるのである(12)。

おのれのうちに潜む偶然と無意味は、それ自身のうちから、必然と意味を生い茂らせるのである。「偶然と絶対的理性、無意味と意味の二者択一」は「超え出られる」(13)のである。そこに含まれた意味と無意味を読み取る解釈は様々に分かれ得るであろう。しかし、おのれの脱自的な統一性としての時間性を「本来的」に生きる実存は(14)、結局その究極の支えを、偶然である必然、必然と化す偶然を強く深く生き抜く覚悟のうちにのみもち、そこからのみ湧出してくるように思われる。

もちろんのこと、おのれの必然性は、それを見取る洞察と明察がなければ、すなわち、高い知に見守られなければ、生成しないし、開花しないであろう。こうした高次の知こそ、英知であろう。その英知の行き着くところは、哲学的な知、「内面性の現象学」と直結している。英知に守られ、明察され、そして洞察されたおのれの必然性を生き抜く力が、おのれと世界の存在の根源的意義を湧出させる源泉である。そこにのみ、深淵と没落にさしかけられた中で、必然性の円環が成就するのである。

こうした必然性を語った優れた哲学者たちが、何人か存在する。それらの人々の美しい真理を、ひとは学び取り、聴き従う必要があるように思う。しかし今はもう、それらについて詳論する余裕はなくなった(15)。おのれであるということが、無意味と偶然の只中で、英知を培いながら、おのれの存在の根源的意味を生き抜き、おのれと世界の必然性の円環を達成する点に存することを、深く銘記しながら、今は、この「哲学の根本問題」に関する拙い講義を終えたいと思う。

(1) F. Nietzsche, Also sprach Zarathustra, III Teil, Vor Sonnenaufgang, Krömers Taschenausgabe, Bd. 75, 1960, S. 182 f.
(2) F. Nietzsche, op. cit., III. Teil, Von alten und neuen Tafeln, S. 218.
(3) F. Nietzsche, op. cit., S. 219.
(4) F. Nietzsche, op. cit., S. 238, u. 81.
(5) F. Nietzsche, Die fröhliche Wissenschaft, Kröners Taschenausgabe, Bd. 74, 1956, S. 181.
(6) F. Nietzsche, Götzendämmerung, Ecce Home, Gedichte, Kröners Taschenausgabe, Bd. 77, 1954, S. 551.
(7) F. W. J. Schelling, Philosophische Untersuchungen über das Wesen der menschlichen Freiheit, 1809, in: WW(Originalausgabe), VII, 382 ff.
(8) F. W. J. Schelling, op. cit., VII, 384.
(9) F. W. J. Schelling, op. cit., VII, 384.
(10) F. W. J. Schelling, op. cit., VII, 385.
(11) F. W. J. Schelling, op. cit., VII, 392 f.
(12) F. W. J. Schelling, op. cit., VII, 393 f.
(13) M. Merleau-Ponty, Phénoménologie de la perception, 1945, p. 492.
(14) 私はハイデッガーのことを念頭においている。
(15) 拙稿「帰りゆくものの影――自由論によせて――」(『理想』昭和四十九年五月号所収)参照。

あとがき

昭和四十七年の夏学期、私は大学で、一学期間だけ、「哲学の根本問題」という題目で講義をした。その年の冬学期も、またそれ以前も、そしてそれ以後も、ふだんは大抵、私は、哲学史に素材を仰いで講義をすることの方が多い。未熟な私にとっては、西洋の近代から現代にかけての大きな哲学の、ほんのいくつかでも、できるだけじかに接して、少しでもよりよく理解し咀嚼するよう努めることが大事であると、日頃から考え、また念じているからである。ところが、その年の前半は、どういうわけか、私は、いつものその試みを続行する気持ちになれなかった。なぜか私は、心を内側に屈折させかかっていた。

それで、「哲学の根本問題」という講義を試みた。この題名は、少し大仰で、また僭越であるようにも思われたけれども、私には、どうしても、そのような題目のもとでしか、私の心中に蟠る想念とも思念とも志向とも見解ともつかないものを、言い表わせないような気がしただけである。そして結局それは、「内面性の現象学」という形態のもとで、「ニヒリズム」の問題現象を考えることになって行った。

本書は、その折の私の講義草案を基礎にしてでき上がったものである。大部分は、その講義の手控えをもとにして、概ねそのまま書かれているが、多少手を加え、補足しなければならない箇所もあったので、加筆したり敷衍したりして、当初より、やや分量が多くなった。本書を講義調で書いたことについては、ただひとえに、この書物の内容が、私にとっては、あの折の講義での模索の過程と、どうしても切り離せなくなってしまっているという事情にだけ由来する事柄であると言うよりほかにない。偉ぶって講壇から喋る口調を私は好むなどという、すぐにでも誰かが言いそうな誣言は、最初からお断わりしたい。

本文で言及したように、ここで私は、私の考え方の方向だけを、自分に向かって明らかにしようとしている。すぐにでも役に立つ実利的な書物の氾濫する中にあって、これは、まことに反時代的な逆行でもあろう。けれども私は、哲学においては、そんな試みもまたあってもいいのではないかと考えている。本書は、そうした拙い試みの一つであるにすぎない。それどころか、浅学菲才の身でありながら、問題の困難さをも顧みず、あえて未熟な思索を、生硬な文字で書き綴った、許されざる蕪稿であることでもあろう。けれども、私にとっては、これは、どうしても経なければならない必然の段階であったのであり、そして恐らくは、今後も私は、ここで書き記された考え方の方向を自分に引受けて、より精緻でより周密な考察を企ててゆくよりほかにはないと考えている。

しかし、そうはいっても、右のような試みを展開する道すがら、私としてはやはりどうしても、優れた哲学者の意味深い表現を援用せざるを得ないことも屢々であったので、——というよりは、結局のところ、彼らの驥尾に付して、既に言い古されたことを稚拙な言葉でなぞり、果ては優れた人々の思想を穢すだけに終わった虞れもなくはないと案ずるのであるが——、しかし、そうした人々の見解を引合いに出す場合でも、それらの思想を、まさにそれとして論究し解明することは、ここでの私の狙いの全く埒外にある事柄なのだという点を、是非ともお断わりしておきたいと思う。それらの援用やら言及などは、ひとえに、問題そのものを浮び上がらせるための例証にすぎないのである。であるから、その際には、同じような系統に属するほかの人々の考え方を引証することも可能だったのである。けれども、本書は、もともと、固有名詞などを必要としない趣旨のものであるので、そうした徒らな博引旁証は、できるだけ差し控えた。

もとの講義は十二回のものであったけれども、全体として十回に約めた。本書の標題としては、内容の上から、「ニヒリズム」という言葉を採り、しかしそれを単に学説史的に追うのではないという意味で、本書での考究の態度である「内面性の現象学」という表現を、副題に選んだ。ニヒリズムの思想の哲学史的追跡や、また方法態度としての内面性の現象学そのものの考察は、本書では差し控えられている。何よりも私にとって問題であったのは、意味と無意味の交錯という事態そのものを、その根本の核心において、見つめ、思い量る、ということだけであった。

その根本問題を見定めながら反復綮説しつつ進む本書の歩みは、恐らくは、決して辿り易いものではないであろう。それに、多くの困難な問題を未解決のままにとどめざるを得ない場合も屡々であったし、全体としてなお不十分な覚え書きの域を出ないものであることは、何よりも私自身がよく承知している。しかし重要なのは、問題現象そのものをよく見るということであり、そしてそのことだけである。ただそのことのためにのみ、私は、本書を書いた。世に、片言隻語を取上げて、罵詈讒謗する人は多い。そうした人は、樹を見て森を見ず、非本質的なことと本質的なこととを取り違える。

最後に、本書を手に執る方々の貴重な時間が失われることを切に懼れ、どうかそうでないようにと祈るだけである。

昭和五十年十月十三日

著者識

『ニヒリズム』復刊によせて

このたび、拙著『ニヒリズム――内面性の現象学』が、書物復権の一環として、東京大学出版会から、かつての「UP選書」の一冊の姿そのままで、復刊された。これには関係各位の御高配があったものと、たいへん感謝している。

だいぶ以前に私の著したこの書物は、その上梓以来、じつは当初の予想を越えて、相当の年月にわたって比較的多くの読者を見出し、たえず増刷を繰り返して、すでにかなりの回数、版を重ねてきた。けれども、しばらく前から、その増刷が途絶えたままになっていた。今日における電波や映像による素早い情報伝達と、いよいよ一方的に猛威を振るう実利的知の優先という時代状況の到来のなかでは、人間のあり方の根本について哲学的思索をめぐらそうとする拙著のような書物は、少しく重苦しい感じがして、疎んぜられる趨勢に陥っていくのが避け難いのであろうかと、著者である私は、定めない時流の変化に多少の感慨を催さずにはいられなかった。

しかし、その一方で、私のうちには、そうした社会現象の表面的激変にもかかわらず、人間というものは、その根底において、けっして変わることのない本質を秘めたものだという確信が、拭い難く住みついている。しかも、誰もが自分の存在の根底を欺瞞なく見つめるとき、そこには、矛盾や苦悩を背負った、救い難い自己の存在の不条理な姿が眼に入ってくるはずだという信念が、私のうちには深く根を張っている。換言すれば、他者や事象との複雑な絡み合いのなかで、生と死の狭間に立って、さまざまな困難や障碍と戦い、無意味や徒労に苦しめられながら、それでも何らかの有意義な生き甲斐を見出そうとして、誰もがみな格闘し、努力しつつ生きているのである。しかも、そうした私たちの人生は、個人の力を越えた、大きな歴史や社会の動きに翻弄されたものである。私たちは、その行方も見通せない歴史的社会の激流と暗闇のなかを、必死にもがきながら、光明を求め、また悔いなく自己の人生を全うしようとして、自己拡充と社会活動の有意義な実践に向けてたえず苦闘している。こうした葛藤にみちた人間の存在の本質構造こそは、じつはまさに私が本書で哲学的に問題化したニヒリズムという根本現象にほかならないのである。それは、いつの世にも変わらずに伏在し、現代においても、その文明装置の未曾有の発展と裏腹に、たえずそれを脅かす暗い影として、科学や技術、政治や経済、文化や社会、道徳や慣習のいたるところで、国内外を問わず、容易には解決できない矛盾や対立や紛争や悪行や混乱を含んだ形で、その姿を現してきている。

その意味で、私がかつて本書で問題化したニヒリズムの根本現象は、今日でも、いな、今日こそますます、その妥当性をあらゆる場面で顕わにしていると私は考えている。そうした意味合いで、私のかつての拙い著述が、他の幾つかの良書や名著の驥尾に付しながら、なにほどか書物復権の一翼を担い、現代を照らし出す人間論に寄与することができれば幸いである。それどころか、文字のうちに時代を越えて生き続ける先人の傑出した精神的偉業をたどり直す読書という営為の比類ない尊厳を取り戻すことに、それが多少なりとも貢献することができるなら幸いである。望むらくは、年若い世代の俊秀たちが、実利的な知の吸収のみを目指すその慌ただしい歩みを一瞬停止して、本書を介して、少しでも自分自身を見つめ直すことが起これればよいと思う。あるいは、複雑怪奇な現代という困難な時代における人間のあり方について、いろいろと思い悩み、懐疑的になる誠実な思索者たちが、本書のうちに少しでもその熟慮と繋がりうる手懸かりを見出してくれればありがたいと思う。それどころか、人生の歩みを相当程度遍歴して、その激浪にもまれ、来し方と行く末について思い悩み、ダンテではないが、人生の半ばにあって「とある暗い林」のなかにある自分を発見し、憂悶の思いに閉ざされる広範な一般読者が、拙著とともに、自己理解と世界理解を深める思索をともに敢行して、思索的探究の不可避の必然的道筋と、それのもたらす実存的生き方の厳しい覚悟のうちに、哲学の慰めと救いを見出して、生き甲斐にみちた人生態度への確信を培ってくださるならば、著者の喜びこれに過ぎるものはないのである。

＊

本書は、今から三〇年も前の昭和四十七（一九七二）年夏学期に、東京大学文学部で「哲学の根本問題」と題して私の行った講義をもとに、その三年後にＵＰ選書の一冊として刊行されたものである。

そのとき、私のうちにあったものは、西洋哲学の厳密な歴史的研究や、哲学のさまざまな基本問題の学問的考究とは別に、この世に人間として生きる自己自身のあり方の根本を、経験と内省にもとづいて、しっかりと見つめ直し、自己の主体性の根底を見極めて、自分の存在経験を精錬し、自己理解と世界理解の基底を切り開き、覚悟を定めてこの世を生き抜く人生観・世界観の根本視座を、自分なりに摑み取ろうとすることにあった。もちろん、私はその際、西洋哲学の精神史的伝承を私なりに解釈学的に摂取することを怠ったわけではない。むしろ反対に、私は、それまでの積年の哲学史的探究のなかで熟成してきた私なりの人間観を、率直に、しかも私なりの概念化と用語において打ち明け、照らし出すことに精力を傾注した。だから、そこでは、かなりの程度、西洋哲学の文献解釈も行われている。けれども、私にとっては、そうした哲学史的研究や諸種の哲学的基本問題の考究とは別に、何よりも、主体としての人間的自己の生き方の根底にある仕組みを、ありのままに見つめ直し、捉え直すことが喫緊の課題であった。当時、私はそうした考察の方法的態度を、内面性の現象学と名づけた。拙著が、内面性の現象学という副題を付けられているのはそのためである。

そのことによって私が意味したのは、何よりもまず、時代の流行や新傾向におもねったりせずに、いつの世にも変わらない人間の生き方の本質的なものを直視するということであった。時流に抗し、反時代的に、不滅のものに眼を向けるというニーチェ的な精神は、哲学に本質的であると、私は常日頃考えている。他者や事象と複雑に関わり合いながら世界のうちに生きる人間的自己が、改めて自分自身を振り返り、経験の内省をとおして、その真実のあり方を自覚し直そうとする努力において初めて哲学の根本は成り立つと、私は当時もまた今も確信している。したがって、そうした方法的態度を私が内面性の現象学と表示したとき、それは、自己のうちに閉じこもることを意味してはいない。むしろ、外へと開かれた自己の活動と営為の全体を、冷徹にみずからの眼差しのなかに映し出し、そのようにして映し出された自己と世界の真相を直視する反照の場に、自分自身を徹底化させ、みずからそこに沈潜し、そこで見えてくる真実と一体化して、その存在の真理が言葉となるその言成化の場に浸されて、みずから進んでそれを語り明かす行為に自分を賭けるということを、それは指している。およそ、そのようにして書き表され、綴られた精神の記録を、大切に見守り、そこに沈殿した人間的魂の声を聴き取ること一般において初めて、精神の営為としての哲学の根本的なものが成り立つと、当時からそして今もなお、私は確信している。したがって、そのような人間的塊の交響楽の声を聴き取るだけでなく、みずからも進んでその歌い手の一員となって、ささやかながらも語り明かし歌うということのうちでのみ、およそ精神の営為はその活動を展開し、またその痕跡を残しうる。そして、それをもとにした討議と研鑽のうちで初めて、魂の交流や、精神の火花の散る知と学問の営為や、何よりも人間として生きるということ自体が、存立し、確証されうると、私は考えている。本書は、そうした私の拙い哲学的炸裂のひとつの結実なのである。

＊

ところで、そうした内面性の現象学によって、私に見えてきたものが、人間の存在の根底に潜むニヒリズムという根本現象そのものにほかならなかった。

その際、ぜひとも強調しておきたいのは、私は、いわゆるニヒリズムという虚無的な事態や心境を鼓吹したり、慨嘆したり、超克しようとしたりしたのではないという点である。そうではなく、人間の存在の根底的な真実をありのままに直視すれば、そのいたるところで、本質的に、意味と無意味の拮抗と確執が不断に生起し、ここにニヒリズムの事態が不可避であるということを徹底して見つめるということが、私にとっての哲学的課題なのであった。意味が「無」みせられ、またそのようにして出現した「無」意味に抗して意味を樹立するという、意味にまつわる「無《な》（ニヒル）」の出現の不可避性と、それにもとづく意味と無意味の不断の葛藤を生き抜かざるをえないという人間存在の宿命の不可避性が、「ニヒリズム」の根本現象の意味するものにほかならなかった。人間とは、その当の自己の存在の根源的意味の企投であり、それでいて、その根源的意味の企投を「無」みする無意味に出会うところに、人間であることの存在の本質が潜んでいるということが、私の哲学的直観なのであった。したがって、ニヒリズムは慨嘆されたり、超克されたりしうるものではなく、ただ、ひたすら見つめられ、引き受けられ、それにもとづいて生きるよりほかにはない人間的宿命であることの明察と覚悟が、私の哲学的課題なのであった。

実際、人間的自己は、みずからの存在の由来の意味も分からないまま、すでにこの世に投げ出され、また、その行方の意味も捉ええないまま、みずからの死に他日必ずやさらされ、こうして、没意味の既存在や、超意味の非存在によって、極限的に遮蔽されたなかで、自分の存在の根源的意味を企投するよりほかにはない。しかもそればかりでなく、人間は、さらに具体的には、この世において、さまざまな事象や他者の逆意味という他存在に絡まれ、また、みずからの時間的遍歴において、もはや無くまた未だ無い多様な非意味の異存在に引き裂かれたなかで、みずからの存在の根源的意味を企投するよりほかにはないのである。

こうした意味と無意味の葛藤のなかで初めて、人間の存在とその営為、さらには世界の存在とその諸相とが展開することが理解されてくる。たとえば、極限的な無意味の出現に対しては、人間は、哲学的形而上学や宗教や芸術によって、意味ある世界の原理的全体を基礎づけ、また哀切感をもって表現しようとするし、また、具体的な無意味の出現に対しては、人間は、科学技術や歴史的社会や個人的実存の場面で、有意味な秩序を打ち立てようと、必死になってさまざまな努力を重ねてゆく。けれどもそのとき、その種の意味の樹立を挫折させる無意味の襲来を根本的に乗り越えることができないというのが、人間の宿命である。しかしそうした人間の非力さは、いわゆるニヒリズムの虚無感や詠嘆、場合によってはペシミズムの悲観を教えるというよりは、人間的な意味の企投を越え出る存在そのものの圧倒的威力を人間に教えると考えるべきである。ニヒリズムの根本現象は、存在の無や空を帰結するのではなく、むしろ、人為を越えた存在の力に対する存在信念と、そのなかで格闘し挫折する宿命を免れ難い人間存在の運命意識とを帰結する。思い上がった倨傲の自己中心性を打ち砕き、大いなる存在への畏怖を教示するところに、ニヒリズムの根本現象の意義があるといえる。

現代における環境問題発生の淵源、自然や生命に対する科学技術の操作の意味と限界、文明の衝突や対話の必要性の自覚、紛争や悪や格差を含んで進む政治や経済の不透明な現実とその見通しえない歴史的社会の行方、生き甲斐の問い直される高齢化社会の出現とそれに伴う種々の困難など、現代の難問はすべて、根本的には、意味を無みする無意味の出現という人間存在におけるニヒリズムの根本現象の根深さを証示してあまりあるといわねばならない。この現実を見据えて生きることが、現代人の必須の課題なのである。

（『UP』三六一号（二〇〇二年一一月））

解　題

榊原哲也

一

本書は、二〇世紀後半の日本を代表する哲学者の一人、故・渡邊二郎（一九三一〜二〇〇八）が一九七五年に東京大学出版会からUP選書の一冊として公にした、三冊目の単著の新装版である。「あとがき」によれば、本書の内容は、渡邊が昭和四七（一九七二）年夏学期に東京大学文学部で半期だけ行った「哲学の根本問題」と題する哲学特殊講義の草案に基づくものであり、本来は十二回であったものを、補足や敷衍の過程で十回にまとめ直したとされる。このような事情から、本書の文体にはいくぶん講義調が残されており、また章立ても、「第〇章」ではなく「第〇講」となっている。

筆者は残念ながら当時はまだ年少で、この講義を聴講することは叶わなかったが、筆者が受講したその後の渡邊の講義でも、彼がニーチェのニヒリズムについて語るときの雰囲気には独特のものがあった。渡邊は、詳細な講義草稿を事前に準備してそれを学生の前でゆっくり静かに読み上げる、文字通りのフォアレーズング（講義）を行うのが常だったが、ニーチェを主題とする時だけは別だった。講義草稿を読み上げてはいくのだが、『権力への意志』や『ツァラトゥストラ』のテキストを引用しながら次第に高揚していき、人間の生における意味と無意味の交錯を説きつつ、「これが生きるということだったのか。よし、それならば、もう一度！」というニーチェの言葉で最高潮に達する。渡邊の漲る気迫は凄まじく、ただただ圧倒された覚えがある。本書のもとになった講義を聴講した学生たちの反応はいかばかりであったか。思いを馳せずにはいられない。

当時、渡邊は四十歳。東京大学文学部哲学研究室の若き助教授であった。講義が行われた一九七二年の四月には、九州大学から黒田亘が同じ助教授として哲学研究室に着任している。渡邊は一九六九年七月に、二年にわたるドイツ留学から帰国。当時の日本は、学生運動の騒然とした雰囲気の余波がまだあちこちに残っていたものと推察される。東京大学文学部とてその例外ではなく、渡邊もいきおい、その状況に巻き込まれたことであろう。学問とは何か、大学はどうあるべきか、社会は、国家はいかなる方向に進むべきか、さらにそうした中で学生として、社会の一員として、いや人間として一体どう生きるべきなのか、学生たちはなおも熱い議論を繰り広げていたのではないかと推察される。伝統的な価値観が崩れ去った後にあらわになったのは、最高の諸価値が無価値になり、あらゆる意味が無意味となる「ニヒリズム」の状況である。この状況を、頽廃に陥らずに、それでも生き抜こうとすれば、自ら新たな意味を築き上げ、それを生き抜いていくしかない。こうした状況は、哲学・思想の領域では、ある意味において、実存主義とマルクス主義の対立という一断面となって表れたと言ってもよいだろう。本書の「あとがき」に書かれている、「なぜか私は、心を内側に屈折させかかっていた」という渡邊の心境、そして「私の心中に蟠まる想念とも思念とも志向とも見解ともつかないもの」を「哲学の根本問題」というタイトルのもとに言い表そうとした渡邊の動機は、そうした当時の社会的・思想的状況とも深いところでつながっているように、筆者には思われてならない。

二

それでは、本書の内容を以下、順を追って概説していきたい。

講義は、渡邊自身がこれまで行ってきた哲学史的研究の中には包み切れない、哲学する自分自身固有の問題意識と、それによる諸問題の主体的な切り開きこそ、「哲学の根本問題」であり、それを引き受け明らかにすることこそ、「自己」として「主体的に生きること」に他ならない、と高らかに宣言するところから始まる（第一講）。自己は、そうした営みによってこそ、主体的に自己になっていく。それは「外部とかかわりつつ、おのれへと還り、おのれへと生成する」ことに他ならないが、そうだとすれば、「哲学の根本問題」とは、外部と関わりつつ自己へと生成すること自体に対する「内省」の企て、すなわちそうした外部と関わりつつ自分自身へと生成する自己の「内面性」の諸現象を、しかも「世界への埋没から身を翻して」「曇りない眼で、ありのままに見つめ直す」、そうした「現象学的還元の精神」に支えられた「内面性の現象学」の営みに他ならない（第二講）。それではこの「内面性の現象学」において根本的に問題であるものは何か。それは、「おのれ自身に立ち還り、おのれとして生き主体的に生成しつつあるこのおのれ自身」が「なにゆえに」存在するのか、ということ、すなわち「おのれが生を生きているということそのものの根源的意味」、「おのれの存在の根源的意味」

である。自己の存在は、「死」という「非存在」に確実に晒される。それは自己の存在の意味を「無《な》みする」「無意味」に他ならない。自己はこのように「おのれの存在の根底」に「無意味」を背負っている。だからこそ「おのれの存在」と「世界の存在」の「根源的意味」をなおも問わざるを得ないのである（第三講）。

それゆえ、内面性の現象学の根本には、自己の存在そのものについての謎、つまり自己の存在の根源的な意味と無意味をめぐる「ニヒリズム」の問題現象が潜んでいる。「意味（Sinn）」とは、渡邊によれば、もともと語源的にどこ「から」という「由来」と、どこ「へ」という「行方」を含む「道」ないし「旅」の謂であった。自分が何故に生まれ、何処へと向かって生きていくのか、その由来と行方、その道が見定められてこそ、自己の存在の根源的意味が明らかになる。そして、その「一つの根源的な意味」にむけて自ら投げ企て、自分を一つの意味的全体として取り集めることによって初めて、自己は自己自身に成っていく、すなわち自己が「おのれへと生成する」ことになる。ところが、渡邊によれば、二種類の無意味が計四つの様相をなして、そうした営みを阻み、自らの存在を脅かす。ここ、第四講で展開されるこの「無意味」論こそ、渡邊が西洋哲学史研究を踏まえつつも自らの言葉で語りだした、本書の要諦をなす根本思想である。以下、少し立ち入って詳しく見てみよう。

三

自己が主体的に自己自身に成っていこうとする際、自己はしかし、自分がどこから由来したのか、何故に生まれてきたのか、その意味も分からぬままに、たまたま既にそうで在りつづけてきた自分を引き受けざるを得ない。私は、気づいた時にはすでにこの世に生まれて存在していたのであって、その由来は〈何故に〉の根拠を欠いている。この、由来が没根拠であるような「既存在の偶然」を渡邊は、「没意味」と名づける。自己は「没意味」という「無意味」をその背後に孕んだ存在者なのである。

それだけではない。自己は、いくら主体的に自己自身に成ろうと努めても、その先には、いつかは分からないが、必ずや訪れる「死」が待ち受けている。つまり自己の存在の内には、非存在への転化である自分の「死」が、自分にはどうすることもできない偶然として、自分の行方の極限にいつも差し控えており、それは、あらゆる意味の企投を超え出てしまっている。渡邊は行方の見通せないこの「非存在の偶然」を、「超意味」と名づける。自己は、「超意味」という「無意味」を前方に予感する存在者なのである。

渡邊はこれら二つの無意味を、「おのれの存在の根源的な意味の企投が、その極限において「無みせられ」る」ようなものとして、「極限的無意味」と呼ぶ。「極限的」という性格づけは、これら二つの無意味が、自己の存在の由来と行方の極限、いわば生誕と死という二つの極限に関わる無意味であると考えると理解しやすいだろう。

渡邊はしかし、これら二つの極限的無意味に対して、さらに「具体的無意味」の二つの様相を指摘する。第一に、自己は自己自身へと生成していこうとする際、どうしても自分以外の他者や他の物事と関わっていかざるを得ないが、こうした「他存在」は自らの自己実現の企てをときに阻む、意のままにならない偶然である。いくら自己が自らの存在の意味を企投し実現しようとしても、こうした「他存在の偶然」が自らの存在の「意味の企投」に逆らうものとして立ちはだかる。渡邊はこうした「他存在の偶然」に関する無意味を「逆意味」と名づける。自己は、「他存在の偶然という逆意味」に絡まれ貫かれながら、自己自身を成就していかなければならない存在者なのである。

しかし、自己が主体的に自己自身に成っていこうとする際に、自分の存在意味の根源的企投を阻むのは、「他存在」のみではない。自己自身に成っていくということが「時間的生成」である以上、「もはやおのれではない」かつての自分自身も、今からではどうにもならない自分のかつての「異相」として、「おのれの内なる異存在」として、自己の存在意味の根源的企投を台無しにする無意味となりうるのである。自己を分裂させ飛散させかねないこうした自己の内なる「異存在の偶然」を渡邊は、自己を自己で非ざるものにしてしまう「非意味」と呼ぶ。自己は「おのれの内なる異存在の偶然を貫き通し、非意味という無意味をのり越えて、おのれ自身の多様化を経めぐり、おのれへと還帰しおのれを全体化することの中で」、自己へと生成していかなければならない存在者なのである。

渡邊はこのように、自己が自らの存在意味を根源的に企投し、主体的に自己自身へと生成していこうとする際に、自己に不断に付き纏ってくる二種類四様相の「無意味」を自らの言葉で鮮やかに際立たせる。自己とは「おのれの存在の根源的な意味の企投であるとともにその無意味化であり、その無意味化の中におけるおのれの存在の根源的な意味の企投である」。自己とは「その存在において、おのれの存在の意味と無意味に貫き通された存在者」に他ならないのだ。こうして、渡邊独自の「無意味」論を通じて、人間存在が、意味の「無」意味化と「無」意味化の中での意味という「ニヒリズム」の問題現象をその根底に宿した存在として、明らかになるのである（以上、第四講）。

四

つづく第五講では、ニヒリズムの問題現象における根源的な意味と無意味の交錯が「弁証法的」な交錯であること、そしてこの「弁証法的交錯」の中での生こそ、「主体であるおのれの生の根底において起こっている出来事」である限り、このニヒリズムは超克されるべき類のものではなく、「ひたすら受け容れられるべき、人間存在の、その存在構造を構成する一契機」であることが明らかにされる。ニヒリズムの説く「無」は、自己の存在の「意味」に巣食う必然的な「部分無」にほかならず、ニヒリズムの問題現象とは、意味の無意味化と、無意味化の意味としてのみ存在しうる人間存在の構造そのものであることが、無の問題をめぐるベルクソンやサルトルやハイデッガーの思想をも参照しつつ、説き明かされるのである（第五講）。

ニヒリズムとはしたがって、自己や世界の存在を否定し、無を主張する思想ではなく、あくまで人間存在の只中に「意味の問題が喰いこみ、この意味の問題に関して無化が出現する事態が人間にとって必然であることを承認する思想」である。渡邊はこのことを再確認したうえで、自らが主題化するこのニヒリズムの問題現象をニーチェの言うニヒリズムと比較検討していく。主として『権力への意志』を参照しつつ渡邊は、ニーチェのニヒリズムも「生成する世界を無と断ずる考え方」ではなく「意味の無意味化という問題現象」を見据える思想であること、しかしそれは「宗教的形而上学的意味づけの無意味化の出現とその到来の必然性」に関して語られたものであり、渡邊のニヒリズムのように人間存在の根底に広く深く根を張る「意味の無意味化と無意味化の中の意味」という問題現象を指摘したものではないこと、しかもニーチェは形而上学的意味の無意味化を発《あば》いた後は、一方で、その無意味の中の意味を生きようとしてはいないように見えるが、他方では、「永遠回帰」と「権力意志」の世界を生き抜く境涯を物語って、ニヒリズムを超克しようとしているようにも見えることを、丁寧に論じていく。そして、生成するあるがままの世界に対し「ディオニュソス的な肯定を言う」「運命愛」の境涯を、渡邊は、ニヒリズムを超克した境涯ではなく、絶えざる無意味化の只中で、今一度おのれの存在の根源的意味の企投を生き抜く態度として捉え直す。『ツァラトゥストラ』で語られる「これが――人生だったのか」「よし！　それならば、もう一度！」という言葉も、「意味を超出した無意味と交錯した、おのれの生の絶えざる取り返しと、その非力で力強い「運命愛」の生き抜き」として受け止める。こうして渡邊はニーチェのニヒリズムを、単に形而上学的意味の無意味化としてのニヒリズムではなく、「形而上学を生み出すニヒリズム」、さらには「人間的生の生成の根底に巣食う、意味と無意味の根源的現象そのもの」として捉え返すのである（第六講）。

　さて、渡邊はここまで自らの言うニヒリズムが、存在の無ではなく、意味の無、意味の無意味化を問題とするものであることを強調してきた。けれども意味の無化は、存在の次元で捉え直せば、「おのれには「知られざる」存在が存在することの告白」にほかならず、「おのれを超え出た存在の力に対する存在信念」を帰結する。渡邊は、自分が自分ではどうにもならない「存在の贈与」の中に置きいれられているという知を「存在信念」と呼び、そうした「知られざる」存在の只中で自分は自分の存在の根源的意味を企投し、しかもそれが無意味化されてしまうような存在であるという意識を「運命意識」と呼ぶ。そして、キルケゴール、ニーチェ、ハイデッガー、さらにはフッサールをも参照しつつ、ニヒリズムが意味の無を問題にしつつも、「存在の事実性」を承認するものであることを明らかにするのである（第七講）。

五

以上で、本書の中心主題である「ニヒリズムの問題現象」の内実が明らかになった。残された課題は、そうしたニヒリズム的状況において自己がいかにして主体的に自己自身へと生成していくかを明らかにすることである。

まず第八講では、第四講で展開された渡邊独自の「無意味」論に即して、人間が極限的、具体的という二種類の無意味に直面してなお意味を打ち立てようとする様々な営為が概観される。渡邊によれば、没意味および非意味という極限的無意味に直面して、人間がその極限的に無意味化する「知られざる」存在の働きを、それでも知として意味づけようとするとき、「哲学的形而上学」が生まれ、「知られざる」まま信仰しようとするとき、「宗教」が生まれる。さらに「知られざる」存在の力を前にして、「存在信念」と「運命意識」において自らの生の瞬間をつなぎとめようとするとき、「芸術」が生まれる。これらは、知られざる存在による無意味化を感得してなお根源的意味を企投しようとする人間的営為の諸局面なのであり、その根源にはニヒリズムの問題現象があると説かれる。

次いで、逆意味および非意味という具体的無意味に関しても、それに抗する様々な根源的意味の企投が論じられる。渡邊によれば、事物や（事物としての）他者がもつ逆意味に抗する「意味の企投」が「認識」の営為であり、（他なる人間としての）他者がもつ逆意味に直面して行う根源的な意味の企投が「実践」である。さらに、自分自身の時間的飛散という異存在の非意味を媒介としつつ自己の存在の根源的意味を企投する営みが、まさに「実存」するということそのことなのである。

しかもここで注意すべきは、これらの無意味に抗して根源的な意味づけを行うのは、「おのれの存在の根源的意味の企投を生きる」「根源的に実存するおのれ」であるから、哲学的形而上学や宗教、芸術、さらに個々の認識や実践などはすべて、「根源的に実存するおのれ」にとっては「他存在」に他ならないということである。自己の主体的生成とは、没意味と超意味という極限的無意味に直面しておのれの深淵と没落に向き合いつつ、きわめて多様なこれら「他存在」の逆意味に抗し、おのれの時間的異存在という非意味をのり越えつつ、おのれを歴史的に全体化しようとすることに他ならないのである（第八講）。

第九講では、この自己自身への主体的生成における「他者性の媒介」が際立たせられる。「おのれ」は、他者や事物、様々な文化や伝統、社会制度といった「他存在」との「絶えざる交渉連関」を介してのみ、「おのれ」でありうる。しかもそれは、他存在との交渉を生きつつ、かつての自分という異存在を引き受けながら、「あるべきおのれ」へと向かって生成する「自己還帰的生成」である。渡邊はこの事態を、ヘーゲル、ディルタイに言及しつつも主としてハイデッガーに即して、他の世界内部的存在者との媒介によってのみ本来的でありうる現存在の本来性と非本来性との交錯として捉える。そしてさらに、晩年のメルロ＝ポンティの「綜合なき弁証法」の思想を参照しつつ、これを「事物や他者との同時的交錯」の中での「本来性と非本来性との相互転換の弁証法的生成」として、しかも完結した終極をもたない「終わりない生成の弁証法」として概念化する。第五講で、ニヒリズムの問題現象である意味と無意味の交錯がすでに「弁証法的交錯」と呼ばれていたが、その「弁証法」の意味がここで初めて明らかになるのである（第九講）。

渡邊によれば、「意味と無意味の弁証法的交錯」の中で「おのれの存在の根源的意味を企投」し続けることこそが自己自身への主体的生成であり、「おのれである」ということである。それは一方で、自己の存在の根底に潜む種々の無意味という「根源的偶然」を引き受けることに他ならないが、他方ではそれを引き受けつつ自己の存在の根源的意味を繰り返し企投し続けて「おのれ」であろうとせざるを得ない、そうした自己と世界の生成の「内的必然性」をも意味している。このことが際立たせられて、講義は締め括られるのである（第十講）。

六

以上、いささか長きにわたって本書の内容を概観したが、こうして振り返ってみると、四十年近くも前に出版された書物であるにもかかわらず、その内容が少しも色褪せたり古びたりしていないことに驚く。それは、本新装版に収録された「『ニヒリズム』復刊に寄せて」（初出は『UP』三六一号、二〇〇二年一一月、二四～二八頁）で、渡邊自身も述べているとおり、本書が主題とした「ニヒリズムの問題現象」が、歴史や社会現象の内に一時的に表れるようなものではなく、人間にとって時代を超えて妥当する本質的存在構造を捉えたものだからだと思われる。渡邊はそこで、「私がかつて本書で問題化したニヒリズムの根本現象は、今日でも、いな、今日こそますます、その妥当性をあらゆる場面で顕わにしていると私は考えている」と述べているが、それからさらに十年余りが経ち、東日本大震災と福島第一原発の事故を経験した今日の私たちには、渡邊が本書で顕わにした「ニヒリズムの問題現象」がますます切実なものとして感じられるのではなかろうか。

無意味が永遠に繰り返されるように思われるこの意味と無意味の交錯という現実の中を、それでも自らの存在の根源的な意味を求めて主体的に生きようとすること。本書は、渡邊が自らの「人生観・世界観の根本視座を、自分なりに摑み取ろう」とした企てであり（「『ニヒリズム』復刊に寄せて」）、本書で言及される「これが――人生だったのか」「よし！　それならば、もう一度！」というニーチェの言葉は、人生観・世界観上の根本問題に対する渡邊哲学の真髄を一言で表したものと言っても過言ではないが、それが現代を生きる私たちに、切実さをさらに増して身に迫ってくるのである。

渡邊は二〇〇六年、膵臓がんを宣告され、闘病の生活に入ったが、二〇〇八年二月に亡くなるその僅か一か月前まで、ハイデッガーの「第二の主著」と言われる『哲学への寄与試論集』に関する研究書の執筆に精魂を傾け、ついにこれを脱稿した。渡邊の人生は、まことに「ニヒリズムの問題現象」を生き抜き、死に至るまで自己の存在の意味を企投し続け、主体的に自己自身であろうとした、そういう人生であった。

（さかきばら　てつや・東京大学大学院人文社会系研究科教授）

著者略歴
1931年　東京に生れる．
1953年　東京大学文学部哲学科卒業．
1978年　東京大学文学部教授．
1992年　東京大学名誉教授．
2002年　放送大学名誉教授．
2008年　逝　去．

主要著書
『ハイデッガーの実在思想』（新装第二版1985年，勁草書房），『ハイデッガーの存在思想』（新装第二版1985年，勁草書房），『西洋思想の流れ』（1964年，共著，東京大学出版会），『ニーチェ』（1976年，平凡社），『内面性の現象学』（1978年，勁草書房），『ハイデッガー『存在と時間』入門』（1980年，編著，有斐閣），『ニーチェ物語』（1980年，共編著，有斐閣），『西洋における生と死との思想』（1983年，共編著，有斐閣），『西洋哲学史』（1984年，共編著，有斐閣），『構造と解釈』（1994年，ちくま学芸文庫），『現代文明と人間』（1994年，編著，理想社），『哲学入門』（1996年，放送大学教育振興会），『英米哲学入門』（1996年，ちくま学芸文庫），『人生の哲学』（1998年，放送大学教育振興会），『芸術の哲学』（1998年，ちくま学芸文庫），『美と詩の哲学』（1999年，放送大学教育振興会），『歴史の哲学』（1999年，講談社学術文庫），『モデルネの翳り』（1999年，編著，晃洋書房），『現代の哲学』（2001年，放送大学教育振興会），『現代人のための哲学』（2005年，ちくま学芸文庫），『自己を見つめる』（新版2009年，左右社），『渡邊二郎著作集（全12巻）』（2010-2011年，筑摩書房）

新装版 ニヒリズム
内面性の現象学　　UPコレクション

1975年10月10日　初　版第1刷
2013年 9 月15日　新装版第1刷
［検印廃止］

著　者　渡辺二郎《わたなべじろう》

発行所　一般財団法人 東京大学出版会
代表者　渡辺　浩
113-8654 東京都文京区本郷7-3-1 東大構内
電話 03-3811-8814　Fax 03-3812-6958
振替 00160-6-59964

印刷所　株式会社精興社
製本所　誠製本株式会社

ISBN 978-4-13-006513-9　Printed in Japan

「UPコレクション」刊行にあたって

学問の最先端における変化のスピードは、現代においてさらに増すばかりです。日進月歩（あるいはそれ以上）のイメージが強い物理学や化学などの自然科学だけでなく、社会科学、人文科学に至るまで、次々と新たな知見が生み出され、数か月後にはそれまでとは違う地平が広がっていることもめずらしくありません。

その一方で、学問には変わらないものも確実に存在します。それは過去の人間が積み重ねてきた膨大な地層ともいうべきもの、「古典」という姿で私たちの前に現れる成果です。

日々、めまぐるしく情報が流通するなかで、なぜ人びとは古典を大切にするのか。それは、この変わらないものが、新たに変わるためのヒントをつねに提供し、まだ見ぬ世界へ私たちを誘ってくれるからではないでしょうか。このダイナミズムは、学問の場でもっとも顕著にみられるものだと思います。

このたび東京大学出版会は、「UPコレクション」と題し、学問の場から、新たなものの見方・考え方を呼び起こしてくれる、古典としての評価の高い著作を新装復刊いたします。

「UPコレクション」の一冊一冊が、読者の皆さまにとって、学問への導きの書となり、また、これまで当然のこととしていた世界への認識を揺さぶるものになるでしょう。そうした刺激的な書物を生み出しつづけること、それが大学出版の役割だと考えています。

一般財団法人　東京大学出版会